Financial and Managerial
Accounting Associate（FMAA）
Certification Exam Guide

财务和管理会计（FMAA）认证考试指南

美国管理会计师协会（IMA）　组织编写

主　编　华金辉
副主编　康　萍　满为东

中国财经出版传媒集团
经济科学出版社
Economic Science Press
·北京·

图字：01－2025－1331

图书在版编目（CIP）数据

财务和管理会计（FMAA）认证考试指南／美国管理
会计师协会（IMA）组织编写. -- 北京：经济科学出版
社，2025.3. -- ISBN 978-7-5218-6879-1

Ⅰ.F234

中国国家版本馆 CIP 数据核字第 202597KL49 号

责任编辑：周国强
责任校对：杨　海
责任印制：张佳裕

财务和管理会计（FMAA）认证考试指南
CAIWU HE GUANLI KUAIJI（FMAA）RENZHENG KAOSHI ZHINAN
美国管理会计师协会（IMA）　组织编写
经济科学出版社出版、发行　新华书店经销
社址：北京市海淀区阜成路甲 28 号　邮编：100142
总编部电话：010-88191217　发行部电话：010-88191522
网址：www.esp.com.cn
电子邮箱：esp@esp.com.cn
天猫网店：经济科学出版社旗舰店
网址：http://jjkxcbs.tmall.com
北京季蜂印刷有限公司印装
880×1230　16 开　24.5 印张　590000 字
2025 年 3 月第 1 版　2025 年 3 月第 1 次印刷
ISBN 978-7-5218-6879-1　定价：120.00 元
（图书出现印装问题，本社负责调换。电话：010-88191545）
（版权所有　侵权必究　打击盗版　举报热线：010-88191661
QQ：2242791300　营销中心电话：010-88191537
电子邮箱：dbts@esp.com.cn）

前言

　　在这个快速变化的商业世界中，财务管理和会计的专业技能变得日益重要。财务和管理会计（FMAA）认证，作为 IMA 管理会计师协会精心打造的一项专业认证，正迅速成为全球财务从业者和学习者追求的黄金标准。它不仅代表了个人在财务和管理会计领域的专业能力，更是开启职业成功之门的钥匙。

　　本书致力于成为 FMAA 考生的全面、系统、实用的备考伙伴。我们深入分析了 FMAA 认证考试的内容，精准把握了考试的核心要求，旨在帮助考生全面掌握 FMAA 认证的知识体系，明确备考的方向和重点。

　　FMAA 认证考试内容广泛，包括但不限于普通会计和财务管理、财务报表的编制与分析、规划与预算、成本管理和绩效指标，以及职业道德等多个关键领域。这些知识点构成了财会领域的基石。本书将对这些核心知识点进行深入讲解，并通过丰富的案例分析和练习题，帮助考生巩固知识，提升解题技巧。

　　我们特别关注 FMAA 考生的实际需求和学习特点，为不同背景、不同基础的考生提供个性化的备考建议和学习方法。我们的目标是帮助每位考生根据自己的实际情况，制定合理的备考计划，提高学习效率。

　　在您开始这段学习之旅时，请记住，成功往往属于那些准备最充分的人。我们相信，通过本书的指导和您的努力，您将能够掌握 FMAA 认证所需的所有知识和技能，为通过考试并开启您的财务和管理会计职业生涯做好准备。

　　最后，我们希望本书能成为您备考路上的得力助手，陪伴您走向成功的彼岸。祝愿每一位 FMAA 考生都能在考试中取得优异的成绩，实现自己的职业梦想！

　　欢迎踏上这段旅程，让我们一起开启您的 FMAA 认证之旅。

考生须知

FMAA 认证简介

    财务和管理会计（FMAA）认证是美国注册管理会计师协会（ICMA）推出的认证。持有 FMAA 认证可证明持证人对财会基础知识的全面理解，意味着其具备商业、会计和财务领域的相关基础知识，以及从事财会职业所必需的基本技能，并能将所学到的管理会计和财务原则应用到实际工作中。FMAA 认证有助于持证者为未来事业的成功打下坚实基础，从同行中脱颖而出，并获得更多的工作机会。

FMAA 考试大纲

    FMAA 考试大纲是由美国注册管理会计师协会精心制定的，旨在为考生提供一个清晰的学习路径和考试准备框架。以下是对 FMAA 考试大纲的详细介绍：

考试大纲的目的

- 为 FMAA 考试建立一个坚实的基础。
- 确保每次考试内容的一致性和连贯性。
- 详细说明考试各部分的覆盖范围。
- 帮助考生全面准备各考试部分。
- 为考试培训机构提供有价值的参考信息。

考试大纲细节

- 主题权重：大纲中每个主题所占的百分比反映了该主题在考

试中的重要性。题目数量将与这些权重大致对应。

　　·题目分布：考题分布依据主题的相对权重，但每个主题下的考点不再细分权重。考生不应根据考点的排列顺序或数量来判断其重要性。

　　·难度水平：每个主题都标注了特定的难度水平，从基础了解（A 级）到深入理解和应用（B 级），以评估考生的不同能力层次。

　　·考试结构：FMAA 考试时长为 2 个小时，包含 80 个单项选择题。其中包含一些预测题目，这些题目不会计入考生的最终得分。

考试大纲能力要求

　　FMAA 考试对大纲内容中的主要考点设定了不同层次的能力要求，以明确考生所需掌握的知识水平。考试中测试的认知能力包括：

　　·了解：记忆学过的材料，如事实、标准、技术、原则和过程（识别、定义、列举）。

　　·理解：能够掌握和解释材料的含义（分类、解释、区分）。

　　·应用：在新的和具体的情况下使用所学材料（证实、预测、解决、修改、关联）。

　　·分析：解构材料，理解其组织结构，识别因果关系，区分行为，并识别与判断验证相关的元素（区分、估计、排序）。

考题难度级别

　　·A 级：要求考生具备了解和理解的能力。
　　·B 级：要求考生具备了解、理解、应用和分析的能力。

　　通过这些详细的说明，FMAA 考试大纲旨在为考生提供一个清晰的指导，帮助他们有效地准备考试，并确保他们对管理会计的各个方面有深入的理解。

FMAA 目标群体

　　·具有提升空间的学生群体，例如，两年制大专、高职院校、函授教育学生等，他们目前还未满足注册管理会计师（CMA）的学历要求。

　　·跨专业学生，他们尚未掌握财会及管理会计的基础知识，且自学能力有限，难以直接投入 CMA 的学习。

　　·在职人员和中小企业主，他们对财会及管理会计感兴趣，但由于当前的学习进度，还不适合直接开始 CMA 的学习。

·财务从业者，他们希望通过专业认证来加强自己在财会及管理会计领域的知识基础，并证明自己的专业能力，但目前的学习状况还不适合直接学习 CMA。

·经济预算有限的群体，他们对 CMA 考试感兴趣，但目前购买力不足以支持他们立即参与 CMA 的学习。

FMAA 考试形式

FMAA 考试由 80 个单选题组成，考试时长为 2 个小时，通过计算机化测试进行。考生每年有 2 次机会参加考试。为了确保充分准备，建议考生投入大约 50 小时的学习时间。

为了确保 FMAA 认证的有效性，持证者每年需要完成 15 个持续教育学分（包括 1 个职业道德学分）的学习，并交纳 49 美元的费用。这一要求不仅保证了持证者专业知识的持续更新，也体现了 IMA 对专业持续发展的重视。

教材使用指南

本教材依据美国注册管理会计师协会（ICMA）制定的财务和管理会计（FMAA）认证考试内容大纲和知识体系精心编写而成，旨在助力考生掌握财务与管理会计的核心知识。考生应参照美国注册管理会计师协会发布的最新考试大纲，深入理解相关概念和计算方法。

教材结构

教材内容紧扣 FMAA 考试内容说明，每一章节均围绕考试内容说明中的学习成果公告（LOS）设计，涵盖以下五大核心部分：

1. 普通会计与财务管理：深入探讨商业交易、财务报告机制、外部财务报告要素以及内部控制与日常财务管理。

2. 财务报表的编制和分析：涵盖财务报表项目确认、计价、基本财务报表分析及财务报表比率分析等关键内容。

3. 规划和预算：考查预算基础概念、预测方法、年度运营计划与预算编制等。

4. 成本管理和绩效指标：描述成本计量基础、变动与固定间接费用、业绩与预算差异分析以及决策成本信息。

5. 职业道德：涵盖商业道德对决策的影响及会计职业道德注意事项。

章节练习

每章节末尾均配有知识点测试题，帮助考生快速检验学习效果。每道习题均提供详细答案，方便考生复习和自我评估。

考试样题

最后，提供了 FMAA 考试样题，模拟 IMA 协会 FMAA 考试真题风格，供考生实践所学知识。

参考文献

教材末尾附有参考文献列表，考生可据此进一步深入学习，全面掌握考试大纲中的学习要点。我们鼓励考生充分利用已发表的学术资源。

更新与勘误

我们致力于提供全面、准确、高质量的学习资料。鉴于教材内容可能随时间推移需要更新或修正，我们将通过 IMA 协会的更新与勘误通知及时发布相关信息。

请考生充分利用本教材，系统学习，积极备考，以期在 FMAA 考试中取得优异成绩。祝您学习愉快，考试成功！

目 录

普通会计和财务管理

（25% – A 和 B 级）

欢迎进入 FMAA 认证考试的第一部分：普通会计和财务管理。本部分涵盖基础会计知识，包括会计术语、商业交易记录、财务报表理解和内部控制等相关内容。考生需要掌握会计等式、复式记账、会计循环，以及如何管理日常财务。通过这一部分的学习，考生将建立起坚实的会计和财务管理基础，为后续更高级的学习和实践打下基础。考生请务必理解每个概念，掌握每个技能，因为这些都是未来职业生涯中不可或缺的工具。

考试大纲概览

1. 会计术语和定义

考生应能：

（1）解释会计在商业中的作用。

（2）定义管理会计，并将其与财务会计区分。

（3）识别并解释不同类型的商业企业，包括公司、独资企业、私营企业、上市公司、合伙企业、合资企业和非营利组织。

（4）理解会计等式（资产＝负债＋权益）。

（5）定义以下术语：商业交易、记账、借记（借方）、贷记（贷方）、日记账、账户、分类账、财务报表、会计期间、现金流量和损益。

（6）理解以下会计原则：现金制与应计制会计，谨慎性，一致性，收入与支出匹配，应计/递延，折旧/摊销。

2. 记录商业交易

考生应能：

（1）描述复式记账。

（2）分析商业交易的借方和贷方部分，并在日记账中记录。

（3）定义会计循环，并理解会计循环的八个步骤。

（4）将日记账入账。

（5）定义总分类账，并解释其目的。

（6）定义试算平衡表，并解释其目的。

3. 财务报表的类型与要素

考生应能：

（1）定义资产、负债、收入、费用和权益。

（2）识别财务报表的使用者及其需求。

（3）理解资产负债表、利润表、所有者权益变动表和现金流量表的目的和用途。

（4）识别每种财务报表的主要组成部分和分类。

（5）识别每种财务报表的局限性。

（6）理解财务报表之间的关系。

4. 内部控制

考生应能：

（1）理解内控风险。

（2）了解组织结构和管理理念对内部控制有效性的影响。

（3）了解内部控制的设计如何提供合理保证，包括：第一，经营的效果和效率；第二，财务报表的可靠性；第三，对适用的法律法规的遵守。

（4）理解为什么以下四项职能应由不同人员来担任：第一，执行事项的权力；第二，记录该事项；第三，保管与该事项有关的资产；第四，定期核对现存的资产与记录的数额。

（5）举例说明公司如何保护资产，包括物理控制（例如，锁门）和软件控制（例如，密码）。

5. 管理公司的日常财务

考生应能：

（1）营运资本。

· 定义营运资本，并识别其组成部分。

· 计算净营运资本。

· 解释短期财务预测在营运资本管理中的优点。

· 识别并描述影响现金水平的因素。

（2）现金管理。

· 识别并解释持有现金的三项动机（交易动机，预防动机，投机动机）。

· 编制未来现金流量的预测。

（3）应收账款管理。

· 识别影响应收账款水平的因素。

· 理解信贷条件或收账政策的变化对应收账款、营运资本和销售量的影响。

· 定义违约风险。

· 理解出让应收账款。

（4）存货管理。

· 定义交付周期和安全库存，并识别持有存货的原因和影响存货量的因素。

· 识别并计算与存货有关的各项成本，包括持有成本、订货成本、短缺（缺货）成本。

· 解释适时存货管理系统如何帮助管理存货。

· 定义材料需求计划。

第一章

商业交易与财务报告机制

在您即将开始的 FMAA 认证之旅中，本章将为您揭开会计世界的神秘面纱。本章将深入探讨会计术语和定义，解释会计在商业中的核心作用，并区分管理会计与财务会计的不同职能。您将学习到会计恒等式——资产、负债与所有者权益之间的平衡关系，这是理解商业交易如何影响企业财务状况的关键。

进一步地，我们将通过复式记账法，带您了解每笔商业交易如何在日记账中被记录，并如何通过会计循环转化为总分类账的过程。这不仅是学习会计的基础，也是理解财务报告机制的起点。

第一节

商业交易及其类型

商业交易是指企业与外部实体（如客户、供应商、投资者等）之间发生的经济交换，包括购买、销售、借款、投资等活动。

商业活动可以按照财务报告目的分为三大类别：经营性活动、投资性活动以及融资性活动。

（1）经营性活动，涵盖了企业日常运营中的核心交易，如提供商品或服务以换取收入。这些活动是企业持续运营的基础，并且通常与企业的主营业务直接相关。

（2）投资性活动，涉及长期资产的获取和处置，这些资产通常用于支持企业未来的运营或增长。这类活动可能包括购买或出售固定资产、无形资产或其他长期投资。

（3）融资性活动，则与企业的资本结构有关，包括筹集资金和偿还债务等行为。这可能涉及发行或赎回股票、借款或偿还贷款，以及发行或偿还债券等。

这三个类别的活动共同构成了企业的财务动态，对企业的财务状况和表现产生重要影响。

第二节

商业企业的类型

在商业世界中，企业以多种形态存在，每种形态都有其独特的法律结构、所有权安排、运营方式及责任承担方式。了解这些不同类型的商业企业，对于创业者、投资者、管理者以及任何参与商业活动的人来说都至关重要。常见的商业企业类型包括公司、独资企业、私营企业、上市公司、合伙企业、合资企业和非营利组织。

一、公司

公司（corporation）是一种法人实体，独立于其所有者（股东）而存在，具有永续经营的特性。公司可以筹集大量资本，通过发行股票吸引投资者。根据股东责任的不同，公司主要分为有限责任公司和股份有限公司，前者股东责任有限于其出资额，后者股东责任通常限于其持有的股份。公司的优势在于，所有权与管理权分离，有利于专业管理，资本筹集能力强，但公司的设立与运营成本通常较高，法规遵从性要求严格。

二、独资企业

独资企业（sole proprietorship）是由个人拥有并经营的企业，所有者对企业承担无限责任，即个人资产可能用于偿还企业债务。设立独资企业的优势在于设立简单，成本低，决策迅速，灵活性高。但通常资本有限，难以筹集大额资金。此外，独资企业的所有者承担无限责任，风险高。

三、私营企业

私营企业（private company）被定义为由私人或私人集团拥有和经营的企业，其所有权不公开、股东人数有限制、股份转让受限且无须公开披露财务信息。不同国家和地区对私营企业的具体规定可能有所不同，但普遍遵循这些基本原则。

在美国，私人公司是指既不在公开市场发行证券或发行在公开市场上交易的证券，也不发行在公开市场上交易的地方政府支持项目收益债（conduit bonds）的有限责任公司。美国通用会计准则

（GAAP）初步界定了私人公司的这一特征。私人公司在美国经济中发挥着重要作用，它们凭借股权集中、无须公开披露财务信息和监管压力小的优势，进行灵活运营。

四、上市公司

上市公司（public company，也称为"公众公司"），是指其股票在证券交易所公开交易的公司。这类企业通常规模较大，股权分散，遵循严格的监管要求。上市公司的优势在于资本筹集能力强，易于融资，可以提高企业知名度和信誉，而且股权流动性好，但上市公司的信息披露要求高，透明度高，同时监管成本较高。

五、合伙企业

合伙企业（partnership），是由两个或两个以上合伙人共同出资、共同经营、共享利润、共担风险的企业。根据合伙人责任的不同，可分为普通合伙和有限合伙。合伙企业的优势是决策灵活，适应性强，可能有一定的税收方面的优势，但普通合伙人承担无限责任（普通合伙）。

六、合资企业

合资企业（joint venture），是由两个或两个以上不同国家的投资者共同出资、共同经营、共担风险、共享利润的企业形式。合资企业通常用于跨国经营，以利用各方资源、技术、市场等优势。合资企业的优势在于可以实现合资双方资源共享，优势互补，分散风险，降低进入新市场成本等。

七、非营利组织

非营利组织（non-profit organization），是不以营利为目的，致力于社会公益事业的组织。它们通常依靠捐赠、政府资助和会员费等方式筹集资金。非营利组织通常专注于社会公益，提升社会形象，享受税收优惠和政策支持。

了解并识别不同类型的商业企业，是参与商业活动的基础。每种企业类型都有其独特的优势和劣势，选择适合自身需求和目标的企业形式，对于企业的成功至关重要。

第三节

会计在商业中的作用

会计是商业的基石，它提供了一种衡量和监控企业财务状况的方法。作为商业活动的语言与信息系统，它不仅是一套记录、分类、总结、解释和报告财务交易的方法体系，更是企业决策、战略规划及外部沟通不可或缺的基石。会计在商业中的作用包括但不限于：

（1）提供决策支持信息。会计通过编制财务报表，如资产负债表、利润表和现金流量表，为企业管理层提供了关于企业财务状况、经营成果和现金流动情况的全面信息。这些信息是管理层进行成本控制、预算管理、投资评估、产品定价等决策时的关键依据。准确的会计信息能够帮助企业识别盈利点、控制成本、优化资源配置，从而提高经营效率和盈利能力。

（2）促进内部控制与风险管理。会计系统不仅是信息的记录者，也是内部控制的重要组成部分。通过设立合理的会计制度和控制流程，企业能够有效监控各项经济活动的合规性，预防错误、舞弊行为的发生。同时，会计分析还能帮助企业识别潜在的财务风险，如偿债能力不足、资产使用效率低、盈利能力弱等，为及时采取应对措施提供依据，保障企业的财务安全。

（3）满足法律法规要求。会计在商业中的另一重要作用是确保企业遵守国家及地区的财经法律法规。通过按时编制和提交税务申报、年度财务报告等，企业能够履行其法定义务，避免法律纠纷和罚款。此外，会计准则的不断更新和完善，也促使企业不断提升财务管理水平，以适应外部监管环境的变化。

（4）支持外部融资与投资决策。对于寻求外部融资的企业而言，健全的会计记录和透明的财务报告是获取投资者信任的关键。银行、风险投资机构等资金提供者依赖这些信息来评估企业的信用状况、盈利能力及未来增长潜力，从而决定是否提供资金支持。同时，准确的会计信息也是股票市场投资者进行股票买卖决策的重要依据，影响着企业的市值和融资成本。

（5）促进企业内部沟通与协作。会计作为企业内部沟通的桥梁，不仅连接了不同部门之间的财务信息，还促进了跨部门的合作与协调。通过定期召开财务分析会议、分享财务报告，各部门能够更加清晰地了解自身活动对企业整体财务状况的影响，从而协同工作，共同推动企业目标的实现。

综上所述，会计在商业中的作用是多维度、全方位的。它不仅是企业经济活动的忠实记录者，更是企业战略规划、决策支持、风险管理、合规运营及内外部沟通的核心力量。因此，掌握扎实的会计知识与技能，对于每一位商业管理者而言都至关重要。

第四节

管理会计与财务会计

一、管理会计

根据美国管理会计师协会发布的公告：管理会计是一种深度参与管理决策、制定计划与绩效管理系统、提供财务报告与控制方面的专业知识以及帮助管理者制定并实施组织战略的职业。从定义可以看出，管理会计专注于帮助企业内部管理者做出更明智的业务决策。它涉及规划、预算编制、绩效评估和控制等活动，以提高组织的效率和效果。

管理会计的关键特点包括：

（1）内部导向。管理会计主要服务于组织内部的管理层。

（2）决策支持。提供数据和分析，帮助管理层制定战略和运营决策。

（3）灵活性。管理会计可以定制战略以满足特定组织的需求。

（4）非公开。管理会计信息通常不对外公开。

二、财务会计

财务会计是"记录和总结财务交易，并对外报告财务信息的过程"。财务会计的目的是确保外部利益相关者，如投资者、债权人和监管机构，能够接收到准确和公正的财务报告。它遵循一套公认的会计原则和标准，例如，美国通用会计准则（US GAAP）、国际财务报告准则（IFRS）、中国企业会计准则（CAS）等标准。

财务会计的关键特点包括：

（1）外部导向。财务会计主要服务于组织外部的利益相关者。

（2）合规性。必须遵守特定的会计准则和法规。

（3）标准化。使用标准化的财务报告格式和术语。

（4）公开。财务会计信息通常需要对外公开。

三、管理会计与财务会计的区别

尽管管理会计和财务会计都是会计学的分支，但它们在目的、受众、报告要求和信息使用方面存在显著差异。它们之间的主要区别在于：

管理会计专注于为企业内部决策提供信息，包括成本分析、预算编制和业绩评估。它可以帮助管理层从财务的视角理解业务运营并优化资源使用。根据管理需要编制的管理会计报表可以是长期的，也可以是短期的，因需而定，不一定遵循会计准则。

财务会计则侧重于准备符合特定标准（如 US GAAP 或 IFRS）的财务报表，这些报表对外部利益相关者（如投资者、债权人和监管机构）是公开的。外部财务报表通常遵循固定的会计周期，如年度或季度。

第五节

会计账户与财务报表

一、财务报表的基本要素

在商业活动中，每笔交易都会影响企业的财务状况，这些影响在财务报表的基本要素中都能得以体现。这些要素包括资产、负债、所有者权益、收入和费用。我们可以这样定义这些要素：

（1）资产（assets）。企业拥有或控制的资源，用于运营并产生未来经济利益。具体包括现金、应收账款、存货、固定资产、无形资产等。

（2）负债（liabilities）。企业因过去的交易或其他事项所产生的现时义务，预期会导致资产的减少或负债的增加。具体包括应付账款、银行的短期或长期负债、应付债券等。

（3）所有者权益（owner's equity）/净资产（net assets）。企业资产扣除负债后的余额，代表所有者对企业资产的净权益。具体包括股本、留存收益、其他综合收益等项目。

（4）收入（revenue）。企业在正常经营活动中产生的经济利益的总流入。

（5）费用（expense）。企业在正常经营活动中发生的经济利益的总流出，或导致负债增加。

账户则是记录这些要素具体变动的工具。它们为各项资产、负债、所有者权益、收入和费用提供详细且独立的记录。这些账户按照特定的会计原则进行更新和调整。

财务报表是基于这些账户记录的信息编制的，以展示企业的财务状况、经营成果和现金流量。主要的财务报表包括：

（1）资产负债表。显示企业在特定时间点的资产、负债和所有者权益的情况。

（2）利润表。反映企业在一定会计期间内的收入、费用和净利润。

（3）现金流量表。提供企业在一定期间内现金及现金等价物的流入和流出情况。

通过这些财务报表，利益相关者如管理层、投资者、债权人和监管机构可以对企业的财务状况、经营成果和现金流有一个全面的理解。

二、财务报表要素和会计账户

在财务报表的构成中，会计账户（accounts）起到了对财务数据进行细分和归类的作用。会计账户详细记录了特定资产、负债、所有者权益、收入和费用的变动情况。这些记录是构建财务报表的基础，需要根据财务报表要素进行汇总和分类。表1-1是一个常见的会计账户概览，我们将通过具体的案例深入探讨这些账户。

表1-1　　　　　　　　　　通用会计账户示例

类别	项目
资产	现金与现金等价物
	应收账款
	存货
	金融资产
	固定资产
	无形资产
	递延所得税资产
负债	应付账款
	金融负债
	应付债券
	预收账款
	递延所得税负债
所有者权益	股本（如普通股面值）
	资本公积
	留存收益
	其他综合性收益
收入	主营业务收入（如销售商品或提供劳务）
	计入利润的利得
	投资性收入（如利息与股利）

续表

类别	项目
费用	主营业务成本（销货成本）
	销售、管理及行政费用（如租金、水电费、广告费等）
	固定资产折旧或无形资产摊销
	利息费用
	税收费用
	损失

与财务报表要素不同，并非所有企业都使用统一的会计账户集合。虽然所有企业都可能设有一些通用账户（如现金），但每家公司都会根据自己的业务需求和运营环境，结合会计政策和实践，来定制适合自己的账户体系。例如，餐饮公司可能不需要设置证券交易账户，因为它们不太可能参与此类金融活动。此外，公司可能会根据业务特点来命名账户。例如，餐饮公司可能会有特定资产账户，如"食品库存""烤箱"等特定账户，而这些账户在报表中汇总为"存货"或"固定资产"，因为对外财务报表需遵循通用会计准则，确保财务信息的标准化和规范化以及账户信息的一致性和可比性。

通过这种方式，会计账户不仅为公司提供了一种追踪和监控财务活动的手段，而且为编制符合会计准则的财务报表提供了必要的基础数据。

第六节

会计恒等式

一、基本会计恒等式

资产负债表呈现了公司在特定时点的财务状况，提供了公司资产以及对这些资产索取权（负债及所有者权益）的相关信息。基于资产负债表的恒等式就是所谓的"会计恒等式"，也被称为资产负债表等式，是会计学的核心概念之一，它简洁而深刻地表达了企业财务状况的基本结构。会计恒等式可用以下公式表示。

$$资产 = 负债 + 所有者权益$$

前面提到资产、负债、所有者权益、收入和费用这五个财务报表要素是整个财务报表的基础，也是会计恒等式的原始要素。

从基本恒等式来看，对资产的索取权来自两个方面：负债和所有者权益。由于债务的索取权通常优先于所有者（股东），所以所有者权益就是所有者的剩余索取权。通过基本会计恒等式的移项，以下恒等式可以很好诠释剩余索取权的定义：

$$资产 - 负债 = 所有者权益$$

此外，利润表反映了公司在某一特定期间的经营成果，损益（profit and loss）是指企业在一定会计期间内的经营成果，即收入与费用之间的差额。当收入超过费用，在利润表中报告为利润；当收入低于费用，则利润表中体现为亏损。利润表的会计恒等式如下：

$$收入 - 费用 = 利润（亏损）$$

二、会计等式的动态平衡

（1）经济交易的影响。每笔经济业务都会以相等的金额同时影响等式的两边，保持等式平衡。例如，购买设备（资产增加，现金与现金等价物减少；或者，负债或所有者权益增加相同金额）。

（2）会计恒等式的重要性。作为编制财务报表（如资产负债表）的基础，确保了会计信息的准确性和完整性。

第七节

会计记账

记账（bookkeeping）是指将企业的商业交易按照一定的规则和方法，系统地、连续地、全面地记录在账簿中的过程。它是会计工作的基础，旨在确保交易的准确性和完整性。

一、单式记账

在会计发展的早期，单式记账方法被广泛使用。单式记账是一种较为简单的记账方法，它只记录交易对一个账户的影响，而不记录交易对另一个相关账户的影响。这种方法不要求每笔交易都在两个或两个以上的账户中进行记录，因此，它不会产生借贷平衡的关系。

举个简单的例子，假设一家商店购买了一台价值 500 美元的打印机，使用现金支付。在单式记账中，商店的会计只会记录现金账户的减少：

现金：－500 美元。

这种方法只记录了现金的减少，但没有记录打印机作为一项资产的增加，不区分借方或贷方，无法全面反映交易对企业财务状况的影响。

二、复式记账

复式记账（double entry bookkeeping）的起源可以追溯到中世纪的意大利，德国伟大诗人歌德曾赞誉复式记账为"人类智慧的杰出发明之一"。随着商业活动的复杂化和资本主义的兴起，复式记账法逐渐成为会计核算的标准方法，并被称为会计学的基石。

复式记账是一种系统化的会计记账方法，它要求每笔交易至少录入两个账户：一个账户记为借方（debit），表示增加或减少；另一个账户记为贷方（credit），表示减少或增加。这种记账方法不仅确保了每笔交易的完整记录，而且通过借贷平衡保证了会计等式的准确性。

复式记账的核心在于，每一笔交易都必须同时影响至少两个账户，一个借方和一个贷方，且借方金额的总和必须等于贷方金额的总和，确保会计等式始终平衡。这有助于确保财务数据的完整性和一致性。

继续前面的例子，如果商店会计使用复式记账法，上述购买打印机的交易会被记录为：

借：固定资产——打印机   500
   贷：现金   500

在这个例子中，商店的会计不仅记录了现金的减少，还记录了打印机作为一项资产的增加，保持了会计等式的平衡。

三、单式记账与复式记账的区别

（1）记录方式。单式记账只记录单方面的财务影响，而复式记账记录交易对两个或多个账户的影响。

（2）借贷平衡。复式记账确保每笔交易的借贷双方平衡，而单式记账则没有这个要求。

（3）信息完整性。复式记账提供了更完整的财务信息，有助于更准确地反映企业的财务状况。

（4）内部控制。复式记账通过双重记录增强了内部控制，减少了错误和舞弊的可能性。

第八节

会计循环

一、会计循环的过程

会计循环（accounting cycle）是指按照一定的步骤反复运行的会计程序，是企业在一定会计期间内，为记录、分类、汇总和编制会计报表而进行的一系列连续、重复性的会计工作过程。一个完整的会计循环，通常由会计确认、会计计量、会计记录和会计报告四个程序组成，具体可以分为以下八个基本步骤：

（1）识别商业交易。这是会计循环的起点，需要对原始凭证进行仔细审核，确认交易的性质、时间和金额，确保交易的真实性，确定影响企业财务状况的事件。

（2）分析商业交易。详细分析每一笔经济业务对相关账户和会计等式的影响。

（3）记录商业交易。在日记账中记录交易，详细记录每一笔经济业务的发生情况。

（4）调整分录。期末对应调整事项，按照权责发生制要求做出调整分录。

（5）过账。将日记账分录过账到明细账或总账。

（6）结账。在会计期末，根据会计准则和企业内部的会计政策，将各账户本期的借贷发生额转入本期相关账户，并计算各账户的期末余额。

（7）编制财务报表。基于总账数据编制资产负债表、利润表和现金流量表等财务报表。

（8）关闭账目。将本年度余额转至新会计年度。

二、会计循环案例分析

我们可以通过一个简单的案例来描述会计过程并理解相关的会计术语。假设 A、B、C 三个人成立一家公司：ABC 公司。该公司从事电子产品的批发与销售业务，以下是公司会计循环的关键步骤与会计循环的过程。

（一）识别商业交易

从财务的视角，商业交易（business transactions）是指企业在经营活动中发生的、能够用货币计量的经济事项，这些事项导致企业资产、负债、所有者权益、收入或费用的变化。商业交易是企业会计记录的基础，是编制财务报表的原始资料。

表1-2列示了ABC公司经营阶段初期发生的一系列活动，这些经济业务包括了经营行为、投资行为和融资行为。

表1-2　ABC公司经营阶段初期发生的经济业务

日期	经济业务
2025年1月1日	按照相关监管要求，成立有限公司，三人合计出资到位资金100 000美元
2025年1月2日	向房东一次性支付1月份办公室租金5 000美元
2025年1月3日	公司将短期预计闲置的50 000美元设立投资账户，购买固定收益证券
2025年1月5日	购买办公设备花费12 000美元，预计使用年限为2年，无残值
2025年1月10日	采购一批电子产品，采购成本为20 000美元，下个月付款
2025年1月15日	将采购的电子产品出售，出售价格为26 000美元，本月现金收款50%，下个月收款50%
2025年1月20日	收到客户预付货款10 000美元，预计下个月交货
2025年1月25日	发放本月员工工资5 000美元
2025年1月31日	支付税金5 000美元
2025年1月31日	检查公司投资账户，产生200美元利息，账户余额为50 200美元

（二）分析商业交易

识别公司的商业交易之后，接下来要分析相关商业交易对财务账户和会计等式的影响。假设ABC公司在2025年1月底对公司发生的经济业务事项进行评估，显然仅根据表1-2不足以提供充分有意义的报告，而是需要设计一套会计系统将这些经济行为转化为有用的财务记录。用来记录交易的基本会计系统是一些电子数据表，这些表格中有各种不同种类的账户，并建立在会计恒等式的基础上。

首先，公司先确定需要记账的会计期间。会计期间（accounting period）是指为了定期编制财务报表而人为划分的时间段，通常是一年，也可以是一个季度、一个月等。会计期间的划分有助于企业及时反映财务状况和经营成果，便于投资者、债权人等外部利益相关者做出决策。本案例描述的ABC公司经济事项记账的会计期间为2025年1月的一个月期间。

其次，公司应分析在会计期间哪些账户受到影响？账户（account）是会计系统中用于分类、记录和汇总特定类型交易的一个单元。每个账户都反映了某一特定方面的财务信息，如现金账户、应收账款账户等。根据前面案例的描述，ABC 公司系统中使用的财务账户至少包括表 1 - 3 中的相关项目。

表 1 - 3　　　　　　　　　ABC 公司的财务账户

资产账户
现金
交易性金融资产
应收账款
固定资产
负债账户
预收账款（已经收到现金，但尚未交付产品）
应付账款（所欠供应商账款）
权益账户
实收资本
留存收益
收入
费用
利润

（三）记录商业交易

分析商业交易对相关账户的影响后，接下来需要在日记账中记录交易，详细记录每一笔经济业务的发生情况。

1. 日记账

日记账（journal），是按时间顺序详细记录企业每一笔商业交易的账簿，它可以为后续的分类账和财务报表编制提供基础数据。企业可以根据业务或管理的需要，设立一套通用日记账，也可以设立一组特定日记账（如销售日记账、采购日记账、现金日记账等）。

继续前面案例，ABC 公司是一家新成立的公司，所以会计恒等式两边都是零，账户的期初余额也为零。表 1 - 4 是成立公司以后按照时间序列记录的日记账。

表 1 - 4　　　　　　　　　ABC 公司日记账

日期	经济业务摘要	账户影响描述
1 月 1 日	公司收到股东的实缴资本 100 000 美元	现金增加 100 000 美元，同时实缴资本增加 100 000 美元

续表

日期	经济业务摘要	账户影响描述
1月2日	支付本月办公室租金5 000美元	现金减少5 000美元，同时租金费用增加5 000美元
1月3日	购买固定收益证券50 000美元	现金减少50 000美元，同时交易性金融资产增加50 000美元
1月5日	购买办公设备12 000美元，预计可以使用2年，到期无残值	现金减少12 000美元，同时办公设备增加12 000美元
1月10日	采购产品成本为20 000美元，下个月付款	存货增加20 000美元，同时应付账款增加20 000美元
1月15日	将采购的电子产品出售，价款为26 000美元，本月现金收款50%，下个月收款50%	收入增加26 000美元，同时现金增加13 000美元，应收账款增加13 000美元
1月20日	收到客户预付货款10 000美元，预计下个月交货	现金增加10 000美元，递延收入/预收收入增加10 000美元
1月25日	发放本月员工工资5 000美元	工资费用增加5 000美元，现金减少5 000美元
1月30日	支付广告费5 000美元	广告费用增加5 000美元，现金减少5 000美元
1月31日	投资账户，产生200美元利息	金融资产增加200美元，利息收入增加200美元

2. T型账户与借贷会计系统

如果我们按照复式记账法记账，每一项经济业务的会计处理至少包括两个会计账户，并且会增减对应账户的余额与价值。按照传统，会计系统使用术语"借方"与"贷方"来表示。

早期的会计人员希望获取一种记录业务的系统，能够保持会计恒等式两边平衡。对与记录相关的每个账户来说，这一系统可以使用T型账户表示（见图1-1）。

图1-1　T型账户示例

T型账户的左方称为"借方"，右方称为"贷方"。需要注意的是，在T型账户中，借方和贷方仅表述T型账户的左方和右方，用来描述经济业务的会计过程带来的账户变化。在会计语言中，"借方"与"贷方"的含义与日常语言中不同，仅仅表示记账的方向或记账的符号。借方与贷方的会计定义如下：

（1）在会计账户中，借记通常表示资产的增加或费用的增加，以及负债、所有者权益和收入的减少。

（2）贷记则通常表示负债、所有者权益和收入的增加，以及资产和费用的减少。

在经济业务中，借方总和应当等于贷方总和，且与会计恒等式总是保持平衡的状态相互印证。资产处于资产负债表或会计恒等式的左方，于是资产记录为借方余额，也就是说：资产增加时，应计入 T 型账户的左方，也就是"借方"；资产减少时，应计入 T 型账户的右方，也就是"贷方"。

在某一时点（如月末、季度末或年末），将账户的左边和右边的所有金额汇总，计算借方与贷方的差值，就可以得到具体账户的余额。如果 T 型账户的左方金额大于右方金额，则为借方余额；如果 T 型账户的左方金额小于右方金额，则为贷方余额（见图 1 − 2）。

图 1 − 2　T 型账户示例

继续前面 ABC 公司的例子，我们以 2025 年 1 月 1 日的经济业务为例来说明 T 型账户的借贷记录过程。

（1）2025 年 1 月 1 日，公司收到股东的实缴资本 100 000 美元，用 T 型账户记账过程如下：

ABC 是一家初创公司，因此所有账户期初余额均为 0 美元。2025 年 1 月 1 日的实缴资本金业务会同时影响现金和实缴资本账户。用 T 型账户可以记录该项业务（见图 1 − 3）。

图 1 − 3　T 型账户示例

现金账户是一项资产账户，所以在 T 型账户的借方记录现金增加 100 000 美元；实缴资本是一项权益账户，在 T 型账户的贷方记录实缴资本增加 100 000 美元。

该项业务如果用借贷的方式将该项业务记录在日记账中，会计分录表示如下：

借：现金　　　　　　　　　　　　　　　100 000

　　贷：实缴资本　　　　　　　　　　　　　　　100 000

尽管对会计人员来说，掌握"借方"与"贷方"的用法非常重要，但管理会计师或财务报表的使用者仍然需要在不提及借贷术语的基础上理解财务报告机制。一般来说，本教材避免使用借贷会计系统，但为了更好地说明复式记账体系和会计循环，下面案例仍以借贷系统形式来说明。

（2）2025 年 1 月 2 日，支付办公室租金 5 000 美元的 T 型账户示例如图 1-4 所示。

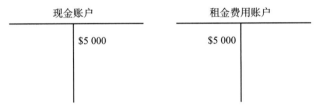

图 1-4　T 型账户示例

该项业务如果以借贷的方式记录在日记账中，会计分录表示如下：

借：租金费用　　　　　　　　　　　　　5 000

　　贷：现金　　　　　　　　　　　　　　　　5 000

（3）2025 年 1 月 3 日，购买 50 000 美元固定收益证券的 T 型账户示例如图 1-5 所示。

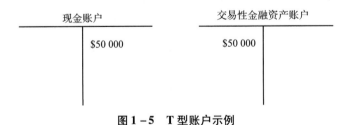

图 1-5　T 型账户示例

该项业务如果以借贷的方式记录在日记账中，会计分录表示如下：

借：交易性金融资产　　　　　　　　　　50 000

　　贷：现金　　　　　　　　　　　　　　　　50 000

（4）2025 年 1 月 5 日，公司购买 12 000 美元办公设备的 T 型账户示例如图 1-6 所示。

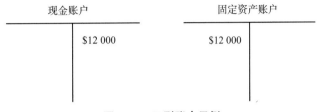

图 1-6　T 型账户示例

该项业务如果以借贷的方式记录在日记账中，会计分录表示如下：

借：固定资产——办公设备　　　　　　　　12 000

　　贷：现金　　　　　　　　　　　　　　　　　12 000

（5）2025 年 1 月 10 日，采购产品采购成本为 20 000 美元，下个月付款，T 型账户示例如图 1-7 所示。

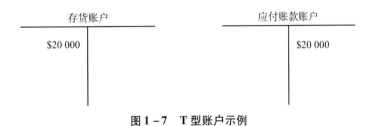

图 1-7　T 型账户示例

该项业务如果以借贷的方式记录在日记账中，会计分录表示如下：

借：固定资产　　　　　　　　　　　　　　20 000

　　贷：应付账款　　　　　　　　　　　　　　　20 000

（6）2025 年 1 月 15 日将采购的电子产品出售，价款 26 000 美元，本月现金收款 50%，下个月收款 50%，T 型账户示例如图 1-8 所示。

图 1-8　T 型账户示例

同时，公司应该按照权责发生制的原则在 1 月结转产品销货成本，T 型账户示例如图 1-9 所示。

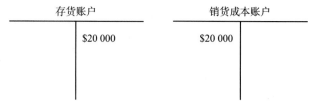

　　存货账户　　　　　　　　　销货成本账户

　　　　　$20 000　　　　　　$20 000

图 1-9　T 型账户示例

该项业务如果以借贷的方式记录在日记账中，会计分录表示如下：

　　借：主营业务收入　　　　　　　　　　　26 000
　　　　贷：现金　　　　　　　　　　　　　　13 000
　　　　　　应收账款　　　　　　　　　　　　13 000
　　借：主营业务成本　　　　　　　　　　　20 000
　　　　贷：存货　　　　　　　　　　　　　　20 000

（7）2025 年 1 月 20 日，收到客户预付货款 10 000 美元，预计下个月交货，T 型账户示例如图 1-10 所示。

　　现金账户　　　　　　　　　递延收入账户

　　$10 000　　　　　　　　　　　　$10 000

图 1-10　T 型账户示例

该项业务如果以借贷的方式记录在日记账中，会计分录表示如下：

　　借：现金　　　　　　　　　　　　　　　10 000
　　　　贷：递延收入　　　　　　　　　　　　10 000

（8）2025 年 1 月 25 日，发放本月员工工资 5 000 美元，T 型账户示例如图 1-11 所示。

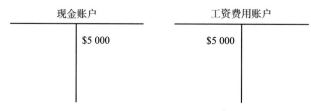

　　现金账户　　　　　　　　　工资费用账户

　　　　$5 000　　　　　　$5 000

图 1-11　T 型账户示例

该项业务如果以借贷的方式记录在日记账中，会计分录表示
如下：

借：工资费用　　　　　　　　　　　　　　5 000
　　贷：现金　　　　　　　　　　　　　　　　5 000

（9）2025 年 1 月 30 日，支付广告费 5 000 美元，T 型账户示例
如图 1 - 12 所示。

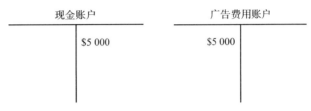

图 1 - 12　T 型账户示例

该项业务如果以借贷的方式记录在日记账中，会计分录表示
如下：

借：广告费用　　　　　　　　　　　　　　5 000
　　贷：现金　　　　　　　　　　　　　　　　5 000

（10）2025 年 1 月 31 日，投资账户产生 200 美元利息，T 型账
户示例如图 1 - 13 所示。

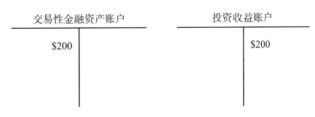

图 1 - 13　T 型账户示例

该项业务如果以借贷的方式记录在日记账中，会计分录表示
如下：

借：交易性金融资产　　　　　　　　　　　200
　　贷：投资收益　　　　　　　　　　　　　　200

（四）按权责发生制调整分录

1. 现金制/收付实现制

在简单的商业模型中，如果经济业务直接通过现金结算或在较
短的期限内完成结算，公司可能会采用现金制的原则进行会计核算。

现金制（cash accounting，也称为"收付实现制"）是一种记录企业实际现金流入和流出的会计处理方法，即仅当现金实际收付时才进行会计记录。

现金制的会计记录相对简单，但是许多经济业务现金的收支与相关的收入和费用发生在不同时期，可能无法全面反映企业的财务状况和经营成果。这时企业通常根据应计制的会计原则进行账项调整的会计处理。

2. 应计制/权责发生制

应计制（accrual accounting，也称为"权责发生制"）原则要求企业在收入和费用发生时进行记录，而不是在收到或支付现金时进行记录。这种会计方法更加注重经济活动的实际发生时间，而不是现金的流动时间。权责发生制的核心在于收入和支出匹配原则（matching principle），即在同一会计期间内，将收入与其相关的费用进行匹配，以更准确地反映企业的经营成果。

在权责发生制下，即使现金尚未收到或支付，只要交易或事项已经发生，就应当在财务报表中进行确认。例如，如果一家公司在12月销售了产品，但要到下个月才收到货款，根据权责发生制，这笔销售收入和相关的成本应当在12月的财务报表中进行记录。同样，如果公司在12月产生了费用，但要到下个月才支付，这笔费用也应当在12月的财务报表中反映。

权责发生制与现金制会计相对比，后者只在现金实际收到或支付时才记录收入和费用。权责发生制提供了更加全面和准确的财务信息，因此被广泛应用于编制符合国际会计准则和美国通用会计准则的财务报表。

3. 应计制原则运用案例：应计/递延

在会计中，"应计"（accrual）和"递延"（deferrals）是两种重要的会计处理方法，它们都涉及收入和费用的确认时间，以确保财务报表能够准确反映企业的经济活动。

应计是一种会计方法，它基于权责发生制原则，即收入和费用的确认应当在业务发生的时候，而不是在现金实际收到或支付的时候。应计会计要求企业在财务报表中记录所有已赚取的收入和已发生的成本，即使这些交易尚未涉及现金的流动。

应计费用（accrued expenses）是指本期（某一特定会计期间）已经发生但尚未支付的费用，例如工资、利息或租金等。这些费用会在本期期末被确认入账，以确保费用与相应的收入相匹配。

应计收入（accrued revenue）是指本期（某一特定会计期间）已经赚取但尚未收到现金的收入。例如，如果一家公司提供了服务但客户尚未支付，那么这部分收入应该在服务提供时被确认入账。

递延是指将已经收到的现金或已经支付的费用推迟到未来会计期间确认的一种会计处理方法。递延通常用于处理那些预付费用或预收收入的情况。

递延费用（deferred expenses）或预付费用（prepaid expenses）是指那些已经支付但在未来会计期间才会逐渐耗用的现金支出。例如，如果一家公司支付了一年的租金，这笔支出会在每个会计期间按照使用的比例递延确认为费用。

递延收入（deferred revenue）或预收收入（unearned revenue）是指那些已经收到但尚未提供相应商品或服务的现金。例如，如果一家公司收到了客户一年的订阅费，这笔现金收入会在服务提供期间逐渐确认为收入。应计或递延的可能情况具体如表1-5所示。

表1-5　　　　　　　　　　　　应计/递延情况

现金收支早于会计确认	现金收支与会计确认在同一期间	现金收支晚于会计确认
递延/预收收入：在期初记录现金增加，同时确认负债（递延/预收收入）；在确认收入时减少负债	不涉及权责发生制调整	应计收入：期初记录收入并且确认一项资产（应计收入）；当开具账单时，减少应计收入，增加应收账款；收到现金时，冲减应收账款
预付费用：在期初记录现金减少，并增加一项资产（预付/递延费用）；在确认费用时减少资产		预提费用：期初确认一项负债（如预提费用），并确认相关费用；当支付现金时冲减负债

结合应计制的会计原则要求，我们继续理解前面案例 ABC 公司的相关经济事项：

（1）2025 年 1 月 15 日将采购的电子产品出售，价款 26 000 美元，本月现金收款 50%，下个月收款 50%。这项经济业务在 1 月货物已经交付给客户了，因此应该确认收入，同时确认应收账款（假设已开具账单）。

（2）ABC 公司在 2025 年 1 月 20 日，收到客户预付货款 10 000 美元，预计下个月交货，该项经济业务属于现金收入早于会计确认的情形，因此 ABC 公司在 1 月的会计核算时应先确认现金的增加，同时确认递延收入，在下个月交付货物时确认收入的同时冲减负债。

4. 应计制原则运用案例：折旧与/摊销

折旧/摊销作为一种会计处理方法，也是基于权责发生制原则。它将固定资产的成本在其预计使用寿命内系统地分摊到各个会计期间，以反映资产因使用、磨损或过时而导致价值的逐渐减少。这样做可以确保费用与受益期间的收入相匹配，符合会计的匹配原则。

折旧（depreciation）通常用于有形资产，如建筑物、机器、设备、家具、车辆等。这些资产随时间的推移会因为使用、技术进步或自然损耗而逐渐失去价值。折旧是对这些资产价值减少的一种会计处理方式，它反映了资产的物理磨损。

摊销（amortization）主要用于无形资产，例如，专利权、商标权、版权、商誉以及某些类型的预付费用（如预付租金或保险费）。无形资产没有物理磨损，但它们的经济价值会随着时间的推移而减少，这可能是因为它们被使用、变得过时或失去了市场竞争力。

无论是折旧还是摊销，其目的都是按照收入与支出的匹配原则，将资产的成本在其为企业提供经济利益的期间内合理地分摊到各个会计期间。这样做可以确保企业的利润不会因为一次性计入大额费用而受到扭曲，从而提供更准确的财务信息。

购买 12 000 美元办公设备，预计可以使用 2 年，到期无残值。这里的 12 000 美元尽管现金支付在 2015 年 1 月，但资产的受益期是 2 年，因此这笔费用应该分摊到 2 年。如果按时间进行平均分摊（直线法），则每个月的折旧费用为 500 美元（12 000 美元/24 个月），相关 T 型账户如图 1 - 14 所示。

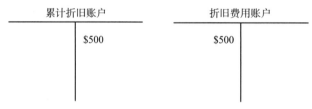

图 1 - 14　T 型账户示例

5. 其他会计原则

会计原则是会计工作的指导性规范，及对财务会计基本规律的概括与总结，用于确保会计活动的准确性、可比性和可靠性，提高会计信息的质量，为会计信息使用者的决策提供支持。

此外，除了遵循应计制会计原则，还需要遵循一些其他原则：

（1）一致性原则。要求企业在不同的会计期间采用相同的会计政策和处理方法，以便比较不同期间的财务信息。

（2）谨慎性原则。要求会计人员在处理不确定的经济事项时，保持谨慎态度，避免高估资产或收益，不低估负债或费用，确保财务报表的稳健性。

（五）将日记账分录过账到总分类账

总分类账（ledge，也称为"总账"），是将日记账中的金额按账户分类后汇总记录的账簿。总分类账是会计信息系统中的核心组成部分，它提供了企业所有账户的详细余额和交易信息，是编制财务报表的主要依据。

继续前面的案例，ABC 公司的这些交易会被分类并汇总到总账中。假设在 2025 年 1 月 31 日，ABC 公司将明细账户的日记账转入总分类账，如图 1 – 15 所示。

现金账户		交易性金融资产账户		应收账款账户		存货账户	
$100 000	$5 000	$50 000		$13 000		$20 000	$20 000
$13 000	$50 000	$200					
$10 000	$12 000						
	$5 000						
	$5 000						
$46 000		$50 200		$13 000			
（借方余额）		（借方余额）		（借方余额）			

固定资产账户		累计折旧账户		递延收入账户		应付账款账户	
$12 000			$500		$10 000		$20 000
$12 000			$500		$10 000		$20 000

收入账户		投资收益账户		销货成本账户		折旧费用账户	
	$26 000		$200	$20 000		$500	
	$26 000		$200	$20 000		$500	

租金费用账户		工资费用账户		广告费用账户		实缴资本账户	
$5 000		$5 000		$5 000			$100 000
$5 000		$5 000		$5 000			$100 000

图 1 – 15　T 型账户示例

（六）编制试算平衡表

在编制财务报表之前，通常需要先确认试算平衡表的余额正确。

试算平衡表为编制资产负债表和利润表提供了必要信息。

继续前面 ABC 公司的案例，在过账之后，我们可以编制 ABC 公司的试算平衡表（见表 1-6）。

序号	账户	借方	贷方
	资产账户（余额）		
1	现金	46 000	
2	交易性金融资产	50 200	
3	应收账款	13 000	
4	固定资产	12 000	
5	累计折旧		500
	负债账户（余额）		
6	递延收入		10 000
7	应付账款		20 000
	权益账户		
8	实缴资本		100 000
9	留存收益		
	损益类账户		
10	销售收入		26 000
11	销货成本	20 000	
12	折旧费用	500	
13	租金费用	5 000	
14	工资费用	5 000	
15	广告费用	5 000	
16	投资收益		200
	总计	156 700	156 700

表 1-6　　　　　　ABC 公司试算平衡表　　　　单位：美元

（七）编制财务报表

试算平衡表确认借贷双方平衡后（如有错误，应予以纠正并编制调整试算平衡表），就具备了编制资产负债表和利润表的必要信息。

继续前面案例，首先我们可以编制出 ABC 公司在 2025 年 1 月期间的简易利润表（见表 1-7）。

表 1-7　　　　　**ABC 公司 2025 年 1 月简易利润表**　　　单位：美元

项目	金额
产品销售收入	26 000
投资收益	200
收入合计	26 200
产品销货成本	20 000
其他费用	15 500
费用合计	35 500
净利润/损失	-9 300（亏损）

注：报表项目中的名称和会计账户的名称并不是完全一致，实务中根据账户的具体内容分析填列报表项目。

利润表编制完毕之后，需要将每一个临时账户的余额（损益类账户如收入、费用相关账户）转入留存收益，并且关闭相关账户。表 1-8 为 ABC 公司在 1 月底结转留存收益后的试算平衡表示例。

表 1-8　　　　　　　**ABC 公司 1 月底试算平衡表**　　　单位：美元

序号	账户	借方	贷方
	资产账户（余额）		
1	现金	46 000	
2	交易性金融资产	50 200	
3	应收账款	13 000	
4	固定资产	12 000	
5	累计折旧		500
	负债账户（余额）		
6	递延收入		10 000
7	应付账款		20 000
	权益账户		
8	实缴资本		100 000
9	留存收益	9 300	
	损益类账户		
10	销售收入		0
11	销货成本	0	
12	折旧费用	0	
13	租金费用	0	
14	工资费用	0	
15	广告费用	0	
16	投资收益		0
	总计	130 500	130 500

注：损益类账户的余额在期末结转到留存收益账户，结转后相关账户余额均为 0，留存收益账户借方余额 9 300 美元。

利润结转之后，ABC 公司就可以编制简易的资产负债表，表 1 –9 是 ABC 公司在 2025 年 1 月 31 日简易资产负债表示例。

表 1 –9　　ABC 公司 2025 年 1 月 31 日简易资产负债表　　单位：美元

账户	2024 年 12 月 31 日	2025 年 1 月 31 日	账户	2024 年 12 月 31 日	2025 年 1 月 31 日
资产			**负债**		
现金		46 000	递延收入		10 000
金融资产		50 200	应付账款		20 000
应收账款		13 000	负债合计		30 000
存货			**所有者权益**		
固定资产		12 000	实缴资本		100 000
减：累计折旧		500	留存收益		– 9 300
固定资产净值		11 500	权益合计		90 700
资产合计		120 700	负债和所有者权益合计		120 700

（八）关闭账目，开启新一轮会计循环

会计循环的最后一步是确保所有财务记录都已准确无误地反映在财务报表中，关闭账目后开启新一轮的会计循环。

本章小结

本章详细介绍了商业交易与财务报告机制的基础知识，包括会计在商业中的作用、管理会计与财务会计的区别、不同类型的商业企业以及财务报告机制的核心要素。通过 ABC 有限公司的案例，本章展示了会计循环的全过程，从识别和分析商业交易开始，到记录、调整、过账、结账，最终编制财务报表。

本章强调了会计恒等式的重要性，解释了复式记账法的原理，并讨论了应计制和权责发生制原则在会计中的应用。通过这些内容，读者可以更好地理解会计如何帮助企业记录和报告财务信息，以及这些信息如何支持企业的决策制定和战略规划。最后，本章通过一个综合案例，将理论知识与实际操作相结合，帮助读者巩固和应用所学的会计概念和技能。

本章习题

1. 会计在商业中的主要作用是什么？（　　）
   A. 仅记录交易
   B. 提供决策所需的信息
   C. 仅限于税务申报
   D. 只为投资者服务

2. 管理会计与财务会计的主要区别在于（　　）。
   A. 管理会计主要对外报告，财务会计主要对内管理
   B. 管理会计使用历史成本，财务会计使用重置成本
   C. 管理会计关注内部管理信息，财务会计关注对外财务报告
   D. 管理会计不涉及预算编制，财务会计涉及

3. 下列哪种企业形式不承担有限责任？（　　）
   A. 上市公司
   B. 独资企业
   C. 合伙企业（有限合伙人）
   D. 有限责任公司

4. 会计恒等式的基本形式是（　　）。
   A. 收入 – 费用 = 利润
   B. 资产 = 负债 – 所有者权益
   C. 资产 = 负债 + 所有者权益
   D. 现金流入 – 现金流出 = 现金净增加

5. "商业交易"是指（　　）。
   A. 任何企业活动
   B. 企业与外部实体之间的经济交换
   C. 企业内部的管理决策
   D. 企业的市场营销策略

6. "借记（借方）"在会计中通常表示（　　）。
   A. 收入的增加
   B. 费用的减少
   C. 资产的增加或负债的减少
   D. 权益的增加

7. "日记账"是（　　）。

A. 汇总所有账户的账簿

B. 记录原始交易的账簿

C. 仅记录现金交易的账簿

D. 编制财务报表的基础

8. "分类账"的主要功能是（　　）。

A. 记录详细交易

B. 对日记账中的交易进行分类汇总

C. 仅记录非现金交易

D. 替代日记账

9. "应计制会计"与"现金制会计"的主要区别在于（　　）。

A. 应计制不考虑未实现的收入和费用

B. 现金制在收到或支付现金时记录交易

C. 应计制仅在年底调整账户

D. 现金制更适用于大型企业

10. "折旧/摊销"是指（　　）。

A. 资产的物理损耗

B. 资产价值的逐渐减少在会计上的反映

C. 资产的突然减值

D. 仅适用于无形资产的价值减少

11. 复式记账是指（　　）。

A. 仅在一个账户中记录每笔交易

B. 在两个或两个以上的相关账户中以相等的金额进行记录

C. 仅在现金账户中记录收入与支出

D. 不需要记录交易的详细信息，只需记录总额

12. 当企业购买办公用品，支付现金时，应如何记录在日记账中？（　　）

A. 借：现金，贷：办公用品费用

B. 借：办公用品费用，贷：现金

C. 借：应收账款，贷：办公用品费用

D. 借：办公用品费用，贷：应付账款

13. 会计系统中,按照账户分类记录所有的经济业务,被称为（　　　）。

A. 日记账

B. T 型账户

C. 总分类账

D. 试算平衡表

14. 会计循环是指从记录交易到编制财务报表的一系列有序过程,其不包括以下哪个步骤?（　　　）

A. 分析交易

B. 编制预算

C. 编制试算平衡表

D. 结账并编制财务报表

15. 将日记账中的交易信息转移到总分类账的过程称为（　　　）。

A. 试算平衡

B. 过账

C. 结账

D. 编制财务报表

16. 试算平衡表的主要目的是（　　　）。

A. 确保所有账户的借方发生额（或余额）和贷方发生额（或余额）相等

B. 分析企业的盈利能力

C. 记录企业的现金流量

D. 评估企业的资产价值

17. 2024 年 10 月 30 日,ABC 公司收到客户一笔现金购货款 30 000 美元,根据销售合同,公司预计在 2024 年 12 月将机器交付给客户。在 10 月份该业务最有可能导致（　　　）。

A. 对负债无影响

B. 资产减少 30 000 美元

C. 负债增加 30 000 美元

D. 对资产无影响

参考答案

1. 答案: B

解析: 会计在商业中的主要作用是提供决策者所需的经济信息,

帮助管理层了解企业的财务状况、经营成果和现金流量，从而做出合理的经济决策。

2. 答案：C

解析： 管理会计主要服务于企业内部管理层，提供决策支持、成本控制和预算管理等信息；而财务会计则主要对外提供财务报表，以满足股东、债权人、税务机关等外部利益相关者的需求。

3. 答案：B

解析： 独资企业由个人所有和经营，其所有者承担无限责任，即个人资产可用于偿还企业债务。而其他选项中的企业形式通常承担有限责任。

4. 答案：C

解析： 会计等式是会计学的基本原理之一，它表明企业的资产总额等于其负债总额加上所有者权益总额。

5. 答案：B

解析： 商业交易是指企业与外部实体（如客户、供应商、投资者等）之间发生的经济交换，包括购买、销售、借款、投资等活动。

6. 答案：C

解析： 在复式记账法中，借记通常表示资产的增加、费用的增加或负债的减少，而贷记则相反。

7. 答案：B

解析： 日记账是会计系统中用于记录每一笔原始交易的第一手资料，如销售日记账、现金收款日记账等。

8. 答案：B

解析： 分类账（如总账、明细账）用于将日记账中的交易按账户分类汇总，以便编制财务报表。

9. 答案：B

解析： 现金制会计在收到或支付现金时记录交易，而应计制会计则根据权责发生制原则，在收入和费用发生时（即使现金尚未收付）就进行记录。

10. 答案：B

解析：折旧（针对有形资产）和摊销（针对无形资产）是指资产在使用过程中因经济寿命的消耗而逐渐转移到产品或服务中的价值，这部分价值在会计上通过分期计入费用来反映。

11. 答案：B

解析：复式记账是一种会计记录方法，它要求每笔交易都要在至少两个相关账户中进行记录，以确保借贷平衡。这种方法可以全面反映交易对企业财务状况的影响。

12. 答案：B

解析：在购买办公用品并支付现金的情况下，企业的办公用品费用增加，因此记录为借方；同时，企业的现金减少，因此现金账户记录为贷方。

13. 答案：C

解析：总分类账是会计系统中按账户分类记录所有经济业务的账簿。它汇总了所有账户的交易信息，为编制财务报表提供了基础数据。

14. 答案：B

解析：会计循环包括分析交易、记录日记账、过账、编制试算平衡表、调整分录、结账和编制财务报表等步骤。编制预算虽然是会计工作的一部分，但它不属于会计循环的标准步骤。

15. 答案：B

解析：过账（posting）是指将日记账中的交易信息转移到总分类账的过程。这个过程确保了总分类账能够反映所有账户的最新和详细的交易记录。

16. 答案：A

解析：试算平衡表的主要目的是检查总分类账中所有账户的借方总额是否等于贷方总额，从而确保会计记录的准确性。如果借贷不平衡，通常意味着存在记账错误。

17. 答案：C

解析：根据会计的权责发生制和收入确认原则，ABC 公司在收到销售款尚未交付机器时，应确认一项负债，即预收账款增加 30 000 美元。因此，负债增加 30 000 美元。

第二章

财务报表的类型和要素

本章将重点介绍财务报表的类型与要素，包括资产、负债、收入、费用和所有者权益等基本定义。考生需识别财务报表的主要使用者及其需求，理解资产负债表、利润表、所有者权益变动表和现金流量表的目的和用途，并掌握它们的主要组成部分和分类。同时，考生应了解每种报表的局限性，并把握财务报表间的相互关系，为深入分析和决策提供基础。

第一节

财务报表的类型

通常，企业一套完整的对外财务报告体系通常包括利润表、资产负债表、现金流量表和股东权益变动表以及报表附注等。

利润表反映了公司在一定会计期间经营活动的业绩表现；资产负债表（也称财务状况表）勾勒了公司在一个特定时点上的财务状况；现金流量表是反映公司在一定会计期间现金和现金等价物流入和流出的报表；股东权益变动表提供了与股东权益各个项目变动相关的信息。此外，财务报表附注也是整个财务报表体系中不可或缺的重要部分。各种财务报表的类型及其反映的内容见表 2-1。

表 2-1　　　　　　　　　　　　　财务报表的类型

财务报表	报表反映的内容
利润表	反映公司在一定会计期间（月、季度、年）的经营活动情况
资产负债表	反映公司在一个特定时点上（如年末）的财务状况
现金流量表	反映公司在一定会计期间现金流入和流出的报表
股东权益变动表	反映股东投资、利润分配和留存利润的权益变动

【例题】使用以下哪一项，公司目前的财务状况可以得到最好的评估？（　　　）

A. 资产负债表

B. 利润表

C. 现金流量表

D. 股东权益变动表

【解析】正确答案为 A 。资产负债表反映公司在一个特定时点上（如年末）的财务状况。

第二节

财务报表的使用者及其需求

财务报表的使用者包括投资者、员工、债权人、供应商、客户、政府和政府机构、社会公众等内外部使用者，不同的使用者对财务报告有不同的需求（见表2-2）。

表 2-2　　　　　　　　　　财务报表的使用者及其需求

财务报表使用者	使用者可能的需求
投资者	帮助做出是否购买、销售或持有公司股份的决策
员工	关注公司的稳定性、持续性以及公司的盈利性
债权人	评估债务人的债务偿付能力
供应商	确定赊销政策以及赊销款能否收回等
客户	需要获得关于公司能否持续经营的信息
政府和政府机构	制定税收政策、规范组织行为等
社会公众	希望获得公司对当地社区贡献和发展的相关信息

【例题】以下各项都是财务报告的目标，除了（　　　）。

A. 有助于进行投资和信贷的决策

B. 协助管理层评估不同的长期投资方案

C. 关注企业的资源和对资源的索取权

D. 协助投资者和债权人预测未来的现金流

【解析】正确答案为 B 。长期投资方案的决策需要考虑各个投资项目未来的现金流与其货币的时间价值，而财务报告提供的是基于收益流的会计信息，因此，无助于管理层对不同的长期投资方案进行评估。

第三节

解读资产负债表

资产负债表（balance sheet）呈现了公司某一时点的财务状况。在一个特定的时点披露了公司控制的资源（资产）和对贷款人以及其他债权人（负债）的义务，资产超过负债部分为所有者权益。

一、资产负债表基本要素与术语

资产负债表由资产、负债与所有者权益三个部分组成，资产等于负债和所有者权益之和，具体定义如下：

（1）资产：企业过去的交易或者事项形成的、由企业拥有或者控制的、预期会给企业带来经济利益的资源。

（2）负债：企业过去的交易或者事项形成的，预期会导致经济利益流出企业的现时义务。

（3）所有者权益：企业资产扣除负债后由所有者享有的剩余权益包括所有者投入的资本、留存收益和其他综合收益等。

二、资产负债表格式：账户式和报告式

（1）账户式：资产列示在左边，负债和股东权益列示在右边。
（2）报告式：资产列示在前面，负债和股东权益列示在后面。

三、资产负债表示例

表2-3是某美国上市公司披露的资产负债表示例。

表2-3	资产负债表（年报）	单位：美元
项目	20×4年9月30日	20×3年9月30日
资产总计	251 589 542	249 095 467
流动资产合计	90 350 725	85 380 399
货币资金	17 826 071	13 465 606
短期投资		
有价证券——流动资产	27 783 713	35 767 581
应收账款	15 950 113	11 862 795

续表

项目	20×4年9月30日	20×3年9月30日
存货	2 721 412	3 222 215
递延所得税资产——流动		
其他应收账款	17 754 527	11 813 018
其他流动资产	8 314 889	9 249 184
非流动资产合计	161 238 817	163 715 068
有价证券——非流动资产	117 496 048	129 229 735
固定资产	28 413 848	22 421 439
商誉		3 794 316
无形资产		1 525 160
其他非流动资产	15 328 921	6 744 418
负债和所有者权益合计	251 589 542	249 095 467
负债合计	177 880 978	160 129 814
流动负债合计	80 394 459	66 909 244
非流动负债合计	97 486 519	93 220 570
股东权益合计	73 708 564	88 965 653
普通股		
普通股及股本溢价	27 655 072	23 804 569
留存收益	48 429 568	65 260 638
其他综合收益	(2 376 076)	(99 554)

需要注意的是，与中国公司不同，国外公司的年报财务报告日不一定是12月31日，同时财务报表中的项目也不是完全的标准化格式。

在企业的财务报表中，资产和负债根据其流动性（即转换为现金的速度）被分为流动和非流动两大类。

1. 流动资产

流动资产（current assets）是指企业在一年内或在一个正常营业周期内可以转换为现金或用于支付债务的资产。流动资产包括但不限于：

● 货币资金：如库存现金、银行存款和现金等价物。

● 应收账款：企业有权收取的款项，通常来源于销售商品或提供服务。

● 存货：包括原材料、在产品、产成品、包装物、低值易耗品等。

● 预付款项：预先支付的款项，如预付租金或预付采购款。

2. 非流动资产

非流动资产（non-current assets）是指预期超过一年或一个正常营业周期内转换为现金的资产。非流动资产包括：

- 固定资产：如土地、建筑物、机器设备等长期使用的资产。
- 无形资产：如专利权、商标权、版权等无形的价值。
- 长期投资：长期持有的股票、债券或其他投资。
- 其他非流动资产：如长期预付款、递延税项等。

3. 流动负债

流动负债（current liabilities）是企业在一年内或在一个正常营业周期内需要偿还的债务。流动负债包括：

- 应付账款：因购买商品或服务而产生的短期债务。
- 短期借款：一年内需要偿还的银行贷款或其他借款。
- 预收账款：提前收到的款项，服务或产品尚未提供。
- 应付工资：尚未支付的员工工资和福利。
- 其他流动负债：如短期应付税费等。

4. 非流动负债

非流动负债（non-current liabilities）是企业不需要在一年内或一个正常营业周期内偿还的长期债务。非流动负债包括：

- 长期借款：偿还期限超过一年的银行贷款或其他借款。
- 应付债券：企业发行的长期债券。
- 长期应付款：长期租赁或其他长期支付义务。
- 其他非流动负债：如递延收益、长期递延税项等。

第四节

解读利润表/损益表

一、利润表基本要素与术语

（1）收入（revenues）。销售商品或提供劳务等日常经营活动产生的经济利益流入，收入在利润表中以总额列示（减去销售退回折让和销售折扣）。

（2）费用（expenses）。销售商品或提供劳务等日常经营活动产生的经济利益流出，费用在利润表中以总额列示。

（3）利得（gains）。非日常经营活动形成的收入大于成本的净额（收益减去账面净值）。确认为利得的资产与日常经营活动无关（例如，出售固定资产的利得），或不会导致费用的发生（例如，在公司的土地上发现黄金）。

（4）损失（losses）。非日常经营活动形成的收入小于成本的净额（收益减去账面净值）。确认为损失的资产与日常经营活动无关（例如，出售投资资产的损失），或不会导致收入的发生。

二、利润表的两种格式：单步式和多步式

（1）单步式利润表只需要一步，将费用和损失总额一次性从收入和利得中扣除，计算得到净利润，不区分收入和费用的类别，也不计算分类后的小计数。

（2）企业更为广泛使用的是多步式利润表，将信息分解为经营活动和非经营活动两类。表 2 - 4 为多步式利润表的示例。

表 2 - 4　　　　　　　　　　　　多步式利润表

销售净额（net sale）
　减：销货成本（cost of good sale）
毛利润（gross profit on sale）
　减：营业费用（operating expense）——如销售、管理费用
营业利润（operating income，EBIT）
　加/减：其他利得或损失（other gains and losses）——如利息
税前利润（earning before tax，EBT）
　减：所得税费用（tax expense）
持续经营净利润（income from continuing operations）
　加/减：终止经营损益（discontinued operations）
净利润（net income，NI）

根据美国通用会计准则（US GAAP），以下是对利润表中相关术语的解释：

1. 销售净额

销售净额指的是企业在一定时期内销售商品或提供服务所产生的总收入，扣除了销售折扣和退货后的净额。这是衡量企业销售业绩的关键指标。

2. 销货成本

销货成本是指企业为销售商品或提供服务所发生的直接成本，包括原材料、直接劳动力成本以及其他直接费用。它是计算毛利润的关键组成部分。

3. 毛利润

毛利润是销售净额减去销货成本后的余额，反映了企业销售商品或服务的直接盈利能力。它是衡量企业经营效率的重要指标。

4. 营业费用

营业费用包括企业在日常运营中发生的除销货成本外的所有费用，如销售费用、管理费用等。这些费用是企业为了维持正常运营而必须支付的。

5. 营业利润

营业利润是企业在扣除利息和税项之前的盈利。它是衡量企业核心业务盈利能力的重要指标，反映了企业在支付财务费用和税项之前的收益水平。

6. 其他利得或损失

其他利得或损失是指企业在正常业务活动之外的投资、资产处置等非经常性项目所产生的收益或损失。这些项目可能会对企业的净利润产生影响。

7. 终止经营

终止经营指的是企业中已被处置或计划处置的、能够单独区分的业务部分，这些部分在经营和编制财务报表时可以被明确地区分，并且按照企业计划将其整体或部分进行处置。

另外，在利润表中列示的金额还需要注意以下几点：第一，持续经营收益之前的项目以税前总额列示，包括经营活动（如收入、销货成本、销售费用和管理费用）、非经营活动（如其他收入和利得、其他费用和损失）、所得税费用。第二，终止经营损益通常以税后金额列示。

第五节

解读所有者权益变动表

一、目的与作用

所有者权益变动表是反映构成所有者权益的各组成部分当期的增减变动情况的报表，可以帮助外部报表使用者更深入了解公司资本结构变动如何影响公司财务弹性。所有者权益变动表通常以矩阵形式列示。

二、主要组成部分

所有者权益的基本组成部分包括实收资本（股本）、留存收益、资本公积和累计其他综合收益。股本是指普通股和优先股面值；留存收益是指留在公司的内部利润累计额；资本公积是投资者支付的超过股票面值的金额。

三、所有者权益变动表示例

所有者权益变动表示例见表 2 – 5。

表 2 – 5	所有者权益变动表			单位：美元
项目	普通股	留存收益	累计其他综合收益/损失	合计
2024 年 1 月 1 日余额	10 000	10 000	（5 000）	15 000
年度净利润		600		600
其他综合收益/损失			100	100
新发行股票	1 000			1 000
股票回购	（500）			（500）
现金股利		（300）		（300）
2024 年 12 月 31 日余额	10 500	10 300	（4 900）	15 900

> 期末权益余额＝期初余额＋净利润＋其他综合收益＋发行新股（或投资）－发放现金股利－回购股票

【**注意**】发放现金股利会影响所有者权益总额，但发行股票股利不影响所有者权益总额，只影响所有者权益的结构。

第六节

解读现金流量表

一、现金流量表构成内容与分类

（1）经营活动现金流量（operating activities）。
（2）投资活动现金流量（investing activities）。

（3）筹资活动现金流量（financing activities）。

二、经营活动现金流量

（一）概念及构成

经营活动现金流量通常是指与日常业务相关（向客户提供货物或劳务）的现金流入与支出。不属于投资和筹资活动的都归为经营活动部分。经营活动现金流主要来自（与利润表和资产负债表的关系）：

（1）报告在利润表中的交易事项（transactions）。

（2）资产负债表中流动资产和流动负债的变动部分（注：不包括应付票据和非流动负债中被划分为流动比例的部分——在筹资活动现金流中列示）。

（二）编制方法

美国通用会计准则允许企业自行选择直接法或间接法来编制经营活动现金流。

（1）直接法（direct method）。将权责发生制下的收入和费用转变为收付实现制。表 2 - 6 是采用直接法编制的经营活动现金流的示例。

表 2 - 6　　　　　　采用直接法编制的经营活动现金流　　　　单位：美元

项目	金额
经营活动现金流	
从客户收到的现金	150 000
股利收入	3 000
收到其他经营相关现金	10 000
支付给供应商的现金	(42 000)
税金支出	(10 000)
支付其他经营相关现金	(20 000)
经营活动现金流净额	91 000

（2）间接法（indirect method）。从净利润出发，调增非现金费用和账面损失，调减非现金收入和账面利得等对当期经营现金流没有影响的项目。表 2 - 7 是采用间接法编制的现金流量表示例。

表 2 - 7　　　　　　　采用间接法编制的现金流量表　　　　　　单位：美元

项目	金额	合计金额
经营活动现金流		
净利润		50 000
调整项目：		
应收账款的减少	25 000	
存货的增加	（10 000）	
应付账款的增加	20 000	
应付所得税增加	6 000	
总调整金额		41 000
经营活动现金流净额		91 000

【**例题**】当使用现金流量表来评价某家公司的持续偿债能力时，要考虑的最重要的因素是（　　）。

A. 期末的现金余额

B. 来自（用于）经营活动的现金流量

C. 来自（用于）投资活动的现金流量

D. 来自（用于）融资活动的现金流量

【**解析**】正确答案为 B。评价公司的偿债能力时，来自经营活动的现金流量是最重要的考虑因素。

【**例题**】以下是多兰（Doran）电子设备公司在刚刚结束的会计年度的经营结果：

净利润　　　　　　　　　　　920 000 美元

折旧费用　　　　　　　　　　110 000 美元

应付账款增加额　　　　　　　 45 000 美元

应收账款增加额　　　　　　　 73 000 美元

递延所得税负债增加额　　　　 16 000 美元

请问多兰公司来自经营活动的现金流量是多少?（　　）

A. 928 000 美元

B. 986 000 美元

C. 1 018 000 美元

D. 1 074 000 美元

【**解析**】正确答案为 C。经营活动现金 = 920 000 + 110 000 + 45 000 – 73 000 + 16 000 = 1 018 000 美元。

【**例题**】采用间接法编制现金流量表时，以下哪个选项会导致现金流减少?（　　）

A. 摊销费用

B. 发行股票的实收款项

C. 存货的减少

D. 应付所得税的减少

【解析】正确答案为 D。应付所得税属于流动负债，流动负债的减少，导致现金流减少。

三、投资活动现金流

投资活动现金流是投资活动（购买或处置投资资产）产生的现金流入或流出，大多数事项都与长期资产账户的变动有关，投资活动包括购买或销售固定资产和对其他公司证券的投资。

投资活动现金流量按方向可以分为现金流入和流出两部分。

1. 投资活动现金流量流入项目

（1）出售财产、厂房及设备（固定资产）。

（2）出售对其他公司的债券或股权投资（划分为非流动资产的交易性证券；可供出售证券和持有至到期投资）。

（3）收回对其他公司的贷款本金（注：根据美国通用会计准则规定，利息通常属于经营活动现金流）。

2. 投资活动现金流量流出项目

（1）构建固定资产、无形资产和其他长期资产。

（2）购买其他公司的债券和股票（划分为非流动资产的交易性证券；可供出售证券和持有至到期投资）。

（3）向其他公司贷款。

四、筹资活动的现金流量

筹资活动现金流量是筹资活动产生的现金流入或流出。大多数事项都与长期负债或权益账户的变动有关，筹资活动包括发行或赎回本企业的股票和债券。

1. 筹资活动现金流量流入事项

（1）出售本实体的股权（从股东方处获得资源，如发行股票）。

（2）发行债券与票据，贷款（从债权人处获得的资源）。

2. 筹资活动现金流量流出事项

（1）向股东支付股利（注：收到股利属于经营活动现金流量）。

（2）回收股份或赎回企业的债券。

五、不涉及现金流的投资与筹资活动

关于不涉及现金流的重大投资与筹资活动应该在附注中单独披露。例如，通过发行股份购买固定资产；债转股，通常不涉及现金；非货币性资产交换；等等。

六、常见交易事项的现金流分类总结

表 2 - 8 是根据美国通用会计准则总结的常见交易事项的现金流量分类总结。

表 2 - 8　　　　　　　　常见交易事项的现金流量分类总结

交易事项	经营活动现金流（CFO）	投资活动现金流（CFI）	筹资活动现金流（CFF）	不涉及现金流
销售产品/收回应收账款	√			
购买存货/支付货款	√			
购买产品或服务/支付款	√			
税收支付	√			
购买/销售交易性证券（分类为流动资产）	√			
现金购买长期资产或长期投资		√		
计提折价、摊销与损耗				√
投资中收到的利息	√			
投资中收到的股利	√			
按权益法确认的投资收入				√
出售长期资产和投资		√		
银行借款或发行债券			√	
支付债务利息	√			
支付债务的本金			√	
发行普通股或优先股			√	
支付股利			√	
回购股票（库藏股）			√	

第七节

财务报表的局限性

识别财务报表的局限性对于准确理解和分析企业的财务状况至

关重要。在分析财务报表时，需要综合考虑各种因素，如会计政策、市场环境、企业战略等，以全面、客观地评估企业的财务状况和经营成果。本节列举了各种财务报表的局限性。

（一）资产负债表的局限性

（1）反映企业信息的范围受限。资产负债表主要反映企业在某一特定日期的财务状况，包括资产、负债和所有者权益。然而，它并不能全面反映企业的所有经济活动，如人力资源价值、品牌影响力和技术能力等非财务因素。

（2）历史成本原则的局限性。资产负债表上的资产和负债通常以历史成本计价，这可能导致在市场价格波动较大时，资产和负债的账面价值与实际价值存在偏差。

（3）会计估计的影响。对于某些资产，如存货和应收账款，其价值可能受到会计估计的影响，如存货的可变现净值和应收账款的可回收金额，这些估计可能存在不确定性。

（二）利润表的局限性

（1）时效性问题。利润表反映的是企业在一定时期内的经营成果，但由于财务报表的编制和公布存在一定的时间滞后性，所以利润表上的数据可能无法及时反映企业当前的经营状况。

（2）收入和费用的确认标准。利润表中的收入和费用是按照一定的会计政策和方法进行确认的，这些政策和方法可能因企业而异，导致不同企业之间的利润表可比性较差。

（3）非经常性项目的影响。利润表中可能包含一些非经常性项目，如处置长期资产的收益或损失，这些项目可能对利润表的解读产生干扰。

（三）现金流量表的局限性

（1）时间滞后性。现金流量表反映的是企业在一定时期内现金流入和流出的情况，但由于编制和公布的时间滞后性，现金流量表上的数据可能无法及时反映企业当前的现金状况。

（2）分类和估计的影响。现金流量表中的现金流入和流出被划分为不同的类别，如经营活动、投资活动和筹资活动，这些分类可能存在一定的主观性。此外，对于某些现金流量的估计，如未来现金流量的预测，可能存在不确定性。

（3）非现金交易的影响。虽然现金流量表关注的是现金交易，但一些重要的非现金交易，如折旧和摊销，虽然不影响现金流量，但会影响企业的利润和资产价值。

（四）所有者权益变动表的局限性

（1）信息的详细程度。所有者权益变动表反映了企业所有者权益的变动情况，但可能缺乏足够的详细信息来解释这些变动的具体原因。

（2）会计政策变更的影响。所有者权益变动表可能受到会计政策变更的影响，如企业采用不同的会计政策或方法，可能导致所有者权益的变动情况难以直接比较。

（3）非交易性变动的影响。所有者权益的变动可能包括一些非交易性变动，例如，企业内部的股权结构调整或资本公积的变动，这些变动可能不影响企业的现金流量和利润，但可能对所有者权益的总额产生影响。

第八节

主要财务报表之间的关系

财务报表是企业对外提供的重要财务信息工具，主要包括资产负债表、利润表和现金流量表等。这些报表之间存在着密切的勾稽关系，理解这些关系对于全面、准确地分析企业的财务状况至关重要。

（一）资产负债表与利润表的关系

1. 利润表对资产负债表的影响

（1）净利润对所有者权益的影响。利润表中的净利润（或净亏损）会直接影响资产负债表中的所有者权益。具体来说，净利润会增加所有者权益，而净亏损会减少所有者权益。例如，当企业在某一会计期间实现净利润时，该净利润会通过"本年利润"账户结转到"盈余公积"或"未分配利润"等所有者权益类账户，从而增加所有者权益的总额。

（2）费用对资产和负债的影响。利润表中的费用项目可能会导致资产负债表中的资产减少或负债增加。例如，销售费用、管理费用等费用的支付会减少企业的现金或银行存款（即减少资产），而应付账款、应付职工薪酬等费用的确认会增加企业的负债。

（3）收入对资产和负债的影响。利润表中的收入项目可能会导致资产负债表中的资产增加或负债减少。例如，销售商品或提供劳务所获得的收入会增加企业的现金或应收账款（即增加资产），而预收账款的确认会减少企业的负债。

2. 资产负债表对利润表的影响

（1）资产折旧和摊销对费用的影响。资产负债表中的固定资产、无形资产等长期资产的折旧和摊销费用会反映在利润表中，作为企业经营过程中的一项费用。这些费用的计提会影响企业的利润水平。

（2）资产减值损失对费用的影响。当资产负债表中的资产发生减值时，需要计提相应的减值损失，这部分减值损失会作为费用计入利润表，从而减少企业的利润。

（3）负债利息对费用的影响。资产负债表中的负债产生的利息费用会反映在利润表中，作为企业财务费用的一部分。利息费用的支付会影响企业的利润水平。

（二）资产负债表与现金流量表的关系

（1）货币资金与经营活动现金流量。资产负债表中的"货币资金"项目与现金流量表中的"现金及现金等价物净增加额"项目存在直接联系。现金流量表中的"现金及现金等价物净增加额"反映了企业现金及现金等价物的增减变动情况，这通常与利润表中的经营活动现金流量有关。

（2）流动资产与经营活动现金流量。资产负债表中的"应收账款""存货"等流动资产项目与现金流量表中的经营活动现金流量有关。这些资产的变动通常会影响经营活动现金流量的增减。

（3）长期资产与投资活动现金流量。资产负债表中的"固定资产""无形资产"等长期资产项目与现金流量表中的投资活动现金流量有关。这些资产的购置和处置通常会产生投资活动现金流量。

（三）利润表与现金流量表的关系

（1）净利润与经营活动现金流量。利润表中的"净利润"项目与现金流量表中的经营活动现金流量有关。间接法下经营活动现金流量是通过净利润调整得到的，反映了净利润与经营活动现金流量之间的关系。

（2）费用与经营活动现金流量。利润表中的"营业成本""营业税金及附加""销售费用""管理费用""财务费用"等项目与现金流量表中的经营活动现金流量有关。这些费用的变动会影响经营活动现金流量的增减变动。

（3）投资收益与投资活动现金流量。利润表中的"投资收益"项目与现金流量表中的投资活动现金流量有关。这些投资收益的变动会影响投资活动现金流量的增减变动。

本章小结

本章内容全面探讨了企业对外财务报告体系的核心组成部分，包括利润表、资产负债表、现金流量表、股东权益变动表及其附注，为理解企业的财务健康状况提供了坚实的基础。

1. 财务报表的构成与作用

● 利润表：作为企业经营成果的体现，记录了特定会计期间内的收入、成本和利润。

● 资产负债表：揭示了企业在某一特定时间点的资产、负债和所有者权益状况，是企业财务状况的静态视图。

● 现金流量表：详细记录了企业在一定时期内现金及现金等价物的流入和流出，突出了流动性和短期偿债能力。

● 股东权益变动表：反映了股东权益各组成部分的增减变动，提供了企业资本结构变化的视角。

2. 财务报表的用户及需求

财务报表服务于包括投资者、员工、债权人、供应商、客户、政府机构及社会公众在内的多方利益相关者，每一类用户要根据自己的需求解读财务数据。

3. 各种财务报表的解读

提供了资产负债表、利润表、现金流量表和股东权益变动表的编制方法和解读技巧，包括不同格式的报表和国际财务报告的差异。

4. 财务报表间的勾稽关系

阐释了资产负债表、利润表、现金流量表和股东权益变动表之间的内在联系，即报表之间如何相互影响，以及如何通过这些关系综合评估企业的财务状况。

5. 财务报表的局限性

讨论了各种财务报表的局限性，包括信息的时效性、历史成本原则的约束、会计估计的不确定性、非经常性项目的影响，以及非现金交易的间接影响。

本章内容强调了财务报表在企业决策中的核心作用，以及如何有效地利用这些报表进行财务分析和评估。通过对这些报表的深入理解，读者将能够更好地解读企业的财务信息，为企业的经营决策提供有力支持。

本章习题

1. 财务报表的使用者包括哪些？（　　）
A. 企业管理层、投资者、债权人和政府监管机构
B. 企业内部员工
C. 企业的所有者
D. 企业的竞争对手

2. 资产负债表的主要组成部分包括哪些？（　　）
A. 资产、负债和所有者权益
B. 收入、费用和利润
C. 现金流量和投资活动
D. 股东权益和留存收益

3. 利润表的主要目的是什么？（　　）
A. 显示企业在特定时间点的财务状况
B. 反映企业在一定会计期间内的经营成果和现金流动情况
C. 追踪企业所有者权益的变动
D. 报告企业在一定期间内的收入和费用

4. 直接法编制的现金流量表的局限性是什么？（　　）
A. 它不显示非现金交易
B. 它不反映企业的盈利能力
C. 它不提供企业的资产和负债信息
D. 它不显示企业的债务水平

5. 在20×4年2月，ABC公司发生以下业务：
（1）销售商品100 000美元，商品的销货成本为50 000美元，商品已经发出，客户已经确认。
（2）将闲置的办公室出租，本月获得租金收入5 000美元。
（3）本月发生其他经营费用20 000美元。
（4）本月发生财务费用5 000美元。

假设所得税税率为 15%，根据以上信息求 ABC 公司的净利润为（　　）。

  A. 25 000 美元

  B. 25 500 美元

  C. 26 500 美元

  D. 30 000 美元

6. 根据美国通用会计准则，在现金流量表中支付给公司股东的股利应该列示为（　　）。

  A. 经营活动现金流入

  B. 经营活动现金流出

  C. 投资活动产生的现金流量

  D. 筹资活动产生的现金流量

7. ABC 公司当期宣告并支付了现金股利 37 000 美元，购买设备支出 40 000 美元，对外销售本公司股票的面值为 65 000 美元，市场价格为 75 000 美元，求融资活动现金流？（　　）

  A. 38 000 美元

  B. 40 000 美元

  C. 75 000 美元

  D. 112 000 美元

8. 采用间接法编制经营活动现金流量时，以下哪一项会出现在本财年的现金流量表中？（　　）

  A. 支付利息费用 200 000 美元

  B. 未实现的持有收益增加或减少 50 000 美元

  C. 支付上月预提的诉讼费

  D. 建筑物和设备的折旧

9. 在采用间接法编制现金流量表时，最有可能列示在经营活动现金流中的项目是（　　）。

  A. 净利润

  B. 支付给供应商的现金流

  C. 支付给客户的现金流

  D. 支付给员工的工资

10. 三年前 J 公司花费 100 000 美元购买了 Z 公司的股票，今年以 150 000 美元的价格出售。请问这笔交易的结果在 J 公司的现金流量表中的投资活动部分列示的金额是多少？（　　）

A. 0 美元

B. 50 000 美元

C. 100 000 美元

D. 150 000 美元

参考答案

1. 答案：A

解析： 财务报表的使用者包括企业管理层、投资者、债权人和政府监管机构。他们利用财务报表来做出经济决策或进行监管。选项 B、C 和 D 都过于狭隘，没有涵盖所有可能的使用者。

2. 答案：A

解析： 资产负债表的主要组成部分是资产、负债和所有者权益。这些部分共同展示了企业的财务状况。选项 B、C 和 D 描述的是利润表和其他财务报表的组成部分，而不是资产负债表。

3. 答案：D

解析： 利润表的主要目的是报告企业在一定期间内的收入和费用，以及最终的利润或亏损。选项 A 描述的是资产负债表的目的，选项 B 和 C 描述的是利润表的部分内容，但不是其主要目的。

4. 答案：A

解析： 直接法现金流量表的局限性在于它不显示非现金交易，如资产的折旧或应收账款的变动，这些可能会影响企业的财务状况。选项 B、C 和 D 并不是现金流量表特有的局限性。

5. 答案：B

解析： 税前利润 = 销售收入 − 销货成本 + 租金收入 − 其他经营费用 − 财务费用 = 100 000 − 50 000 + 5 000 − 20 000 − 5 000 = 30 000（美元）。

净利润 = 30 000 × (1 − 15%) = 25 500（美元）。

6. 答案：D

解析： 支付给股东股利属于筹资现金流。

7. 答案：A

解析： 支付现金股利 37 000 美元属于融资活动现金流流出，购买设备属于投资活动现金流，对外销售本公司股票即发行股票属于融资活动现金流流入，金额为 75 000 美元。融资活动现金流 = 75 000 − 37 000 = 38 000（美元）。

8. 答案：D

解析： 折旧属于没有现金流的费用，在间接法编制经营活动现金流时需要调增。选项 A 错误。利息费用属于经营活动现金流，间接法中无须调整。选项 B 错误。未实现的持有收益增加或减少只有影响利润的才需要调整，不影响利润（如计入其他综合收益的可供出售证券）的不需要调整。选项 C 错误。支付上个月预提的诉讼费在直接法中体现。间接法无须调整。

9. 答案：A

解析： 间接法编制现金流量表时，以净利润为起点。选项 B、C、D 都是直接法编制现金流量表时采用的。

10. 答案：D

解析： 现金流量表根据收付实现制（现金制）确认，因此投资活动中列示的应该为 150 000 美元，与之前的购买成本没有关系。

第三章

内部控制

本章将深入探讨内部控制的核心内容。首先概述内部控制的起源，即由五大权威机构成立的 COSO 委员会及其发布的《内部控制整合框架》。随后，详细阐述内部控制的定义、三大目标及五大要素，为理解内部控制提供了坚实的理论基础。通过实例分析，本章将揭示内控风险及其对企业运营的影响。最后，探讨内部控制的不同类型及其在实际应用中的局限性，帮助考生全面把握内部控制的精髓。

1985 年，美国注册会计师协会（AICPA）、美国管理会计师协会（IMA）、国际内部审计师协会（IIA）、美国会计协会（AAA）和财务经理人协会（FEI）等五个组织成立了美国反虚假财务报告委员会。1987 年，该委员会成立了发起人委员会（COSO），其目标是开发一个综合性的内部控制模型。1992 年，COSO 委员会发布了《内部控制整合框架》，并不断修订，目前已成为企业最广为接受的内部控制框架，为企业的风险管理、内部控制提供了指导。

第一节

内部控制概述

一、内部控制的定义

（1）COSO 委员会对内部控制的定义是"公司的董事会、管理层及其他人士为实现以下目标提供合理保证而实施的程序：运营的效益和效率，财务报告的可靠性和遵守适用的法律法规"。

（2）COSO 委员会的上述定义对内部控制的基本概念提供了一些深入的见解，并特别指出：

①内部控制是一个实现目标的程序及方法，而其本身并非目标；

②内部控制只提供合理保证，而非绝对保证；

③内部控制要由企业中各级人员实施与配合。

二、内部控制的三大目标

（1）运营的效益与效率。与既有效益又有效率地对组织资源加以利用相关的目标。

（2）财务报表的可靠性。与财务报告和非财务报告的可靠性、及时性和透明度相关的目标。

（3）合规性。与遵循适用的法律和法规相关的目标。

三、内部控制的五大要素

COSO 委员会《内部控制整合框架》将内部控制制度划分为五个组成部分：

（1）控制环境（control environment）。

（2）风险评估（risk assessment）。

（3）控制活动（control activities）。

（4）信息与沟通（information and communication）。

（5）监控活动（monitoring）。

四、内控风险

内控风险是指由于内部控制系统的不足或失败，导致企业无法达成其目标的风险。理解内控风险意味着要认识到企业在运营中可能面临的各种风险，以及这些风险如何影响企业的运营效果、财务报告的准确性和法律法规的遵守。

例如，由于市场压力，公司的管理层希望在即将公布的季度财务报表中展示更好的财务表现，以维持股价和市场信心。为此，管理层决定采取一些不正当手段来夸大公司的收入和利润。同时，销售部门的一名高级职员负责销售合同的签订、收入的确认和账目的记录，这使得他有机会在没有其他人监督的情况下操纵销售记录。如果公司管理层串通高级职员伪造销售收入以美化财务报表，导致公司财务报表不可靠，将使公司面临诉讼和监管的风险及内部控制风险（例如，缺乏职责分离、独立审核等内部控制措施）。

第二节

内部控制的要素与原则

合理保证内部控制的三个目标，需要通过设计内部控制的五大要素和十七项原则来实现。以下是对内部控制五要素的进一步解释：

一、控制环境

控制环境是指组织的管理理念和风险偏好（影响最大的因素），包括诚信、道德价值观以及组织所处的营运环境。控制环境决定组织和员工控制意识的"基调"，是内部控制其他要素的基础，也传递着董事会和高层管理人员对内部控制的态度和行动，具体可能包括：

COSO委员会《内部控制框架》提出了建立有效内部控制环境的五项原则：

（1）组织。组织应该公正，树立正确的道德观。管理层必须通过行动建立和展示最高的道德基调。

（2）董事会。董事会应该独立于企业的管理层，并能对内部控制措施的有效执行持续监督。

（3）管理层。在董事会的监督下，为实现组织目标，管理层应该在整个组织范围内建立治理结构、报告流程和适当的授权和职责。

（4）员工能力。组织应该建立吸引、提升和留住与组织目标相一致才能的员工的制度。

（5）问责制。组织应该履行内部控制的职责，将内部控制的相关责任落实到个人。

【例题】下列哪些因素对控制环境的影响最大？（　　　）

A. 组织结构

B. 是否定期更改控制

C. 管理理念和风格

D. 公司规模

【解析】正确答案为C。管理理念和风格对控制环境的影响最大。

二、风险评估

风险评估旨在识别和分析实现目标的相关风险，确定风险发生的概率及重要性程度。风险评估要素是指一个动态的、不断更新的识别和评估与内部控制目标相关的风险的流程。风险评估分为固有风险和剩余风险。

• 固有风险，是组织所面临的风险，是管理层采取措施之前的风险。

• 剩余风险，是在管理层采取措施处理固有风险之后所残留的风险。

COSO 委员会《内部控制框架》提出了与风险评估相关的四项原则，包括：

（1）目标。组织必须有清晰、明确的特定目标，进而帮助识别和评估与该目标相关的风险。

（2）评估。组织必须明确和分析与实现组织目标相关的风险，进而确定应该如何管理风险。

（3）舞弊。组织在评估实现与组织目标相关的风险时，必须考虑潜在的舞弊行为。

（4）变革管理。组织必须明确和评估对内部控制系统产生重大影响的变化。

三、控制活动

控制活动指为控制与组织目标实现相关的风险而制定的政策和程序。这些活动是在组织各个层次，业务流程的各个阶段以及技术环境中实施的各种活动。

COSO 委员会《内部控制框架》提出控制活动的三项原则：

（1）降低风险。组织需要根据风险评估结果，选择和开发相应的控制措施，将风险控制在可接受范围之内。

（2）技术控制。组织需要选择和开发一般的技术控制措施（例如，建立相关安全流程控制机制）。

（3）政策。建立需要阐述预期发生事件的政策以及将政策付诸实际的流程来实施控制活动。

具体的控制活动方法举例：

（1）权责分离。职责分离是内部控制的一项重要原则，旨在防止舞弊和错误。具体而言，合适的职责分离需要遵循"ARCR"原则，即通常要求交易的授权执行人（authorization）、交易的记账人（recordkeeping）、由交易导致的资产保管人（custody）以及核查对账人员（reconciliation）必须分离。具体示例参考表 3 - 1。

表 3 - 1　　　　　　　　权责分离常见方法示例

方法	示例
业务批准人或执行人	例如，销售、生产、采购或人力资源等业务环节
交易的记账人	例如，应收账款、应付账款，工资等记录
资产保管人	例如，出纳——现金和银行存款；仓库保管员——存货；固定资产保管员——固定资产；信用控制——应收账款
账务核对人	例如，存货盘点、固定资产盘点、银行余额调节

（2）交易授权系统。有助于规避重复和虚假的支付，保证资产的安全，这类控制活动包括批准签名、对账以及记录这些行为的表单、客户的授信流程、采购流程等。

（3）充分的支持文件和记录。如发票、订单和支票的连续编号。

（4）资产的保护。资产保护是内部控制的重要目标之一。企业应采取多种措施保护资产的安全和完整，包括物理控制和软件控制。

①物理控制。如锁门、安装监控摄像头、设置安全围栏等，以防止实物资产的丢失、损坏或被盗。

②软件控制。如设置密码、权限管理、数据加密等，以保护电子数据和信息系统的安全，防止信息泄露或篡改。

（5）独立验证。独立验证是内部控制体系中不可或缺的一环。它通过对内部控制系统的运行情况进行定期或不定期的检查，评估内控的有效性，发现并纠正存在的问题。独立检查能够确保内部控制制度的持续完善和优化，提高企业管理水平，降低风险。例如，由内部审计人员，或外部审计人员（CPA），或监管机构来审计公司财务报表、库存盘点、银行存款余额调节表、对账等。

四、信息沟通

COSO委员会《内部控制整合框架》认为相关信息必须以某种形式并在某个时间框架内进行确认、捕捉和交流，以使人们能成功地从事工作。这里假设数据交流具有安全性和准确性。

信息系统包括基础设施（物理和硬件的元素）、软件、数据、手工和自动化程序，人们通过修改信息获得了相关的业务目标。

沟通包括内部沟通与外部沟通。内部沟通以电子、书面或口头的方式帮助员工理解他们的职责，如通过政策手册、财务报告手册和备忘录等方式沟通；外部沟通是指能够获得外部的相关信息。

COSO《内部控制整合框架》提出了信息与沟通的三项原则：

（1）信息质量。组织获得和使用相关、真实信息以支持内部控制职能。

（2）内部沟通。组织内部对内部控制信息进行沟通。

（3）外部沟通。组织与外部相关者就影响内部控制职能的信息进行沟通。

五、监督活动

监督活动是指连续评价、独立评价或共同评价组织是否存在内部控制，以及内部控制是否发挥作用，内部控制的所有方面都应在必要时进行监控和修正。

COSO 委员会《内部控制整合框架》提出了监督活动两项原则：

（1）持续和定期的监督。监控需通过持续的监控，独立的评估或两者结合方式来实施，内部审计人员、审计委员会、信息披露委员会和管理层可能需要参与到监控中来。

（2）解决内部控制缺陷。内控缺陷应该向上汇报，某些问题应向高级管理层和董事会汇报。

【例题】当销售部门的管理层有机会凌驾于会计部门的内部控制系统时，下述哪一项存在缺陷？（　　）

A. 风险评估

B. 信息和沟通

C. 监测

D. 控制环境

【解析】正确答案为 D。当销售部门的管理层有机会掌握会计部门的内部控制系统，会导致控制环境的缺陷。

第三节

内部控制的类型与局限性

一、内部控制的类型

对内部控制进行分类对于理解内部控制的优点和局限性非常有效，表 3 – 2 是关于内部控制类型的常见分类。

表 3 – 2　　　　　　　　　内部控制类型常见分类

控制类型	相关解释
预防性控制 （重在预防）	目的是防止错误的出现和对资产的不当使用。例如，对潜在客户的信用审核、交易控制、职责分离、双重控制、合理性检查、完整性检查等
检测性控制 （重在发现）	目的是事后检查所发生的错误，对预防性控制提供支持。例如，银行对账单就是对现金资产设定的基础性控制
改正性控制 （重在改正负面结果）	可以纠正检测性控制所识别出来的问题。例如，订单系统常规校对功能中可能在一张销售订单中发现错误账号，生成一个错误报告
指向性控制 （重在产生正面结果）	目的是产生正面结果。例如，公司可能会制定尽量使用本地供应商的政策
补偿性控制 （缓和性控制）	目的是对控制机构中某些负面的缺陷进行弥补，例如，小公司的所有者亲自监督弥补职责分离缺陷

【例题】职责分离控制是以下哪一项的例子？（　　）

A. 补充控制

B. 检测控制

C. 预防控制

D. 行政控制

【解析】正确答案为 C。职责分离属于预防控制。

二、内部控制的局限性

（1）成本/效益原则。过于复杂的内部控制可能会以很高的成本和工作效率为代价，无法给企业带来增值，内部控制在设计时需考虑成本效益原则。

（2）时间推移使控制措施逐渐失效。如果不能根据营运的变化进行调整，设计再好的内部控制也可能会过时。

（3）人为因素使内控失效。包括对控制责任的误解、执行时的粗心大意、管理层的违规操作、舞弊和串谋。

本章小结

通过对本章内容的学习，我们深入了解了内部控制在企业运营管理中的重要性。内部控制不仅是一个理论体系，更是企业实现稳健运营、确保财务报告可靠性和遵守法律法规的重要保障。

在内部控制的五大要素中，控制环境为其他要素提供了基础，风险评估则帮助企业识别和管理潜在风险，控制活动通过制定政策和程序来降低风险，信息与沟通确保了信息的准确性和及时性，而监督活动则保证了内部控制的持续有效性和适应性。

同时，我们也认识到内部控制并非万能的，其在实际应用中受到成本效益原则、随着时间推移而失效和人为因素等多重限制。因此，企业在设计和实施内部控制时，需要综合考虑各种因素，确保内部控制的可行性和有效性。

总之，本章为我们提供了一个全面理解内部控制的框架，为我们在实践中应用内部控制提供了宝贵的指导。

本章习题

1. 内控风险指的是什么？（　　）

A. 内部控制完全失效的风险

B. 内部控制不能提供合理保证的风险

C. 由于内部控制不足而导致的损失风险

D. 由于外部因素导致的内部控制失效风险

2. 组织结构和管理理念如何影响内部控制的有效性?(　　)

A. 组织结构和管理理念与内部控制无关

B. 良好的组织结构和管理理念可以增强内部控制的有效性

C. 只有组织结构影响内部控制的有效性

D. 只有管理理念影响内部控制的有效性

3. 内部控制的设计提供合理保证的目的是什么?(　　)

A. 确保经营的效果和效率

B. 确保财务报表的可靠性

C. 确保对适用法律法规的遵守

D. 所有上述选项

4. 为什么将执行事项的权力、记录该事项、保管与该事项有关的资产以及定期核对现存的资产与记录的数额这四项职能由不同人员担任?(　　)

A. 为了增加工作量

B. 为了减少成本

C. 为了提高内部控制的有效性

D. 为了简化流程

5. 以下哪项措施属于内部控制中的物理控制?(　　)

A. 使用复杂密码保护计算机系统

B. 定期审查财务报表

C. 实行严格的门禁系统

D. 定期进行内部审计

6. 组织结构中,哪种类型的管理层设置更可能促进内部控制的有效性?(　　)

A. 高度集权的单一决策层

B. 分权且责任明确的多层次管理层

C. 频繁变动的临时管理团队

D. 缺乏明确职责划分的扁平化管理

7. 下列哪一项不是内部控制风险的可能来源?(　　)

A. 员工欺诈行为

B. 系统故障导致数据丢失

C. 外部市场环境变化

D. 内部控制流程设计缺陷

参考答案

1. 答案：C

解析： 内控风险是指由于内部控制不足或设计不当，导致无法有效防止或发现错误和舞弊，从而可能给组织带来损失的风险。选项 A 和 D 描述的是内部控制失效的特定情况，而选项 B 描述的是内部控制不能提供合理保证的情况，但并未涵盖内控风险的全部含义。

2. 答案：B

解析： 组织结构和管理理念对内部控制的有效性有着重要影响。良好的组织结构可以明确职责分工，而强有力的管理理念可以推动内部控制的执行和遵守。选项 A、C 和 D 都忽略了组织结构和管理理念对内部控制的共同影响。

3. 答案：D

解析： 内部控制的设计旨在提供合理保证，以确保经营的效果和效率、财务报表的可靠性以及对适用法律法规的遵守。选项 A、B 和 C 分别描述了内部控制设计提供合理保证的三个方面，而选项 D 涵盖了所有这些目的。

4. 答案：C

解析： 将执行事项的权力、记录该事项、保管与该事项有关的资产以及定期核对现存的资产与记录的数额这四项职能由不同人员担任，是为了实现职责分离，从而降低错误和舞弊的风险，提高内部控制的有效性。选项 A、B 和 D 都不是职责分离的主要目的。

5. 答案：C

解析： 物理控制是指通过物理手段保护资产的安全，如锁门、门禁系统等。选项 C 中的门禁系统属于物理控制的范畴。而选项 A 属于软件控制，选项 B 和 D 属于内部控制的其他方面，但不属于物理控制。

6. 答案：B

解析： 分权且责任明确的多层次管理层（选项 B）能够确保不

同层级的管理者对各自领域的内部控制负责，有助于提升内部控制的有效性和执行力。

7. 答案：C

解析：内部控制风险主要关注组织内部的因素，如员工行为、系统稳定性和内部控制设计。外部市场环境变化（选项 C）属于外部风险，不属于内部控制风险的直接来源。

第四章

管理公司的日常财务

本章将深入探讨企业日常运营中至关重要的财务活动，包括营运资本管理、现金管理、应收账款管理和存货管理等关键领域。我们将学习如何优化现金、有价证券、应收账款和存货水平，以及如何为这些资产融资以实现最低成本。通过分析营运周期和现金周期，我们将了解资金如何在企业中流动，并探索缩短现金周期以提高利润的策略。此外，本章还将涉及信用政策的制定、违约风险的管理以及存货控制技术，例如，及时生产制（JIT）和物料需求计划（MRP）。这些知识点对于理解企业如何有效管理流动资产和满足短期财务需求至关重要。

第一节

营运资本

营运资本管理主要涉及寻求最优的现金、有价证券、应收账款、存货水平以及为这些资产融资的最低成本途径。营运资本管理的相关内容框架如图 4-1 所示。

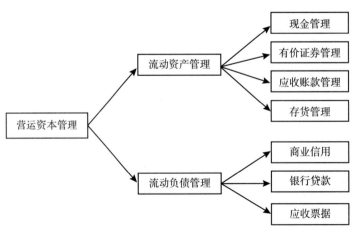

图 4-1　营运资本管理主要内容

营运资本政策主要讨论两个基本问题：一是各种流动资产的最优水平是什么？二是流动资产如何融资并寻找最低成本途径。

一、营运资本术语

（1）营运资本（working capital）。营运资本也称为流动资本或营运资本总额，一般是指公司在流动（短期）资产账户持有的资本。简单地说，就是用于经营的流动资产。

（2）净营运资本（net operating working capital）。净营运资本是指流动资产减去所有流动负债后的净额。

（3）营运周期（operating cycle）。公司用现金购得产品或服务，然后出售给顾客获得现金所经历的时间，之后重复此过程。

经营周期 = 存货库存天数 + 应收账款收款期

（4）现金周期（cash cycle）。公司付款给原材料或服务供应商的付款日与销货后最后收回货款的收款日之间间隔时间，即营运资本占用资金的时间长度或支付营运资本与从出售营运资本收回现金之间的时间长度。相关公式表达如下：

现金周期 = 经营周期 − 应付账款周期

= 存货周期 + 应收账款周期 − 应付账款周期

现金周转率 = 计算期天数（365 天）÷ 现金周转期

最佳现金持有量 = 全年现金需求量 ÷ 现金周转率

（5）良好的运营资本管理很重要，缩短现金周转期可以提高利润。有些行业的营运资本为零，甚至为负数。例如，采用及时生产制的公司，客户可能是先付款，公司先收到现金后生产和送货，而货款还未支付给供应商。

二、营运周期与现金周期的计算

营运周期等于存货周期和应收账款周期之和。存货周期、应收账款周转期、应付账款周转期和现金周期关系如图 4−2 所示。

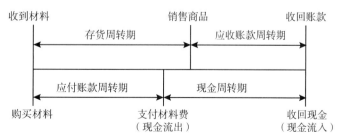

图 4−2　营运周期与存货、应收账款、应付账款周期关系

【例题】ABC 公司刚刚开始营业，正从中国的厂商购买高尔夫用品，然后通过高尔夫俱乐部的球具店出售。根据 ABC 公司的经营计划，每月月初需要购买商品 100 000 美元，这些商品 60 天后出售。ABC 公司对供应商的付款期为 40 天，而给顾客的付款期为 60 天。ABC 公司预计每月的销售额为 100 000 美元。

【解析】

（1）存货周转期：对 ABC 公司而言，就是将商品卖出去需要 60 天。

（2）平均收款期：给予顾客支付货款的时间长度，也称为销售额未结清的天数，本例题中为 60 天。

（3）应付账款周期：供应商给予 ABC 公司支付货款的时间长度，即 40 天。

开业第一天，ABC 公司开始购买商品，预期从销售商品到转化为应收账款需要 60 天。此外，还需要 60 天才能收回这些应收账款。这样，从收到商品到收到现金完成一个周期总共需要 120 天，即营运周期。然而，ABC 公司可以推迟支付货款 40 天。综合前面三个时间段，就可以得出现金周期。

（4）现金周期 = 存货周期（60 天）+ 应收账款周期（60 天）- 应付账款周期（40 天）= 80 天。

【例题】M 公司全年的现金需求量为 240 万美元，其原材料购买和产品销售均采用赊销方式，应收账款的平均收账期为 40 天，应付账款的平均付款期为 40 天，存货平均周转期为 60 天，假设全年 360 天，则最佳的现金持有量为多少？（   ）

A. 60 万美元

B. 100 万美元

C. 50 万美元

D. 40 万美元

【解析】正确答案为 D。现金周期 = 60 + 40 - 40 = 60 天；现金周转率 = 360/60 = 6；最佳现金持有量 = 240/6 = 40 万美元。

三、短期财务预测在营运资本管理中的优点

（一）提高资金利用效率

（1）优化资金配置。通过短期财务预测，企业可以更准确地预估未来的现金流情况，从而合理安排资金的筹集和运用。这有助于企业避免过度持有现金导致的资金闲置，以及因资金不足而错失投资机会的问题，从而提高资金利用效率。

（2）降低资金成本。短期财务预测可以帮助企业提前规划资金需求，减少因资金短缺而进行的高成本融资。同时，通过优化存货和应收账款的管理，企业可以降低资金占用成本，进一步降低资金成本。

（二）增强财务稳定性

（1）应对市场变化。短期财务预测使企业能够更灵活地应对市场变化。通过及时调整经营策略和资金计划，企业可以在市场波动中保持财务稳定性，降低财务风险。

（2）提高偿债能力。通过短期财务预测，企业可以更好地管理现金流，确保在需要偿还短期债务时拥有足够的资金。这有助于提高企业的偿债能力，维护企业的信用评级。

（三）支持营运资本管理决策

（1）优化存货管理。短期财务预测可以帮助企业预测未来的销售情况，从而合理安排存货水平。这有助于企业避免因存货积压导致的资金占用和成本上升，以及因存货不足而错失销售机会的问题。

（2）应收账款和应付账款管理。短期财务预测有助于企业制定更合理的信用政策和收款政策，优化应收账款和应付账款的管理。这可以加快资金周转速度，提高资金利用效率，并降低坏账风险。

第二节

现金管理

一、影响现金水平的因素

流动性要求、企业的获利能力以及企业的风险政策通常是现金水平的主要决定因素：

（1）流动性（liquidity requirements）。流动性是指在不导致损失的情况下，将资产迅速转化为现金的能力。企业需要控制净营运资本以弥补现金流入和现金流出的不平衡，并确保足够的流动性。

（2）获利能力（profitability）。一般与流动性反向变化。企业必须确定流动资产的最优投资水平以及为支持流动性要求所必需的长短期融资的恰当组合。

二、持有现金的动机

企业持有现金的动机主要可以归纳为以下几点：

（1）交易性动机（transactions motive）。交易动机是企业持有现金的最基本原因。企业必须拥有充足的现金储备，以满足日常业务运营中的支付需要，例如，小额采购、员工薪酬、税收和股利等。

（2）预防性动机（precautionary motive）。预防性动机是指企业为了应对未来可能出现的不确定性和风险而持有现金。由于市场环境的变化、政策调整或突发事件等因素，企业可能会面临资金短缺的风险。为了应对这些潜在的风险，企业需要保持一定的现金储备，以确保在需要时能够迅速筹集到资金，维持企业的正常运营。

（3）投机性动机（speculative motive）。投机动机是指企业为了抓住市场机会或进行有利的投资而持有现金。当企业预见到某个项目或市场机会具有盈利潜力时，可能会选择持有现金以便及时投资。此外，当市场出现有利的投资机会时，如股票价格下跌、债券收益率上升等，企业也可以利用持有的现金进行投资，以获取更高的收益。

【例题】以下哪一项最好地描述了企业持有现金的交易动机？（   ）

A. 使用过剩流动储备以利用短期投资或其他暂时机会

B. 使现金流入和流出同步，以便将多余的现金余额投资到短期工具上

C. 为因现金流入和流出的不可预测性而产生的不可预期的现金需求提供

D. 保持充足现金或准现金储备以满足正常业务运营所产生的财务支付要求

【解析】正确答案为 D。考核交易性动机的定义。

三、编制未来现金流量的预测

（1）预测未来现金流量是指通过获得现金收入和现金支出的详细信息，以掌握特定时期可能的现金需求或现金盈余情况。准确的预测现金可以极大地改善流动性，提高获利能力。现金流的管理通常从现金预算开始。

（2）现金收入预测通常基于预测的销售、信用条款和预计的回收比例。

【案例】ABC 公司预测未来 4 个月的现金流收款如表 4 - 1 所示。

表 4 - 1 　　　　ABC 公司预测未来 4 个月的现金流收款表 　　单位：美元

时间	现金销售	信用销售
7 月	40 000	160 000
8 月	60 000	220 000
9 月	80 000	340 000
10 月	70 000	300 000

假定信用销售中，50% 在当月付款，30% 在下个月付款，15% 在 2 个月后付款，5% 预计为坏账，则公司 10 月的现金收入预测如表 4 - 2 所示。

表 4 - 2 　　　　ABC 公司 10 月现金收入预测表 　　单位：美元

项目	金额
10 月——现金销售	70 000
10 月——信用销售（50%）	150 000（300 000×50%）
9 月——信用销售（30%）	102 000（340 000×30%）
8 月——信用销售（15%）	33 000（220 000×15%）
10 月现金收入合计	355 000

（3）现金支付预测基于预算的采购和总的销售。

【案例】ABC 公司预测未来 4 个月的现金支出如表 4 - 3 所示。

表 4 - 3 　　　　ABC 公司预测未来 4 个月的现金支出表 　　单位：美元

时间	采购金额	总销售金额
7 月	200 000	200 000
8 月	250 000	280 000
9 月	300 000	420 000
10 月	350 000	370 000
11 月	380 000	280 000

假定公司在采购的当月支付 50% 的货款，后续的两个月各付 25%。公司的工资支付为当月销售额的 10%，运营费用支付为下个月销售额的 20%。每个月支付 5 000 美元的利息，则 10 月预测的现金支出如表 4 - 4 所示。

表 4 - 4 　　　　　　　　　ABC 公司 10 月预测的现金支出表 　　　　　　单位：美元

项目	金额
10 月——采购支出（50%）	175 000（350 000×50%）
9 月——采购支出（25%）	75 000（300 000×25%）
8 月——信用销售（25%）	62 500（250 000×25%）
10 月——工资支付（10 月销售 10%）	37 000（370 000×10%）
10 月——运营费用（11 月销售 20%）	56 000（280 000×20%）
10 月——利息支出	5 000
10 月现金流合计	410 500

第三节

应收账款管理

一、影响企业应收账款的要素

（一）影响应收账款水平的外部因素

（1）总的经济条件。在经济繁荣时期，市场需求旺盛，企业为了扩大销售、提高市场份额，可能会更倾向于采用赊销的方式，从而形成应收账款。而在经济衰退或低迷时期，市场需求不足，企业为了保持销售量和现金流，也可能会通过提供信用条件来吸引客户，进而产生应收账款。

（2）目标市场（吸引新客户）。吸引新客户是企业持有应收账款的一个重要动机。在激烈的市场竞争中，为了吸引新客户并保持老客户的忠诚度，企业可能会提供优惠的信用条件，如延长付款期限、提供折扣等。这些信用条件能够降低客户的购买成本，提高客户的购买意愿，从而帮助企业扩大销售规模，增加市场份额。

（3）行业惯例（如竞争对手提供的信用条件）。行业惯例也是影响企业持有应收账款的重要因素。在某些行业中，提供信用条件已经成为一种普遍的做法。如果竞争对手都提供信用条件，而企业不提供，那么企业可能会失去市场份额和客户。因此，为了保持与竞争对手的竞争力，企业可能会遵循行业惯例，提供信用条件并形成应收账款。

（二）影响应收账款水平的内部因素

（1）销售收入的赊销比例。应收账款主要是由赊销产生的。赊销比例越高，应收账款的水平通常也会越高。

（2）销售规模。销售规模扩大通常意味着更多的销售收入，但也可能伴随着更多的赊销，从而影响应收账款的水平。

（3）收款政策。企业的收款政策直接影响应收账款的回收速度和金额。例如，企业如果采取更积极的催收政策，可能会降低应收账款的水平。

（4）内部控制和信用管理。有效的内部控制和信用管理可以减少坏账的发生，降低应收账款的风险水平。相反，如果内部控制不力或信用管理松散，可能会导致应收账款水平上升且风险增加。

二、信用政策

信用政策（credit policy）通常包含以下四个变量：

（1）信用期限（credit period）。信用期限是指企业给予顾客支付购货款的时间长度。例如，信用期限为 30 天。由于顾客喜欢较长的信用期限，延长信用期限可以促进销售，但也会延长现金周转期，使更多资金占用在应收账款上。

（2）现金折扣（cash discounts）。现金折扣是指因提前付款而允许在销售价格上扣减的百分比。例如，企业折扣条款从"信用期限为 60 天，不提供现金折扣"（net 60），改变为"信用期为 45 天，如果买方在 10 天内付款，可以得到 2% 折扣"（2/10，net 45）。

（3）信用标准（credit standards）。信用标准是指享受信用条件支付的顾客所应具备的财务实力。这里需要考虑的因素包括顾客的债务比率，利息保障倍数等财务比率或信用利率等。如果信用标准定得太高，可能会丧失销售机会；如果信用标准定得过低，坏账损失可能就比较高，因此需要权衡其成本与效益。

（4）收款政策（collection policy）。收款政策是指收回到期应收账款所运用的程序或方法，包括其松紧程度。例如，延长付款的客户，企业可能发出委婉的信件提醒顾客，也可能采取强硬的措施（如法律诉讼），但过于强硬的措施所形成的压力可能会导致良好顾客的流失。

三、信用政策的变化对应收账款、营运资本和销售量的影响

（1）信用条款规定了客户对商品和服务的付款形式和付款时间以及折扣条款。放宽信用条款会导致应收账款投资额的增加，但同时也会导致销售量的增加。

（2）信用政策和收款政策涉及对买方信用的评估、延展的信用期限以及必要强度的收款程序。未设定信用标准时，销售收入和边

际贡献能实现最大化，但同时可能会产生巨额的坏账费用、收款成本和应收账款持有成本。严格的信用标准会导致销售收入和边际贡献下降，但平均收款期、坏账损失和应收账款持有成本也随之下降。

【案例】ABC 公司生产并销售某种产品，原本采用 30 天按发票金额付款的信用政策。在这种政策下，80% 的顾客能在信用期内付款，其余 20% 的顾客平均在信用期满后 20 天付款，逾期应收账款的收回需要支出占逾期账款 4% 的收账费用。公司每年的销售量为 54 000 件，平均存货水平为 3 000 件。为了扩大销售量、缩短平均收现期，ABC 公司决定改变信用政策，推出"3/10、1/20、N/30"的现金折扣政策。

1. 信用政策变化对应收账款的影响

（1）政策变化前。ABC 公司期限较长的应收账款主要由那 20% 在信用期满后付款的顾客产生。

（2）政策变化后。预计销售量会增加 10%，付款期限和现金折扣政策的变化会影响顾客的付款行为。根据新政策，40% 的顾客会在 10 天内付款以享受 3% 的折扣，30% 的顾客会在 20 天内付款以享受 1% 的折扣，20% 的顾客仍会在 30 天内付款，而剩余 10% 的顾客平均在信用期满后 20 天付款。这意味着虽然应收账款的总额可能因销售量增加而上升，但应收账款的回收速度会加快，逾期应收账款的比例和金额可能会下降。

2. 信用政策变化对营运资本的影响

（1）政策变化前。ABC 公司的营运资本受到应收账款和存货水平的影响。

（2）政策变化后。为了保证及时供货，假设公司需要将平均存货水平需提高到 3 500 件。同时，由于应收账款的回收速度加快，ABC 公司可以更快地将资金投入运营中，从而能提高营运资本的使用效率。然而，存货水平的增加也会占用更多的营运资本。

3. 信用政策变化对销售量的影响

（1）政策变化前。ABC 公司的年销售量为 54 000 件。

（2）政策变化后。由于现金折扣政策的吸引，预计销售量会增加 10%，即增加到约 59 400 件。这表明信用政策的变化对销售量有直接的促进作用。

综上所述，信用政策的变化对 ABC 公司的应收账款、营运资本和销售量都产生了显著影响。通过调整信用政策，ABC 公司成功扩大了销售量，同时也有望通过加快应收账款的回收速度和提高营运资本的使用效率来改善其财务状况。然而，也需要注意到存货水平增加对营运资本的影响，并在实际操作中做好平衡和调整。

四、违约风险

违约风险（default risk）是指客户无法偿还或不愿意偿还债务的风险。

违约风险的管理包括：

（1）公司通常要求与客户签订书面协议，强调信用的重要性和违约的后果。

（2）公司通常会采用信用评分（credit score），用来决定具体客户的信用程度。信用评分提供了潜在顾客贷款可能性的简要评价，是很有用的工具。例如，可以用 0 ~ 10 的分值来表示信用评分，"10"表示信用状况非常好，"1"表示信用状况非常差。

五、应收账款的计算

1. 应收账款

在某个特定时间尚未结清的应收账款总额取决于赊销的规模和销售与应收账款之间平均时间长度。

$$应收账款 = 每天赊销额 \times 收款期$$

【案例】ABC 公司经营木材，每天赊销金额为 1 000 美元，公司要求 10 天内付款，不存在坏账或延迟支付的顾客。则应收账款为：

应收账款 = 1 000 × 10 = 10 000 美元。

2. 平均收款期

平均收款期（average collection period，ACP），是指顾客支付其赊销金额的平均时间长度，该指标在实务中可以与行业平均水平相比较。

【案例】ABC 公司每年以每台 198 美元的价格出售 200 000 台电视机。假设所有销售都是赊销，其信用条件为"信用期为 30 天，如果顾客在 10 天内付款，可以得到 2% 折扣"（2/10，net 30）。假设 70% 的顾客在第 10 天付款并享受折扣，30% 顾客在第 30 天付款，假定一年 365 天，则：

平均收款期（ACP）= 70% × 10 + 30% × 30 = 16 天

公司的平均日销售额 = 200 000 × 198/365 = 108 493 美元

假设公司全年销售保持在一个固定增长率，则：

应收账款 = 平均日销售额（108 493 美元）× 平均收款期（16 天）= 1 735 888 美元。

六、评估信用条款变化的影响

（1）应收账款的金额是一种机会成本，例如，这些金额用于投资到其他方面可以获得一定的回报。任何信用条款变化的一个关键考虑是权衡竞争的需要与由此导致的机会成本。

（2）增加的应收账款投资计算如下：

$$增加的应收账款投资 = 增加的变动成本 \times \frac{增加的平均收款期}{全年的天数（如360天）}$$

（3）信用条款变化的成本计算如下：

$$信用条款变化的成本 = 增加的应收账款投资金额 \times 资金的机会成本$$

（4）信用条款变化的收益或损失计算如下：

$$收益（或损失）= 增加的边际贡献 - 信用条款变化的成本$$

其中：

$$边际贡献 = 增加的收入 - 增加的变动成本$$

【例题】公司正在评估放宽信用标准，在新的信用标准中，预期信用销售增加 600 000 美元的销售额，新的客户被该新的信用政策吸引的预期有 40 天的平均收款期，变动成本是销售金额的 80%（假定资金成本为 12%）。

【解析】

（1）增加的应收账款投资 = 增加的变动成本 ×（增加的平均收款期/360）= 600 000 × 80% × 40/360 = 53 333 美元。

（2）增加的应收账款投资机会成本 = 53 333 × 12% = 64 000 美元（这里小数点取整）。

（3）增加的销售带来的边际贡献 = 600 000 × 20% = 120 000 美元。

（4）该信用政策的收益 = 120 000 - 64 000 = 113 600 美元。

七、应收账款的出让

（1）应收账款出让，是指企业将因销售商品或提供劳务等产生的应收账款，转让给银行等金融机构，以获取资金的一种筹资方式。这种方式有助于企业快速回笼资金，提高资金利用效率。应收账款的出让可能带追索权，也可能不带追索权。

（2）如果是附追索权应收账款的出让，意味着买方有权利将任何无法收回的应收账款重新回售给卖方或向卖方追索，卖方需要承担最后的信用风险。

（3）如果是不附追索权应收账款的出让，意味着买方承担着应收账款收款的全部风险，如果不能收回款项，不能向卖方追索，买方承担全部的信用风险。

第四节

存货管理

一、公司为什么持有存货

公司持有存货旨在弥补存货项目的供给与需求之间的变动性，其他原因还包括：

（1）覆盖产品供给与需求之间的不匹配。

（2）为超过预期或非预期时点的客户需求提供服务。

（3）弥补供货的延迟或不充足。

（4）存货采购中的经济实惠（如大宗订单的价格折扣）。

二、存货相关的成本

存货成本的最小化通常涉及以下四种总成本之间的权衡与总计成本的最小化：

（1）购置成本（purchase costs）。存货本身价值，数量与单价的乘积。

（2）订货成本（ordering costs）。取得订单的成本，如办公费、差旅费、邮资、电报电话费等支出。订货成本一般与订货次数正相关，与订单的数量呈反向关系。

（3）持有成本（carrying costs）。为保持存货而发生的成本，包括存货占用资金的利息（机会成本）、仓库费用、保险费用、存货破损和变质损失、相关税费、设施的租金或折旧等。存储成本通常与每个订单的数量成正比。

（4）缺货成本（stockout costs）。由于存货供应中断而造成的损失，如丧失销售机会、停工损失等，是一种机会成本。

三、适时库存管理系统与存货管理

（一）适时库存管理系统

适时库存管理系统，也称为及时生产制（just-in-time，JIT），是一种综合性的生产和库存控制方法，在每个生产阶段需要多少材料就购进多少。目标是通过减少乃至消除资源浪费，以进行精益生产，即按照需要量生产，而不是持有大量安全存货，只在需要时生产产品。

（二）及时生产制的主要特征

（1）生产过程被分成各个制造单元。一个生产单元（work cell）包括了生产某一种产品的各种不同类型的设备，这可以使得生产在某一相对固定的区域内完成，而无须转移至另一个很远的地方。

（2）技能丰富的工人。生产单位中的员工是技能的多面手，能够完成一系列不同的工作和任务。

（3）减少准备时间和减少生产前置期。准备时间是指为了获取生产所需要的材料和设备所应耗费的时间；前置时间是指企业获得订单到完成生产所需要的总耗时。

（4）可靠的供应商关系。及时生产制的企业必须和核心供应商建立可靠的关系，将原材料的采购限定在满足生产需求即可，以此来实现"零库存"的思想。

（5）生产的信息流通过"看板"传递。及时生产制中"看板"（kanban）的书面意思是"可视的记录或卡片"，是一种信息卡片，是实施及时生产制时最常采用的一种方法。人们使用看板在各工作单元或部门之间有序传达确定数量的材料或部件的需求信号，一个生产过程完成后，工人们就将看板贴在已完成的订单上，然后一起传递到下游的工作单元。

（6）产品的零缺陷。

（7）存货是企业的负担而不是资产。以实际需求为起点的生产模式意味着，企业不会生产多余的产品，也不会去采购多余的原材料，因此企业可以大幅降低存货的持有水平。

（8）及时生产制中消除的浪费包括：过度生产的浪费；废品/返工的浪费；不必要的搬运/等待；不必要的故障；库存的浪费；多余动作的浪费；过度加工的浪费。

（三）及时生产制的优缺点

（1）及时生产制一般的优点包括：明显的生产优先权；减少了准备时间和生产的前置期；不会发生生产过剩的情况；得到改善的质量控制和更少的物料浪费；低存货甚至零库存；更少的书面工作；与供应商关系密切。

（2）及时生产制财务方面的优点包括：更低的存货资金占用；

持有和处理存货成本降低；存货发生过时，破坏和减损的风险降低；更少的空间投入（生产和存货所需空间）等。

（3）JIT 的缺点包括：没有缓冲库存；高度依赖供应商；可能发生供应商某产品缺货情况，重要部件缺货会使整个生产线瘫痪；收到非预期订单时的潜在加班费用。

【例题】与传统物料需求计划（MRP）系统相比，及时生产制（JIT）最大的优点是什么？（　　）

A. 增加系统内任何层次上的存货量

B. 最大化生产运转以适应整条产品线

C. 以需求拉动战略来替代推动制造战略

D. 降低过度生产的风险，从降低存货量中获得成本节约

【解析】正确答案为 D。考查及时生产制（JIT）的优点。

四、物料需求计划

（1）物料需求计划（material requirement planning，MRP）是一种工业制造企业内材料计划管理模式，其核心在于根据产品结构中各层次材料的从属和数量关系，精确计算并安排生产所需的物料需求。

（2）MRP 是一种根据产品生产的实际需求和预测来决定物料供应和生产计划的方法。它依据主生产计划（master production schedule，MPS）、物料清单（bill of materials，BOM）、库存记录和已订未交订单等资料，通过计算机计算所需物料的需求量和需求时间，从而确定材料的加工进度和订货日程。

（3）MRP 是"推动型"生产系统，推动产品完成从生产到进入市场的这个过程，原材料需求的驱动要素是最终产品的预测需求。

（4）MRP 的主要原理如图 4 - 3 所示。

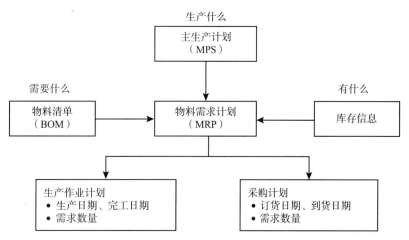

图 4 - 3　物料需求计划的主要原理

（5）物料清单（bill of materials，BOM）。物料清单是 MRP 系统的一部分，用于记录哪些和需要多少数量的部件或材料进入完工产成品，系统会产生每个部件需要的清单。

（6）物料清单计算举例。

【案例】公司的产品生产的 X 产品需要的配件如表 4 – 5 所示。

表 4 – 5　　　　　　　　　　产品和配件表

需要的主配件	数量（件）
A	1
B	5

所需要的配件的物流清单如表 4 – 6 所示。

表 4 – 6　　　　　　　　　　配件物流清单表

主配件	所需子配件	数量（件）
A	C	2
	D	3
B	E	1

公司的存货信息如表 4 – 7 所示。

表 4 – 7　　　　　　　　　　公司存货信息表

配件	数量（件）
A	25
B	35
C	30
D	40
E	50

假定公司期初有 20 个单位的 X 产品存货，本期市场需求为 40 个单位，并希望期末与期初保持相同数量的存货。因此，本期生产计划为 40 个单位，需要相关配件的信息如下：

主配件 A 所需要购买数量 $= 1 \times 40 - 25$（库存）$= 15$ 件

主配件 B 所需要购买数量 $= 5 \times 40 - 35$（库存）$= 165$ 件

子配件 C 所需要购买数量 $= 2 \times 15 - 30$（库存）$= 0$ 件

子配件 D 所需要购买数量 $= 3 \times 15 - 40$（库存）$= 5$ 件

子配件 E 所需要购买数量 = $1 \times 165 - 50$（库存）= 115 件

（7）物料需求计划优缺点总结如表4 - 8 所示。

表4 - 8　　　　　　　　　　物料需求计划优缺点总结表

类别	具体优缺点
优点	对各职能领域之间的协调性要求不是那么高；所有人只需遵照物料清单
	可预测的原材料需求；可以利用大宗购买或者梯度价格
	有计划地生产，可以达到产能平衡并更有效地控制存货
	能快速应对新的客户需求；可以直接向新客户供应现有存货，而不必等接到订单后才开始生产产品
	更优的生产过程控制；可以使安装和机器准备的时间最小化
缺点	可能造成存货积压
	软件成本较高
	容易造成各工作站可能会收到尚未准备加工的备件

【例题】物料需求计划（MRP）的一个优点是（　　）。

A. 较长的闲置期

B. 回应客户缺乏灵活性

C. 增加库存成本。

D. 降低生产准备成本。

【解析】正确答案为 D。MRP 的好处是减少闲置时间，降低生产准备成本，降低库存成本，并增加灵活性，应对市场的变化。

本章小结

本章探讨了管理公司日常财务的关键方面，包括营运资本管理、现金管理、应收账款管理和存货管理。通过对这些财务管理的核心领域进行详细分析，本章为读者提供了必要的工具和知识，以便更有效地管理企业的日常财务活动。

在营运资本管理方面，本章介绍了营运资本、净营运资本、营运周期和现金周期的概念，并解释了如何通过优化这些指标来提高企业的资金利用效率和财务稳定性。通过实际案例展示了理论知识在实际商业环境中的应用。

现金管理章节强调了影响现金水平的因素，如流动性要求、获利能力和风险政策，并探讨了企业持有现金的动机。此外，本章还介绍了如何编制未来现金流量预测，以及如何通过现金预算来管理现金流。

应收账款管理章节涉及了影响应收账款水平的内外部因素，讨论了信用政策的制定，包括信用期限、现金折扣、信用标准和收款政策。本章还分析了信用政策变化对应收账款、营运资本和销售量的影响，以及如何通过信用评分来管理违约风险。

存货管理章节则探讨了公司持有存货的原因和相关成本，介绍了适时生产管理系统（如 JIT）和物料需求计划（MRP）的原理和应用。本章还讨论了如何通过最小化存货成本来提高企业的运营效率。

总体而言，本章为考生提供了一个全面的框架，以理解和实施有效的日常财务管理策略。通过学习本章内容，读者将能够更好地掌握如何优化企业的现金流、管理应收账款和存货，以及如何通过短期财务预测来提高资金利用效率和应对市场变化。

本章习题

1. 营运资本是指什么，并由哪两个部分组成？（　　　）

A. 营运资本是指企业用于日常经营的现金，由流动资产和流动负债组成

B. 营运资本是指企业的总资产，由固定资产和流动资产组成

C. 营运资本是指企业的净资产，由股东权益和留存收益组成

D. 营运资本是指企业的现金流，由经营活动和投资活动产生

2. 如果一家公司的流动资产为 100 000 美元，流动负债为 60 000 美元，那么它的净营运资本是多少？（　　　）

A. 40 000 美元

B. 100 000 美元

C. 60 000 美元

D. 160 000 美元

3. 短期财务预测在营运资本管理中的主要优点是什么？（　　　）

A. 帮助企业制定长期战略

B. 提高企业的盈利能力

C. 预测并管理现金流，确保企业有足够的资金满足短期负债和日常经营需要

D. 优化企业的资本结构

4. 以下哪个因素不会影响企业的现金水平？（　　　）

A. 销售收入的增长

B. 应收账款的回收速度

C. 存货的积压

D. 长期投资的增加

5. 企业持有现金的动机中，以下哪一项是为了应对未来可能出现的不确定性或意外事件？（　　）

A. 交易动机

B. 预防动机

C. 投机动机

D. 储蓄动机

6. 在编制未来现金流量的预测时，以下哪一项通常不被包括在内？（　　）

A. 预计的销售收入

B. 预期的资本支出

C. 历史的现金流量数据（未经调整）

D. 预计的运营费用

7. 以下哪个因素最可能直接导致企业应收账款水平的增加？（　　）

A. 缩短信用期限

B. 提高产品销售价格

C. 放宽信用政策

D. 减少促销活动

8. 如果企业收紧其收账政策，以下哪一项最可能发生？（　　）

A. 应收账款增加，营运资本增加，销售量增加

B. 应收账款减少，营运资本减少，销售量减少

C. 应收账款减少，现金增加，销售量可能减少

D. 应收账款增加，现金减少，销售量增加

9. 以下哪一项不是企业持有存货的原因？（　　）

A. 保持销售活动的连续性

B. 应对市场需求的不确定性

C. 提高产品的生产成本

D. 利用数量折扣降低采购成本

10. 在存货管理中，以下哪一项成本是由于存货数量不足而导致的额外费用？（　　）

A. 持有成本

B. 订货成本

C. 短缺成本

D. 储存成本

11. 关于适时库存管理系统（JIT），以下哪项描述是正确的？
（　　）

A. JIT 系统旨在增加存货持有量，以确保生产不间断

B. JIT 系统通过精确协调，确保物料在生产需要时才到达，从而减少存货

C. JIT 系统不考虑供应商交货时间，只关注生产计划和物料流动

D. JIT 系统主要目的是提高产品的生产成本

12. 物料需求计划（MRP）在企业资源管理中的主要作用是什么？（　　）

A. 确定企业的长期发展战略

B. 监控员工的绩效和出勤情况

C. 根据主生产计划，计算生产所需原材料的数量和时间

D. 管理企业的财务和投资决策

参考答案

1. 答案：A

解析：营运资本是指企业用于日常经营的现金及其等价物，通常由流动资产（如现金、应收账款、存货等）减去流动负债（如应付账款、短期借款等）得到。

2. 答案：A

解析：净营运资本是流动资产减去流动负债，即 100 000 － 60 000 = 40 000 美元。

3. 答案：C

解析：短期财务预测能够帮助企业预测并管理现金流，确保企业有足够的资金来满足短期负债和日常经营需要，这是营运资本管理的重要目标。

4. 答案：D

解析：长期投资的增加通常涉及长期资金的使用，而不是直接

影响企业的日常现金水平。销售收入的增长、应收账款的回收速度和存货的积压都会直接影响企业的现金流入和流出。

5. 答案：B

解析： 预防动机是指企业为了应对未来可能出现的不确定性或意外事件而持有的现金，以确保企业有足够的流动性来应对这些情况。

6. 答案：C

解析： 历史的现金流量数据虽然可以作为参考，但在编制未来现金流量的预测时，应基于当前的市场环境、业务计划和预期变化进行调整，而不是直接使用未经调整的历史数据。

7. 答案：C

解析： 放宽信用政策（如延长信用期限、降低信用标准等）会使得更多的客户能够符合赊销条件，从而可能导致应收账款水平的增加。

8. 答案：C

解析： 收紧收账政策通常意味着企业会更快地催收账款，这会导致应收账款减少，从而增加现金（因为流动资产中应收账款的减少会被视为现金的增加）。然而，更严格的收账政策可能会对一些客户造成不便，导致销售量减少。

9. 答案：C

解析： 企业持有存货的原因通常包括保持销售活动的连续性、应对市场需求的不确定性、利用数量折扣降低采购成本等。提高产品的生产成本不是持有存货的原因，反而可能是存货管理不当导致的后果。

10. 答案：C

解析： 短缺成本是由于存货数量不足而导致的额外费用，如销售机会的丧失、客户满意度下降等。持有成本是与存货存储相关的成本，订货成本是与下订单和采购相关的成本，而储存成本通常被视为持有成本的一部分。

11. 答案：B

解析： JIT 系统通过精确协调物料流动、生产计划和供应商交货时间，实现了存货的最小化，确保物料在生产需要时才到达，从而降低了持有成本。

12. 答案：C

解析：物料需求计划（MRP）是一种基于计算机的信息系统，用于根据主生产计划（MPS）、产品结构和库存信息，计算出每个物料的需求量和需求时间，从而指导采购、生产和库存管理活动。它在企业资源管理中扮演着关键角色，帮助企业实现资源的有效配置。

第二部分

财务报表的编制和分析

（25% – A 和 B 级）

　　财务报表的编制与分析是财务会计领域中的核心内容，对于理解企业的财务状况、经营成果和现金流量至关重要。本部分考试大纲旨在评估考生对财务报表编制与分析的基本知识和技能，包括确认和计价、基本财务报表分析以及财务报表比率分析。考生需要掌握资产和负债的计价方法，理解收入确认原则，识别权益性交易，以及计算和解释各种财务比率。通过这些知识点，考生将能够评估企业的流动性、杠杆、活动性和获利能力。本部分的学习不仅要求考生具备扎实的理论基础，还要求能够将这些理论应用于实际财务报表的分析中，从而为未来的财务决策提供支持。

考试大纲概览

1. 财务报表中的确认和计价

考生应能理解如何编制资产负债表、利润表、所有者权益变动表和现金流量表（间接法）。具体而言，考生应能：

（1）资产计价。

·确定应收账款的应确认金额，包括确认的时间和对坏账准备的估计。

·确定存货的应确认金额。

·理解先进先出（FIFO）和后进先出（LIFO）成本流转假设，并根据这些假设计算存货余额。

·理解起运点交货和目的地交货。

·理解直线折旧法、双倍余额递减法和年数总和法，并根据这些方法计算折旧。

·理解无形资产在资产使用年限内的摊销。

（2）负债计价。

·识别影响负债的交易，如赊购、年终计提和债务发行。

（3）收入确认。

·将收入确认原则应用于各种类型的交易。

·理解收入与支出配比原则。

（4）权益性交易。

·识别影响实缴资本和留存收益的交易，例如，股票发行、现金和股票股利、收益的确认。

（5）收益计量。

·定义利得与损失。

·理解处置固定资产损益的会计方法。

·理解费用确认实例。

·定义并理解综合收益。

·识别正确处置终止经营的会计方法。

2. 基本财务报表分析

考生应具备分析一组财务报表的能力。具体而言，考生应能：

（1）编制并分析资产负债表和利润表的同比财务报表（纵向分析）。

（2）编制并分析资产负债表和利润表的共同基年财务报表（横向分析）。

（3）计算资产负债表和利润表上各个项目的增长率。

3. 财务报表比率分析

考生应能：

（1）流动性。

·计算并解释流动比率，速动（酸性测试）比率，现金比率，现金流量比率和净营运资本比率。

（2）杠杆。

·定义偿付能力。

·定义营运杠杆和财务杠杆。

·计算下列比率：债务对权益、长期债务对权益，债务对总资产，以及利息保障倍数。

（3）活动性。

·计算应收账款周转率、存货周转率和应付账款周转率。

·计算应收账款回收天数、存货销售天数和应付账款付款天数。

·计算总资产周转率和固定资产周转率。

（4）获利能力。

·计算毛利率、营业利润率和净利润率。

·计算资产回报率（ROA）和权益回报率（ROE）。

对于上述所有财务比率，考生应能理解比率的一个要素的变化如何影响其比率值。此外，考生应能解释一个相对较高或较低的比率值的意义。

第五章

财务报表中的确认和计价

本章我们将学习财务报表编制的基础知识，包括资产负债表、利润表、所有者权益变动表和现金流量表的基本格式与项目。考生将学习如何准确确认和计价资产，包括应收账款、存货、长期资产等项目的确认和计量。同时，我们将涉及负债的识别、收入的确认原则、权益性交易的影响，以及收益的计量方法。通过本章学习，考生将掌握财务报表中各项要素的确认时点、计价方法及其对财务报表影响的深刻理解，为专业财务分析打下坚实基础。

第一节

应收账款

一、应收账款的确认

在商业交易中，当企业以赊销方式销售商品或提供服务时，应确认相应的应收账款。

应收账款确认通常与收入的确认同步进行，应遵循会计准则中收入的相关规定，收入的确认基于控制权的转移，采用"五步法"模型（参考后面"收入确认"部分相关知识点）进行交易分析。

二、应收账款的计价

应收账款的计价通常基于交易的实际金额。然而，商业活动中可能存在的商业折扣、现金折扣、销售的退回与折让等因素会影响应收账款的入账价值。应收账款的计价应考虑这些因素，以确保应收账款的准确性。

（一）商业折扣

销售折扣（trade discounts，也称为数量折扣）通常以折扣比例报价，会计上销售收入和应收账款以净额列示。

【案例】ABC 公司是一家批发商，向零售商销售商品。2024 年 3 月 1 日，ABC 公司向零售商销售了价值 50 000 美元的商品。根据双方的协议，零售商因为大量购买可以享受 10% 的商业折扣。

在本案例中，原始销售额为 50 000 美元，零售商享受 10% 的商业折扣，因此实际销售额为：50 000 美元 ×（1 - 10%）= 45 000 美元，在销售实现时，ABC 公司确认收入 45 000 美元并记录应收账款 45 000 美元，并在收到款项时冲减应收账款。

（二）现金折扣

现金折扣（cash discounts）是企业为了鼓励客户在规定时间内支付货款而提供的一种激励措施。例如，信用条件为"信用期为 30 天，如果客户在 10 天内付款，可以得到 2% 折扣"（2/10，net 30）。现金折扣在会计上可以按总额法或净额法确认应收账款。

（1）总额法。按照每笔销售的总额或未扣除现金折扣的金额登记应收账款和销售额。例如，在折扣期限内收到支付的货款，在会计分录中确认销售的现金折扣。

（2）净额法。假设客户全部享受现金折扣，按照每笔销售扣除现金折扣后的净额登记应收账款和销售额。这种方法更体现配比原则，因为按照客户预期享受的折扣计提了该笔费用，并且这些费用从当期销售额中扣除。

【案例】假设 ABC 公司向乙公司赊销一批商品，销售价格为 100 000 美元，合同约定如果在 10 天内支付，乙公司可以享受 2% 的现金折扣。如果乙公司在 10 天内支付，实际支付金额为 98 000 美元。

如果 ABC 公司选择按总额法确认收入和应收账款，则收入和应收账款确认 100 000 美元，乙公司在折扣期限内支付 98 000 美元时冲减 100 000 美元的应收账款，同时差额的 2 000 美元作为财务费用计入利润表。这种方法简单明了，不需要对现金折扣进行预估，但可能会导致收入和费用的不匹配，因为收入在销售时确认，而财务费用在收款时确认。

如果 ABC 公司用净额法确认收入和应收账款，那么公司的收入和应收账款确认 98 000 美元。这种方法能够更好地匹配收入和费用，但需要企业对现金折扣的可能性进行预估，如果预估不准确，可能需要进行调整。

（三）销售退回与折让

销售退回是指企业售出的商品由于质量、品种不符合客户要求等原因而发生的退货。销售折让是指企业因售出商品的质量、规格等不符合要求，或者因买方购买数量大而去掉零头等原因，在售价上给予的减让。

如过去的经验显示应收账款以一定比例被退回，则销售退回的折让的比例应该被估计。如果销售折让发生在确认销售收入之前，则应在确认销售收入和应收账款时直接按扣除销售折让后的金额确认。

三、应收账款的冲减

当企业实际收到应收账款时，应通过借记"银行存款"等科目，贷记"应收账款"科目来进行冲减。

四、坏账准备的估计

在报表日，对于未收回的应收账款，企业应根据历史数据、客户信用状况和经济环境等因素合理估计坏账准备。坏账准备的计提采用备抵法，即在每期期末估计坏账损失，并设置"坏账准备"账户。计提坏账准备的会计分录为：

借：信用减值损失
　　贷：坏账准备

如果前期已部分计提坏账准备，但后续确定应收账款无法收回，应全额补提坏账准备。

应收账款在资产负债表中应以可变现净值（NRV）列示。应收账款的可变现净值是指公司预期能够收回的、扣除不能收回的应收账款（坏账准备）和销售退回（如有销售退回政策）的估计数的净额。

坏账准备的计提方法通常包括直接冲销法与备抵法。

（一）直接冲销法

直接冲销法（direct write-off method）仅在应收账款确定无法收回时，才确认坏账损失并进行冲销。这种方法的优点在于操作简单且易于理解，能够确保财务报表的可靠性。然而，其缺点在于无法实现收入与成本之间的合理配比，可能会导致应收账款的账面价值被高估。在税务合规方面，税法可能要求采用直接冲销法来处理坏账，但在会计准则中，这种方法通常不被推荐使用，因为它不符合收入确认原则中关于收入与成本配比的要求。

【案例】2019 年 12 月 15 日，R 公司记录信用销售金额 10 000 美元。2020 年 7 月 1 日，R 公司确认该笔应收账款无法收回，相关会计分录如下：

借：坏账费用	10 000
贷：应收账款	10 000

（二）备抵法

备抵法（allowance method）是一种会计处理方法，用于估算和记录坏账损失。在备抵法下，企业在每个会计期末根据一定的标准（如账龄分析、余额百分比等）估计可能发生的坏账损失，并将其作为坏账准备计入当期费用。当实际发生坏账时，直接冲减已计提的坏账准备和相应的应收账款余额。备抵法的优点包括：

（1）预计不能收回的应收款项作为坏账损失及时计入费用，避免企业的虚盈实亏。

（2）在报表上列示应收账款净额，使报表阅读者能了解企业真实的财务状况。

（3）使应收账款实际占用资金接近实际，消除虚列的应收账款，有利于加快企业资金周转，提高经济效益。

【案例】假设 ABC 公司在 2023 年销售了一批商品给乙公司，形成应收账款 50 000 美元。根据历史经验和乙公司的信用状况，ABC公司估计这批应收账款的坏账损失率为 5%。

ABC 公司年末估计的坏账损失为 2 500 美元（50 000 美元 × 5%），会计分录为：

借：信用减值损失	2 500
贷：坏账准备	2 500

五、坏账的确认和注销

当有确凿证据表明应收账款无法收回时，企业应确认坏账损失，并进行相应的会计处理。确认坏账损失的会计分录为：

借：坏账准备	
贷：应收账款	

第二节

存货

一、存货种类及其关键业务环节

在制造业中，存货主要分为以下几个类别：原材料、在制品

（在产品）、产成品。而对于零售行业来说，存货则主要以商品的形式存在。图 5-1 是制造业存货流转的关键业务环节。

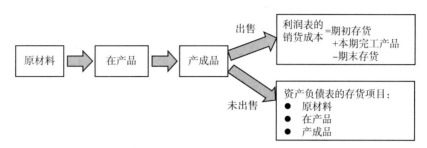

图 5-1　制造业存货流转的关键业务环节

二、存货的确认时间

通常，购买方确认收到卖方发来的商品时，在存货采购账户中确认存货，即控制权已经转移给了购买方，但该惯例存在一些例外情况，例如，在途商品、委托销售商品、特殊的销售协议、公共仓库和不合格的装运等。

（一）在途商品

在途商品（goods in transit）是指会计期末那些已经发出但尚未运达目的地的商品，谁拥有商品的所有权取决于交货方式：

（1）FOB 装船点（free on board shipping point）：卖方将商品转交给作为买方代理人的常见承运人时，商品所有权发生转移，买方确认为存货。

【案例】假设 A 公司是一家电子产品制造商，与 B 公司签订了一份销售合同，约定以 FOB 装船点条款向 B 公司出售一批智能手机。根据合同，A 公司负责将智能手机运送到港口，并在港口将商品转交给作为 B 公司代理人的海运公司。一旦智能手机被装上船并交给海运公司，所有权即从 A 公司转移到 B 公司，B 公司此时应将这批智能手机确认为存货。

在这个案例中，当智能手机在港口装船并交给海运公司时，A 公司完成了其交货义务，商品所有权转移给 B 公司。B 公司需要在财务报表中将这批智能手机计入存货，并开始承担与之相关的风险和收益。例如，如果在运输过程中智能手机因意外事故受损，损失应由 B 公司承担，因为所有权转移后，商品的风险也随之转移给了 B 公司。

（2）FOB 目的港（free on board destination）：商品运达目的地时

才转移所有权，买方确认为存货。

【案例】假设 C 公司是一家化工原料供应商，与 D 公司签订了一份销售合同，约定以 FOB 目的港条款向 D 公司出售一批化学试剂。根据合同，C 公司负责将化学试剂运送到 D 公司指定的目的港。只有当化学试剂安全运达目的港并被卸载下来时，所有权才从 C 公司转移到 D 公司，D 公司此时应将这批化学试剂确认为存货。

在这个案例中，化学试剂在运输过程中，所有权仍然属于 C 公司，D 公司无须在运输途中将化学试剂确认为存货。只有当化学试剂到达目的港并完成卸载后，D 公司才开始承担与该批化学试剂相关的风险和收益，此时 D 公司应将化学试剂计入存货。例如，如果在运输过程中化学试剂因海运公司的疏忽而发生泄漏或变质，损失应由 C 公司承担，因为所有权尚未转移给 D 公司。

（二）委托销售商品

委托销售商品（consigned goods）在商品销售给第三方之前，委托方将委托销售的项目列示为存货，受托人不确认为存货。

（三）特殊的销售协议

（1）附高比率退回的销售。如果能够合理估计销售退回数，在商品出售时确认销售；如果数量无法估计时，卖方应确认为存货，只能等到退回数已知时才确认销售。

（2）附回购协议的销售。卖方实质是用存货融资，仍保留着与存货所有权相关的风险，卖方应确认为存货，即使存货名义上已经转移。

（3）分期收款销售（installment sales）。如果卖方以分期收款方式销售商品，但保留了所有权作为货款信用的保证，且坏账准备的比率不能被估计，卖方应该确认为存货；如果坏账的比率可以被合理估计，则可以将交易视为销售，并计提坏账准备。

（四）公共仓库

商品存储在公共仓库（public warehouses）时，持有仓单的公司拥有所有权，确认为存货。

（五）不合格产品的装运

如果卖方发出不合格产品（shipment of non-conforming goods），买方拒绝收货返还给卖方，应由卖方确认为存货。

三、存货盘点（count inventory）的两种方法

（一）方法一：永续盘存制（perpetual inventory system）

（1）在永续盘存制下，系统（如财务系统）记录着每一笔采购和销售的项目与金额，实际销货成本由记录的每一笔销售决定，永续盘存制随时连续地记录着存货账户的变动情况。

（2）基本核算公式：

> 期初存货 + 本期购入（净额）- 销货成本 = 期末存货

（3）需要定期盘点，如果账面大于实际，可能需要调增销货成本，调减存货。

（二）方法二：定期盘存制（periodic inventory system）

（1）在定期盘存制下，存货的数量只能由盘点来决定，通常每年至少需要一次。因此，存货的数量以及相关的成本在会计期末盘点和估值，系统没有连续地记录存货账户的变动情况。期间实际的销货成本在存货盘点后通过存货的数量"倒挤"出来。

（2）本期销货成本核算公式：

存货期初余额	70 000
+ 本期购入	300 000
可供出售销货成本	370 000
- 期末存货（盘点）	（270 000）
= 销货成本	100 000

四、存货的估价（inventory valuation）

（一）销货成本的计算

（1）全部生产成本在已售商品（利润表）和持有存货（资产负债表）之间进行分配。

（2）基本公式：

$$销货成本 = 可供出售的销货成本 \left(期初存货余额 + 本期购入存货或生产产品成本 \right) - 期末存货余额$$

（二）存货成本包括的内容

通常，存货成本包含购买成本、转换成本，以及使存货到达当前位置和状态的其他成本，其中购买成本包括购买价格、进口税金相关费用、运输费用、运输时发生的保险费用、处理费用与其他任何转换原料至产品的所有原料及服务费用。

（三）不应该计入存货成本的内容

（1）异常的材料、人工费用和间接费用的浪费。
（2）存储成本（仓储费用），除非在进入下一个生产阶段前所必须发生的存储成本。
（3）管理费用。
（4）销售费用。

五、存货估值方法——成本流转假设

（一）存货估值方法概念界定

（1）存货估值方法在国际财务报告准则（IFRS）中称为成本公式，在美国通用会计准则（US GAAP）中称为成本流转假设（cost flow assumptions）。
（2）一般而言，由于类似的商品在不同的时点购买，存货的购买价格和生产转换价格会随时间而变化，因此一般都采用成本流转假设。
（3）采用不同的估值方法对利润表中的销售成本、资产负债表中的存货价值都会产生不同的影响。因此，在计量存货成本时，所采用的估值方法对财务报表会产生影响。
（4）成本流转假设只是用来计算哪些成本应该分配到存货中，哪些成本应划分为销货成本，只与成本核算相关，与实际的产品实物流转无关，例如，先进先出法并不表示最早的存货先卖出。
（5）美国通用会计准则并不要求公司的成本流转假设与存货实物流转存在合理的关系，但主要的目标是选择合适的方法以最清晰地反映期间收入。

（二）存货估值方法分类及特征

美国通用会计准则的存货估值方法主要包括四种成本流转假设

方法：个别计价法、平均成本法、先进先出法、后进先出法（IFRS 禁止使用后进先出法）。

四种成本流转假设方法的主要特征见表 5 - 1。

表 5 - 1　　　　　　　　　成本流转假设方法的主要特征

成本流转假设	主要特征
个别计价法	登记每件产品或存货的成本和每件商品的销货成本
平均成本法	将全部类似存货项目的成本加总求和，计算得到期间平均成本（永续盘存制下为"移动平均法"；定期盘存制下为"加权平均法"）
先进先出法	计算销货成本时，销货成本为最早购入存货的成本，同时最新购入的存货成本包括在期末存货中
后进先出法	最后购入的存货成本计入销货成本中，期末存货包含了最早购入存货的成本

1. 个别计价法（specific identification）

（1）个别计价法用来估计互相间差异很大的商品，以及被特定的项目区分出来的商品，该方法广泛使用于独一无二、可辨别的奢侈品中，如宝石。

（2）个别计价法是假设存货的成本流转与实物流转相一致的情况下，确定每个产品的实际价格。

（3）无论是使用定期盘存制还是永续盘存制，个别计价法得出的期末存货和销货成本结果是一样的。

2. 平均成本法（average cost）

（1）定期盘存制下的加权平均法。加权平均成本法是指根据本期期初结存的存货的数量和金额与本期购入存货的数量和金额，在期末以此计算本期存货的加权平均单价，作为本期售出存货和期末存货的价格。

> 每单位的加权平均成本＝本期可供出售的产品成本÷产品总数
> 期末存货价值＝期末存货数量×平均价格
> 本期销货成本＝可供出售的产品成本－期末存货价值
> ＝本期销售数量×存货加权平均成本

加权平均法特别适用于定期盘存制下的同类别产品。

【例题】在运营的第一年，ABC 公司购买了三个不同批次的存货：1 月 1 日第一批次以每单位 4.25 美元购买 4 000 个单位；3 月 1 日第二批次以每单位 4.50 美元购买 2 000 个单位；9 月 1 日第三批次以每单位 4.75 美元购买 3 000 个单位。公司总共销售了 4 000 个单位存货，其中 2 月 1 日出售了 3 000 个单位的存货，4 月 1 日出售 1 000 个单位。如公司采用加权平均法，在定期盘存制下分别求存货的期末价值和销货成本。

【解析】存货在不同时间的购买数量、单位成本和总成本计算如表 5-2 所示。

表 5-2　　　　　　　　　　　存货计算表

时间	购买数量（个）	单位成本（美元）	总成本（美元）
1 月 1 日	4 000	4.25	17 000
3 月 1 日	2 000	4.50	9 000
9 月 1 日	3 000	4.75	14 250
合计	9 000		40 250

每单位的加权平均成本 = 40 250 ÷ 9 000 = 4.4722 美元

销货成本 = 4 000 × 4.4722 = 17 889 美元

期末存货 = 5 000 × 4.4722 = 22 361 美元

（2）永续盘存制下的移动加权平均法。移动加权平均法在每一次购买存货后重新计算存货的平均成本，并且在购入新的存货之前，按照重新计算得到平均成本计算销货成本。

$$单位平均成本 = \frac{每次购入存货后的可供出售产品的销货成本}{可供出售产品的数量}$$

【例题】在运营的第一年，ABC 公司购买了三个不同批次的存货：1 月 1 日第一批次以每单位 4.25 美元购买 4 000 个单位；3 月 1 日第二批次以每单位 4.50 美元购买 2 000 个单位；9 月 1 日第三批次以每单位 4.75 美元购买 3 000 个单位。公司总共销售了 4 000 个单位存货，其中 2 月 1 日出售了 3 000 个单位的存货，4 月 1 日出售 1 000 个单位。如采用移动平均成本法，在永续盘存制下分别求存货的期末价值和销货成本。

【解析】存货在不同时间的购买数量、单位成本和总成本计算如表 5-3 所示。

表 5-3　　　　　　　　　　　存货计算表

时间	购买/（销售）			存货余额		
	购买数量（个）	单位成本（美元）	小计（美元）	存货数量（个）	平均成本（美元）	小计（美元）
1 月 1 日	4 000	4.25	17 000	4 000	4.25	17 000
2 月 1 日	(3 000)	4.25	(12 750)	1 000	4.25	4 250

续表

时间	购买/(销售)			存货余额		
	购买数量（个）	单位成本（美元）	小计（美元）	存货数量（个）	平均成本（美元）	小计（美元）
3月1日	2 000	4.50	9 000	3 000	4.4167	13 250
4月1日	(1 000)	4.4167	(4 417)	2 000	4.4167	8 833
9月1日	3 000	4.75	14 250	5 000	4.6166	23 083

其中，

3月1日购买后的单位平均成本 = (4 250 + 9 000)/3 000 = 4.4167 美元

9月1日购买后的单位平均成本 = (8 833 + 14 250)/5 000

= 4.6166 美元

销货成本 = 12 750 + 4 417 = 17 167 美元

期末存货 = 23 083 美元

【小结】通过以上两个例题的对比，在永续盘存制下的移动加权平均法和定期盘存制下的加权平均法算出来的销货成本与期末存货是不相等的。

3. 先进先出法（first-in, first-out, FIFO）

（1）假设最早购入或生产的商品最先售出，而最新购入或生产的商品则会留在期末的存货中，换言之，第一件被计入存货的商品同时也是第一件被售出的商品。

（2）因此，销货成本反映了期初存货的销货成本加上之后最早购入或生产的商品价格；而期末存货反映了最近购买或生产的商品价格，近似于重置成本。所以无论是使用定期盘存制还是永续盘存制，先进先出法得出的期末存货和销货成本结果是一样的。

（3）在价格上升时期，期末存货中每单位计入的成本高于卖出的每单位成本（资产负债表中存货高估、利润表中成本低估，利润高估，多交所得税）。在价格下降时期则相反。

【例题】在运营的第一年，ABC 公司购买了三个不同批次的存货：1月1日第一批次以每单位 4.25 美元购买 4 000 个单位；3月1日第二批次以每单位 4.50 美元购买 2 000 个单位；9月1日第三批次以每单位 4.75 美元购买 3 000 个单位。公司总共销售了 4 000 个单位存货，其中 2月1日出售了 3 000 个单位的存货，4月1日出售 1 000 个单位。如公司采用先进先出法，定期盘存制和永续盘存制情况下分别求存货的期末价值和销货成本。

【解析】

（1）定期盘存制下，存货在不同时间的购买数量、单位成本和总成本计算如表 5 – 4 所示。

表 5 – 4 　　　　　　　　　　存货计算表

时间	购买数量（个）	单位成本（美元）	总成本（美元）
1 月 1 日	4 000	4.25	17 000
3 月 1 日	2 000	4.50	9 000
9 月 1 日	3 000	4.75	14 250
合计	9 000		40 250

$$期末存货 = 3\,000 \times 4.75 + 2\,000 \times 4.50 = 23\,250\ 美元$$
$$销货成本 = 期初存货 + 本期购入存货 - 期末存货$$
$$= 0 + 42\,250 - 23\,250 = 17\,000\ 美元$$

（2）永续盘存制下，存货在不同时间的购买数量、单位成本和总成本计算如表 5 – 5 所示。

表 5 – 5 　　　　　　　　　　存货计算表

时间	购买数量（个）	销售数量（个）	单位成本（美元）	存货变化（美元）	存货余额（美元）	销货成本（美元）
1 月 1 日	4 000		4.25	17 000	17 000	
2 月 1 日		3 000	4.25	(12 750)	4 250	12 750
3 月 1 日	2 000		4.50	9 000	13 250	
4 月 1 日		1 000	4.25	(4 250)	9 000	4 250
9 月 1 日	3 000		4.75	14 250	23 250	
合计						17 000

【注意】在先进先出法下，无论是定期盘存制，还是永续盘存制，得出的期末存货（23 250 美元）和销货成本（17 000 美元）是相同的。

4. 后进先出法（last-in，first-out，LIFO）

（1）只有在美国通用会计准则下，才能使用后进先出法（国际财务报告准则禁止使用）。

（2）后进先出法假设最新购入或生产的商品会被最快卖出，而最早购入或生产的商品，包含期初存货，会留在期末存货中。

（3）销货成本反映了最新购入的商品价格，而期末存货则反映了最早购入的商品价格（没有反映重置成本）。

（4）后进先出法的优点在于能够更好地匹配收入和费用，因为当前销货成本能够和当前收入匹配。

（5）在价格上升时，期末存货中的每单位的价格比每单位的销货成本低。与其他方法相比，后进先出法通常会导致期末存货成本最低，最高的销货成本和最低的净利润，也会减少所得税，获得更多现金流（记忆方法：LIFO = lowest）。

（6）与先进先出法不同，后进先出法下永续盘存制和定期盘存制计算得到的销货成本和期末存货金额不同。

【例题】在运营的第一年，ABC 公司购买了三个不同批次的存货：1 月 1 日第一批次以每单位 4.25 美元购买 4 000 个单位；3 月 1 日第二批次以每单位 4.50 美元购买 2 000 个单位；9 月 1 日第三批次以每单位 4.75 美元购买 3 000 个单位。公司总共销售了 4 000 个单位存货，其中 2 月 1 日出售了 3 000 个单位的存货，4 月 1 日出售 1 000 个单位。如公司采用后进先出法，定期盘存制和永续盘存制情况下分别求存货的期末价值和销货成本。

【解析】

（1）定期盘存制下，存货在不同时间的购买数量、单位成本、期末存货和可供出售产品成本计算如表 5 - 6 所示。

表 5 - 6　　　　　　　　　　存货计算表

时间	购买数量（个）	单位成本（美元）	期末存货（美元）	可供出售产品成本（美元）
1 月 1 日	4 000	4.25	17 000	17 000
3 月 1 日	2 000	4.50	4 500	9 000
9 月 1 日	3 000	4.75	0	14 250
合计	9 000		21 500	40 250

$$期末存货 = 4\,000 \times 4.25 + 1\,000 \times 4.50 = 21\,500\ 美元$$
$$销货成本 = 期初存货 + 本期购入存货 - 期末存货 = 0 + 40\,250 - 21\,500$$
$$= 18\,750\ 美元$$

（2）永续盘存制下，存货在不同时间的购买数量、销售数量、单位成本、存货变化和销货成本计算如表 5 - 7 所示。

表 5 - 7　　　　　　　　　　存货计算表

时间	购买数量（个）	销售数量（个）	单位成本（美元）	存货变化（美元）	销货成本（美元）
1 月 1 日	4 000		4.25	17 000	
2 月 1 日		3 000	4.25	(12 750)	12 750
3 月 1 日	2 000		4.50	9 000	
4 月 1 日		1 000	4.50	(4 500)	4 500
9 月 1 日	3 000		4.75	14 250	
合计					17 250

$$期末存货 = 17\,000 - 12\,750 + 9\,000 - 4\,500 + 14\,250 = 23\,000 \ 美元$$
$$销货成本 = 12\,750 + 4\,500 = 17\,250 \ 美元$$

【小结】通过前面的几个例子总结：

（1）在价格上升（通货膨胀）时期，先进先出法与其他方法相比，会导致资产负债表中最高的期末存货余额和利润表中最低的销货成本，使得公司的毛利润、经营利润和所得税也较高，在价格下降时相反。

（2）先进先出法的存货价值能够反映近期商品的价格，而后进先出法中的销货成本则能更好地反映近期商品的价格。

（3）在价格上升（通货膨胀）时期，后进先出法与其他方法相比，会导致资产负债表中最低的期末存货余额和利润表中最高的销货成本，使得公司的毛利润、经营利润和所得税也最低，在价格下降时相反。

（4）平均成本法下的期末存货价值和销货成本介于先进先出法和后进先出法两者之间。

（5）在价格上升时期，移动加权平均法与加权平均法相比，导致更高的期末存货和更低的销货成本。

（6）无论是使用定期盘存制还是永续盘存制，先进先出法和个别计价法得出的结果是一样的。

（7）后进先出法和平均成本法在定期盘存制与永续盘存制计算得出的销货成本与期末存货成本的结果不同。

（8）用不同的存货计价方法计算的存货成本和产品销售成本的差异很大，也可能不大，其结果产生影响的主要原因是通货膨胀率的高低，通货膨胀率越高，差异越大。

（三）存货估值方法优缺点

不同存货估值方法的优缺点如表 5 - 8 所示。

表 5 - 8　　　　　　　　不同存货估值方法的优缺点

存货估值方法	优点	缺点
个别计价法	销货成本和存货价值都精确	对于大量的同质化产品，追踪单个产品成本较难
平均成本法	在定期盘存制下容易使用，财务报告较为稳定	在永续盘存制下，每一批采购需重新计算平均成本
先进先出法	永续盘存制与定期盘存制结果保持一致；存货价值反映了最新的重置成本；与实物流转较为一致	在通货膨胀时，利润被高估，导致更高的税收和现金流下降；利润表中的收入与成本不匹配
后进先出法	利润表中收入与成本匹配，更好地度量利润；通货膨胀下降低利润，增加现金流；销货成本反映最新的存货重置成本	永续盘存制与定期盘存制的报告有差异；资产负债表的存货被低估，营运资本也被低估；GAAP 要求列示 LIFO 储备；IFRS 不允许采用

【例题】以下哪种成本流转假设情况下，定期盘存制与永续盘存制计算得到销货成本相同？（　　）

　　A. 平均成本法　　　　　　　B. 先进先出法

　　C. 后进先出法　　　　　　　D. 以上都相同

【解析】正确答案为 B。个别计价法与先进先出法的情况下，定期盘存制与永续盘存制计算得到的结果相同。

【例题】在价格上升时期，下面哪一项存货现金流转假设将会导致更高的销货成本？（　　）

　　A. 先进先出法　　　　　　　B. 后进先出法

　　C. 加权平均法　　　　　　　D. 移动加权平均法

【解析】正确答案为 B。在价格上升时期，后进先出法会导致更高的销货成本。

【例题】在价格上升时期，下列哪一个存货计量方法常能使收入和费用最相匹配？（　　）

　　A. 加权平均法　　　　　　　B. 先进先出法

　　C. 后进先出法　　　　　　　D. 个别计价法

【解析】正确答案为 C。后进先出法的销货成本最能反映重置成本的价格，使收入和费用最相匹配。

第三节

长期资产

一、固定资产与不动产、厂房和设备（PP&E）

（一）定义与特征

固定资产是指所有耐用的资产，包括土地、办公室、仓库、设备、交通工具、机械等。固定资产须具备三个特征：

（1）为经营管理而非出售所持有的资产（用于投资或出售而取得的资产不能划分为固定资产，例如，一栋闲置的大楼可能划分为投资）。

（2）资产使用期限长，并且除土地以外的其他资产都应该计提折旧（土地的价值一般不会下降，不需要计提折旧，其他资产按照配比原则计提折旧）。

（3）必须是有形资产。

（二）固定资产的分类

以下几类必须在资产负债表（或附注）以原始价格（历史成本）单独列示：

（1）土地（不动产）。

（2）建筑物（工厂）。

（3）设备：可能机器、工具、家具和装修单独列示（如果这些种类重大）。

（4）累计折旧（资产的抵减项）。

（三）美国通用会计准则下的固定资产计价

（1）历史成本（historical cost）是外购固定资产计价的基础，是指取得或构建资产所花费的现金或现金等价物，为取得资产或使得资产达到预定可使用状态所花费的一切必要的成本都计入该资产的入账价值，包括运输费用、安装成本、税费和其他相关成本，作为资产入账价值的一种计价方法。

（2）出于可靠性角度出发，固定资产按照历史成本进行折旧摊销。

（3）如果对厂房进行更新改造，使得资产未来提供的服务质量显著上升时，更新改造成本计入固定资产成本（资本化）。

（4）资产的日常维修和维护成本应该在发生时计入费用。

（5）捐赠的固定资产：按照捐赠资产的公允价值以及相关成本计价。

（四）国际会计准则下的固定资产计价

国际会计准则下，固定资产的初始计量以取得时的成本计价，后续计量固定资产可以利用成本模型（cost model）和重估模型（revaluation model）。

（1）成本模型。固定资产以历史成本列示，并根据累计折旧和资产减值进行调整。

> 资产的账面价值 = 历史成本 – 累计折旧 – 资产减值损失

（2）重估模型。重新估值模型下，一种类型（class）固定资产重新估值到公允价值，后续计量以公允价值减去累计折旧和资产减值。

> 重估模型的账面价值＝重估日的公允价值－后续的累计折旧
> 　　　　　　　　　　－后续的资产减值损失

【注意】

（1）固定资产重估必须是一个种类（如不动产、机器、家具和装修等），不能对单个固定资产进行重估。

（2）固定资产重估的损失在利润表中列示，而利得则在权益中的其他综合收益中（重估剩余）列示。

（3）如果重估的固定资产发生了资产减值损失，则先冲减其他综合收益（重估剩余）到零，剩余部分在利润表中列示。

（五）不动产、厂房和设备的初始计量

不动产、厂房和设备（PP&E）的初始计量（见表5－9）。

表5－9　　　　　　　　　　　PP&E 的初始计量

PP&E 类型	初始成本核算
土地	①土地成本（不需要提折旧），包括：购买价款、相关成本（公证费、佣金、法律费等）、土地整理成本（排水、清理等）、考察成本等。 ②土地改良成本（需要提折旧），包括：围墙、供水系统、人行道、铺路、景观美化、通电等[a]
建筑物	包括购置或建造该建筑物发生的一切费用（如发生的料、工、费等）[b]
设备	为购置、运输、安装所发生的一切费用支出计入设备价值
自建资产	直接材料、直接人工和分配到建造活动的间接费用（一般公司必须将成本费用在经营活动和建造活动之间进行划分）

注：a. 出于投资目的的土地划分为投资；房地产开发商持有的准备出售的土地划分为存货。b. 如为建造新的建筑物，发生的旧建筑物清理费用应计入土地成本，不应该计入新建筑物成本（为达到预定可使用状态）。

【注意】建造或取得 PP&E 过程中发生的利息费用。

（1）美国通用会计准则规定，只对建造期间形成的实际利息费用资本化，资本化利息应基于两者中较低者：第一，建造期间实际发生的利息费用；第二，如果不建造固定资产可以节约的利息金额。

（2）除非金额不重要，不得将建造或取得 PP&E 过程中发生的利息费用化。

（3）不得将全部筹资成本资本化，而不考虑是否属于可辨认、可归属于自建资产的成本（例如，权益融资的资本成本是一种机会成本，不得资本化）。

（六）固定资产的后续计量：折旧

折旧（depreciation）是指将固定资产成本按照有效使用寿命分摊到资产的各个收益期间的一种成本核算方法。折旧是一种成本分摊方法，而不是一种资产估价方法。

自然资源和无形资产的成本分摊方式称为"耗损"和"摊销"不叫折旧。

为计算折旧金额，必须确定：

（1）折旧基础（资产原值减去残值）的价值（注意：要减去残值）。

（2）有效使用寿命（可能短于实际物理寿命）。

（3）折旧方法，主要包括：第一，基于工作量的——工作量法。第二，基于预期使用寿命——直线法、年数总和法、余额递减法。

1. 工作量法（变动成本法、产品产量法）

工作量法，不是按照使用时间而是按照资产的耗用量或投入量计提折旧。适用于一些设备和汽车计提折旧。优点是资产的成本与资产产生的收入匹配。

$$每年折旧额 = \frac{折旧基础 \times 产品产量或耗用小时数}{总产量或总工作小时数}$$

【例题】一台塑料挤出机的原值是 1 000 000 美元，残值为 150 000 美元，预期使用寿命为 7 年，使用寿命内的产量为 70 000 件，第一年实际生产了 9 500 件。

【解析】第一年折旧额 =（1 000 000 − 150 000）× 9 500/70 000

$$= 115\ 357.14\ 美元$$

2. 直线折旧法（straight-line）

$$每年折旧额 = 折旧基础 \div 预计使用寿命$$

直线折旧法的优点是计算简单，缺点是假设资产的使用效率每年都一样，不太符合实际的资产使用情况。

【案例】假定期初购买资产 300 万美元，残值为 0，有效使用寿命为 3 年，按直线法折旧，则每年折旧 100 万美元计入成本或费用。

3. 加速折旧法：年数总和法和余额递减法

加速折旧法在前期多计提折旧，以后各期逐渐减少，背后的原因在于资产使用的早期价值大部分会丧失掉，维修成本会逐渐增加，因此资产相关的费用总额在整个寿命期内平滑。

加速折旧法会减少公司前期的利润，进而减少公司的所得税费用，导致早期的现金流量更加充足（分红和税收减少）。

年数总和法和余额递减法是两种常见的加速折旧法。

（1）年数总和法（sum-of-the-years-digits）。年数总和法用折旧基础（成本减残值）乘以折旧率。

$$折旧率 = \frac{剩余有效使用年限}{全部使用寿命的年数总和}$$

【案例】假定 ABC 股市期初购买资产 300 万元，残值为 50 万元，有效使用寿命为 5 年，按年数总和法折旧。折旧如表 5-10 所示。

表 5-10 折旧表

年数	折旧基础（美元）	剩余使用年限（年）	折旧率	折旧费用（美元）	年末账面价值（美元）
0					3 000 000
1	2 500 000	5	5/15	833 333	2 166 667
2	2 500 000	4	4/15	666 667	1 500 000
3	2 500 000	3	3/15	500 000	1 000 000
4	2 500 000	2	2/15	333 333	666 667
5	2 500 000	1	1/15	166 667	500 000
合计		15	15/15	2 500 000	

（2）余额递减法（declining balance）。余额递减法是指采用一个直线折旧率的某个倍数计提折旧的一种方法。例如，可以按照 150%（1.5 倍余额）或 200%（双倍余额）的执行折旧率计提折旧。

余额递减法基于资产的账面价值，而不考虑残值（注：与其他折旧方法不同，其他折旧方法是按照折旧基础，即成本减去残值）计算折旧额。随着资产的账面价值不断下降，计算得到的折旧额一年低于一年。

为了确保资产折旧后，账面价值不低于残值，或按照初始成本折旧表计提折旧，当接近资产使用寿命期末时，一些公司改为直线折旧法计提折旧。

【例题】一台塑料挤出机的原值是 1 000 000 美元，残值为 15 000 美元，预期使用寿命为 7 年，公司采用双倍余额递减法计提折旧。

【解析】直线法的折旧率为 1/7，即 14.29%，双倍余额递减法的折旧率为 28.57%，具体计提的折旧如表 5-11 所示。

表 5 – 11　　　　　　　　　　　　折旧表

年数	年初账面价值（美元）	折旧率（%）	折旧额（美元）	年末账面价值（美元）
1	1 000 000	28.57	285 700	714 300
2	714 300	28.57	204 076	510 224
3	510 224	28.57	145 771	364 453
4	364 453	28.57	104 124	260 329
5	260 329	28.57	74 376	185 953
6	185 953	28.57	35 953	150 000
7			—	—
合计			850 000	

（七）不同折旧方法的选择

公司针对不同类型的资产，可以选择不同的折旧方法，注意不同方法对公司资产账面价值、折旧费用、营业利润和所得税费用的影响。出于税务的目的，美国公司通常会采用美国税务局（IRS）修订的加速成本回收制（MACRS）。编制财务报表采用的折旧方法与编制纳税申报表采用的折旧方法之间的异常会导致公司确认递延所得税负债。

不同折旧方法的优缺点比较如表 5 – 12 所示。

表 5 – 12　　　　　　　　不同折旧方法的优缺点

折旧方法	优点	缺点
直线折旧法	容易计算；广泛接受；可以应用于几乎所有资产；每年折旧金额保持稳定	没有反映不同年份对资产使用的差异；成本与收入没有精确匹配
工作量法	成本与收入匹配；反映企业的经营活动	如果没有工作量，可能没有折旧费用；不能应用于所有资产；要求记录工作量可能变复杂
余额递减法	收入与成本匹配，因为在早期对资产的更大利用通过更高的折旧体现；随着折旧金额的下降，维修费用的增加能够与之平衡	没有反映资产业务活动的变化；计算较为复杂；早期的折旧金额与后期折旧金额差距较大；由于折旧的下降与维修费用的增长平衡，可能导致人为的平滑利润

（八）其他需注意的问题

（1）土地不折旧。

（2）在建工程尚未达到使用标准前不计提折旧。

（3）已确定被处置的资产不再计提折旧。

（4）租赁物改良采用直线法折旧，且折旧期为租赁期（包括之后的延期）和可使用年限中较短者。

【例题】请问下列哪一项不该包括在可折旧资产的成本里面？（　　）

A. 平整土地以使其能为公司所用而发生的成本

B. 把新设备运至公司的生产场地而发生的运费

C. 在新的建筑物的修建期间实际发生的利息成本

D. 在公司的土地上修建一条车道所发生的成本

【解析】土地不需要折旧，所以答案为 A。

二、无形资产

（一）定义与特征

无形资产是指企业拥有或控制的，没有实物形态的可辨认非货币性资产。无形资产具有以下特征：

（1）不具有实物形态。

（2）不是金融工具。

（二）无形资产的类型

无形资产的类型，如表 5 – 13 所示。

表 5 – 13　　　　　　　　　　　　无形资产的类型

无形资产类型	举例
市场类	商标、因特网域名、公司名称、未完成协议，大多数市场类无形资产使用寿命不确定，无须摊销
客户类	客户名单、订单或待生产列表、客户关系等，大多数客户无形资产有使用寿命，需摊销
艺术类	书籍、电影、话剧、诗歌、音乐肖像等，这类授予个人版权有效期限70 年，需摊销
合同类	建造许可、转播权、专营权、许可证协议
技术类	专利技术、商业秘密以及其他创新技术；与产品或工艺专利相关的研究与开发费用必须费用化
商誉	购买公司所支付的价款与公司可辨认资产公允价值之间的差额

【注意】国际财务报告准则定义无形资产为"无实物形态的可辨认的非货币资产"，因此商誉并不是可辨认的无形资产；而美国通用

会计准则定义无形资产为"缺乏实物形态的资产（除了金融资产）"，按照这个定义，无形资产包括商誉。注意两者区别。

（三）无形资产的初始计量

（1）外购无形资产。以初始取得成本加上其他额外费用（如法律费用）登记入账；如果是通过股票或其他非货币性资产交换取得的无形资产，按照换出资产的公允价值或换入无形资产的公允价值中更可靠的一方登记入账；如果无形资产是"一揽子"交易中的一部分，则将交易总价款按照收到资产的相对公允价值进行分配。

（2）自创无形资产。只有与自创专利相关的直接成本（如法律费）才可以资本化，研究与开发支出（R&D）在发生时原则上费用化（例外情况：因外部销售或内部自用而开发的计算机软件）。

【注意】与国际财务报告准则不同，美国通用会计准则规定研究与开发原则上都应该费用化，但要求涉及软件开发相关的费用资本化；而国际财务报告准则规定研究阶段费用化，开发阶段满足一定条件可以资本化。

（3）企业合并产生的研发支出仅当能够明确产生未来经济利益时可以资本化。

（4）关于不同类型的无形资产的会计初始计量总结如图5-2所示。

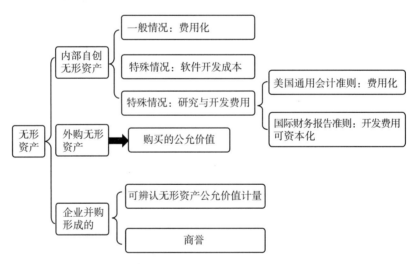

图5-2 不同类型的无形资产的会计初始计量总结

（四）无形资产的后续计量

1. 情形一：有使用寿命的无形资产

（1）应在使用寿命内合理摊销，无形资产摊销是指对使用寿命有限的无形资产在其预计使用期限内，系统地分摊其成本的过程。无形资产摊销的目的是在资产的使用寿命内合理地分配其成本，以反映资产的使用和价值消耗。

（2）应采用直线法摊销，除非有合理方式证明其他摊销方式。

（3）摊销方式与固定资产相同。

（4）无形资产的残值通常为零，但无形资产在使用寿命结束时如果对第三方来说还有价值的除外（如第三方结束时承诺购买）。

2. 情形二：没有使用寿命的无形资产

（1）无法预见未来经济利益流入的期限时，不应摊销。

（2）但每年需要进行减值评估。

【案例】假设一家企业在 2020 年 1 月 1 日购买了一项专利权，成本为 120 000 美元，预计使用寿命为 10 年，无残值。企业决定使用直线法进行摊销。

在购买专利权时，企业会将其成本记录在无形资产账户下，即无形资产初始确认 120 000 美元，后续使用直线法摊销，每年的摊销额为成本除以使用寿命。年摊销额 = 12 000 美元/年摊销额 = 10 年 = 12 000 美元/年，并计入管理费用账户。

第四节

流动负债

流动负债（current liabilities）的会计定义是指企业在未来 12 个月内或一个经营周期内（如果经营周期超过 12 个月）需要偿还的债务。流动负债是企业负债的一部分，反映了企业在短期内需要履行的偿债义务。表 5 - 14 为流动负债的主要类型与核算规则。

表 5 - 14　流动负债的主要类型与核算规则

流动负债主要类型	主要核算规则
应付账款	赊购商品欠供应商的货款，按照所欠金额记账
应付票据	可以是短期负债/长期负债；可以是带息/零息票据
长期债务的流动部分	长期负债中需要一年内偿还的部分；但预期不需要用流动资产偿还的流动负债不在流动负债中列示，例如，用累计长期资产账户偿还的；可转换股本的
将重新融资的即将到期债务	证明有能力进行再融资（通过修改清偿条款，达成再融资协议的话）这部分债务应该在长期负债项目中列示，只有即将到期债务大于再融资的部分才划分为流动负债

续表

流动负债主要类型	主要核算规则
应付股利	董事会宣告发放现金或财产股利时，确认为流动负债，实际支付时负债消失；股票股利不会产生负债
可退回的收款和定金	收到客户或员工支付的可退回收款或定金时确认为一项负债；可以流动/非流动（取决于清偿时间），如对绩效或财产损失清偿
未实现或递延收入	收到现金时，贷记"未实现收入"账户；实际提供劳务或发出商品时，借记"未实现收入"，贷记"收入"
应交税费	经营形成的应交营业税或应交所得税
员工相关	员工工资、带薪休假、退休福利、应付奖金等
预计负债	保修费用、保险费和优惠券

一、预计再融资（refinanced）的短期债务

（1）更多的公司倾向于将负债披露为非流动负债，而不是短期负债，这样可以改善财务报告的流动性状况并降低企业面临的流动性风险。

（2）在资产负债表日的一年内到期的负债可以重新分类为非流动负债，不过必须符合一定的标准：根据美国通用会计准则规定，如果一家公司既有意图又有能力为具有长期义务的短期债务进行再融资，该债务可以被列报为非流动负债。

（3）证明能力的方式：公司必须确实为债务做长期的再融资；与可行的贷款人签订不可撤销的融资协议；发行股票证券取代其债务。

【例题】某公司有 10 000 万美元的债务在第三年的 3 月到期。在第二年 12 月，该公司与其债权人签订了一份不可撤销协议，以同样的利率为债务进行再融资，而全额本金则在第五年的 12 月到期。此债务在该公司第二年 12 月的资产负债表上应如何归类？（　　）

A. 流动负债

B. 长期负债

C. 资产负债表以外的负债

D. 或有负债

【解析】正确答案为 B。公司与其债权人签订了一份不可撤销协议，本金在第五年的 12 月到期，可以重分类为非流动负债（长期负债）。

二、保修费用

保修费用/质量保证条款（warranties）属于或有损失。根据配比

原则，与某类产品相关的保修费用相关的成本在相关产品销售期间计入费用，同时确认负债。过去的经验可以作为预估的依据，计算并预计保险费用，产品维修或更换成本的估计费用。在保修期内的产品发生的实际的维修成本减少预计负债。

（一）新收入准则对保修费用（质量保证条款）的考虑

《FASB 会计准则汇编 606 号主题——来自客户合同的收入》（Topic 606）中规定，在收入确认时要求公司区分保证产品履约（performance）型保修费用和服务型（service-type）的保修费用。在评估是否是单项履约义务，以及为客户提供除了保证产品符合认可的规范之外的服务时，应考虑：

（1）质量保证条款（保修费用）是否是法律上要求的。如果法律上要求提供保修服务，则不是一项单独的履约义务（是法定要求）。

（2）保修期的长短。覆盖的保修期越长，越有可能是单项履约义务。

（3）企业承诺履行任务的性质。如果企业必须履行某些特定的任务以保证所转让的商品符合既定标准（例如，企业负责运输被客户退回的瑕疵商品），则这些任务可能不构成单项履约义务。

【例题】A 公司与客户签订合同，销售一部手机，该手机自售出起一年内如果发生质量问题，甲公司负责提供质量保证服务。此外，在此期间，由于客户使用不当（如手机进水）等原因造成的产品故障，甲公司也提供维修服务。该维修服务不能单独购买。

【解析】本例中 A 公司的承诺包括：销售手机、提供质量保证服务以及维修服务。其中，提供质量保证服务是为了满足既定标准，因此不构成一项履约义务；维修服务属于既定标准之外的单独服务，与手机明确可区分，应作为单项履约义务。所以该合同下有两项履约义务：销售手机和提供维修服务。

（二）保修费用的账务处理

1. 方法一：现金基础核算（cash basis）

（1）适用情形：无法估计负债是否发生；无法合理估计负债的金额；保修费用不重大，保修期限很短。

（2）税法上唯一允许采用的方法。

（3）会计处理。销售期间无须确认保修责任，在发生时确认。

2. 方法二：权责发生制的成本法（cost accrual）

（1）适用情形。保修责任很可能发生，能够合理估计发生的保修费用。

（2）如果保修服务可以单独出售（构成单项履约义务），延长保修期限产生的收入作为递延处理，通常按照直线法在整个保修期内摊销确认。

【案例】A公司在第一年年末向100位客户单独出售了保修服务（服务型，构成单项履约义务），价格为100美元一份服务，提供2年的保修期限。

按照权责发生制的成本法，第一年年末，公司确认10 000美元的未赚取收入，按照直线法，公司在第二年和第三年年末确认各5 000美元的收入。

三、流动负债的估价

（1）理论上，流动负债按照未来现金流现值入账，但流动负债由于面值与现值之间差距不大，通常按照到期价值或面值登记入账。

（2）或有利得账务处理：不在账簿中登记（不确认收入），但如果利得很可能发生时，可以在财务报表附注中披露。

（3）或有损失的账务处理：如应收账款无法收回风险、保修费用、保险费用、未决诉讼等或有事项。资产负债表日如果很可能发生时并且损失金额能够合理估计时，在账簿中登记为"或有负债"。

【例题】I公司在两起诉讼中都是原告。在第一起诉讼中，某个竞争对手精确地仿制了I公司的某一产品，I公司正在进行专利侵权的诉讼。律师估计将会收到5 000 000美元的赔偿，但是预计此案还要拖2~3年才能最终有结果。第二起诉讼也和专利侵权有关，但是在这个案件中律师并不认为I公司握有强有力的证据。估计赢的机会为50%。如果能赢，补偿金额将会在250 000~1 000 000美元之间。请问计入或有收益的最恰当的金额会是多少？（ ）

A. 0美元

B. 5 000 000美元

C. 5 125 000美元

D. 5 250 000美元

【解析】正确答案为A。或有利得不确认收入。

【例题】请问下面哪一项或有损失该计入负债，而不是在财务报表附注中披露？（ ）

A. 债务担保

B. 以前年份核定的附加所得税存在纠纷（此纠纷正在进入诉讼程序）

C. 结果不确定的未决诉讼

D. 已成为企业日常业务组成部分的售后服务或是产品质量担保

【解析】正确答案为 D。已成为企业日常业务组成部分的售后服务或是产品质量担保需要计入或有负债。

第五节

长期负债和应付债券

在会计核算中，长期负债包括应付债券是企业财务报表中重要的组成部分，它们涉及企业为筹集长期资金而产生的债务。以下是长期负债和应付债券的一些关键会计核算规则。

一、长期负债

（1）长期负债是指企业承担的，偿还期在一年或超过一年的一个营业周期以上的债务。包括长期借款、应付债券、长期应付款等。

（2）长期负债的核算需要考虑到货币的时间价值，其价值应根据未来必须支付的本金和所有利息之和按适当的贴现率的折现值之和来确定。

（3）长期负债可以根据筹集方式、偿还方式以及是否有抵押等不同标准进行分类。

（4）对于长期借款，企业在资产负债表日或之前违反了长期借款协议，导致贷款人可随时要求清偿的负债，应当归类为流动负债。如果贷款人同意提供在资产负债表日后一年以上的宽限期，在此期限内企业能够改正违约行为，且贷款人不能要求随时清偿的，该项负债应当归类为非流动负债。

二、应付债券

（1）应付债券是指企业为筹集长期资金而发行的债券及应付的利息。它是企业筹集长期资金的一种重要方式。

（2）企业发行债券的价格受市场利率的影响较大，一般情况下，企业可以按面值发行、溢价发行和折价发行债券。

（3）企业应设置"应付债券"科目，并在该科目下设置"债券面值""债券溢价""债券折价""应计利息"等明细科目，核算应付债券发行、计提利息、还本付息等情况进行具体的会计核算。

第六节

收入确认原则

一、收入确认的基本原则

收入准则的目标是确立企业在向财务报表使用者提供关于客户合同所产生的收入及现金流量的性质、金额、时间分布和不确定性等相关有用信息时应运用的原则，规范收入确认、计量和相关信息披露的要求。

收入准则明确收入确认的核心原则是：企业确认收入的方式应当反映其向客户转让商品（或提供服务）的模式；收入的金额应当反映企业转让这些商品（或服务）而预期有权收取的对价金额。

收入准则适用于所有与客户之间的合同，但长期股权投资、合营安排、企业合并、金融工具、租赁、保险等准则规范的除外。

二、收入会计准则中的相关专业术语解释

收入会计准则中的相关专业术语解释，如表 5 – 15 所示。

表 5 – 15 专业术语解释

专业术语	相关解释
合同	是指双方或多方之间订立有法律约束力的权利义务的协议。合同有书面形式、口头形式以及其他形式
客户	是指与企业订立合同以向该企业购买其日常活动产生的商品或服务（以下简称"商品"）并支付对价的一方
合同资产	指企业已向客户转让商品而有权收取对价的权利，且该权利取决于时间流逝之外的其他因素，例如履行合同中的其他履约义务
合同负债	指企业已收或应收客户对价而应向客户转让商品的义务
应收款项	代表企业无条件收取已经交付给客户商品或服务对价的权利。只有合同对价到期支付之前仅仅随着时间的流逝即可收款的权利，才是无条件收款权

三、收入确认和计量的步骤

收入确认和计量的五个步骤，如图 5 – 3 所示。

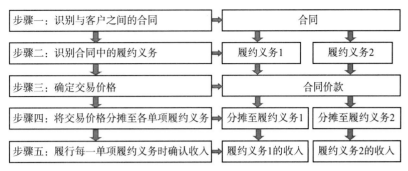

图5-3　收入确认和计量步骤

（一）步骤一：识别与客户之间的合同

1. 合同的定义

合同是指双方或多方之间订立有法律约束力的权利义务的协议。合同有书面形式、口头形式以及其他形式。

2. 收入确认的前提条件（合同的成立）

（1）合同各方已经批准该合同并承诺会履行各自义务。

（2）合同明确了各方与转让商品（或提供服务）的相关权利和义务。

（3）合同有明确的付款条件。

（4）合同具有商业实质。

（5）企业很可能收回对价。

3. 合同的合并

与同一客户（或该客户的关联方）同时订立或在相近时间内先后订立的两份或多份合同，满足下列条件之一时，应当合并为一份合同进行会计处理：

（1）基于共同的商业目的并为"一揽子"交易而订立。

（2）该两份合同或多份合同中的一份合同的对价取决于其他合同的定价或履约情况。

（3）所承诺的商品（或服务）（或每份合同中所承诺的部分商品或服务），是一系列实质相同且转让模式相同、可明确区分商品（或服务）的承诺。

4. 合同的变更

合同的变更，是指经合同各方同意对原合同范围或价格（或两者）作出的变更。合同变更可能存在三种情形：

（1）合同变更部分作为单独合同进行会计处理。

（2）合同变更作为原合同终止及新合同订立进行会计处理。

（3）合同变更部分作为原合同的组成部分进行会计处理。

（二）步骤二：识别合同中的履约义务

合同开始时，企业应当对合同进行评估，识别该合同所包含的各单项履约义务。履约义务是指合同中企业向客户转让可明确区分商品的承诺。具体的区分原则如图 5-4 所示。

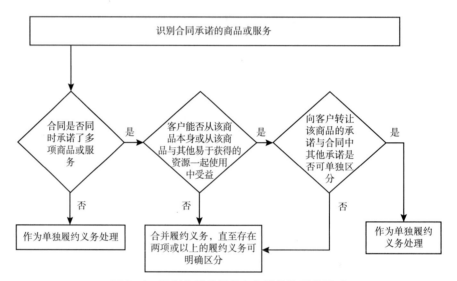

图 5-4 识别合同的履约义务的具体区分原则

（三）步骤三：确定交易价格

交易价格，是指企业因向客户转让商品而预期有权收取的对价金额。企业代表第三方收取的款项以及企业预期将退还给客户的款项，应作为负债进行会计处理，不计入交易价格。合同价格不代表交易价格，企业应当根据合同条款、并结合以往的习惯做法等确定交易价格。交易价格的确定涉及可变对价、重大融资成分、非现金对价、应付客户对价等场景（见图 5-5）。

（四）步骤四：将交易价格分摊至各单项履约义务

1. 总体分配原则

（1）在合同开始时，对每一履约义务所对应的货物或服务的单独售价予以确认，并以此为基础对合同交易价格进行分割。

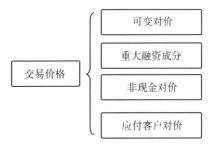

图 5 - 5　交易价格场景

（2）企业不得因合同开始日之后单独售价的变动而重新分摊交易价格。

2. 单独售价的确定

（1）优先选择（最佳证据）。企业在相似环境下向相似客户单独销售该商品（或提供该服务）的可观察价格；

（2）次优选择。如果商品或服务不具有可观察的单独售价，管理层需要对售价进行估计，综合考虑其能够合理取得的全部相关信息，可能的估计方法包括：

①市场评估调整法（adjusted market assessment approach）。

②预期成本加成法（expected cost plus a margin approach）。

③余值法（residual approach）。只有在商品近期售价波动幅度巨大，或者因未定价且未曾单独销售而使售价无法可靠确定时才可使用。

3. 分配交易价格案例

【案例】ABC 公司与客户签订合同，以 100 美元的价格销售 A、B 和 C 三种产品。每种产品的履约责任在不同的时点完成。公司通常单独销售产品 A，这意味着产品 A 具有单独销售该商品的可观察价格。产品 B 和产品 C 没有单独销售该商品的可观察价格，这意味着公司要去评估它们。ABC 公司对产品 B 采用市场评估调整法，对产品 C 采用预期成本加成法，具体如表 5 - 16 所示。

表 5 - 16　　　　　　　　ABC 公司产品类型与估价方法

产品	估计的标准销售价格（美元）	采用的方法
A	50	直接观察法
B	25	市场评估调整法
C	75	预期成本加成法

客户以 100 美元的价格购买价值 150 美元的捆绑产品（A、B 和

C），这种情形下，50 美元的折扣按照表 5 - 17 中所示比例分配给三种产品。

表 5 - 17　　　　　　　　ABC 公司产品价格折扣分配情况

产品	分配的交易价格（美元）	计算的方法（美元）
A	33	$(50 \div 150) \times 100$
B	17	$(25 \div 150) \times 100$
C	50	$(75 \div 150) \times 100$

（五）步骤五：履行每一单项履约义务时确认收入

1. 收入确认标准

（1）以客户获得已承诺的商品或服务的控制权为标准。

（2）将合同中已承诺的货物或服务的控制权转移给客户时确认收入。取得相关商品（或服务）控制权是指能够主导该商品（或服务）的使用并从中获取全部的经济利益。

（3）在确认收入时需先区分履约义务是在一段时间内或者是在某一时点上完成，若履约义务在一段时间内完成，需要选择适当的方式在评估履约义务的完成进度以及相应需确认的收入比例。

2. 在一段时间内确认收入还是某一时点确认收入的区分的三大标准

具体的收入确认标准判断流程参考图 5 - 6。

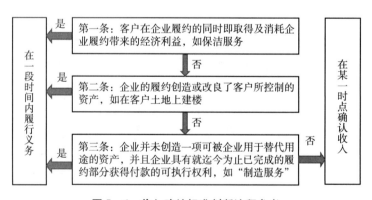

图 5 - 6　收入确认标准判断流程参考

【例题】公司与客户签订一份为期一年的月度工资处理服务合同。

【解析】在本例中，工资处理服务被视为满足在一段时间内完成的单项履约义务，因为客户在企业履约的同时（每项交易被处理）

即取得和消耗企业履约带来的经济利益（处理每笔工资交易）。

【例题】甲企业与客户签订合同，在客户拥有的土地上按照客户的设计要求为其建造厂房。在建造过程中客户有权修改厂房设计，并与甲企业重新协商设计变更后的合同价款。客户每月月末按当月工程进度向甲企业支付工程款。如果客户终止合同，已完成建造部分的厂房属于客户所有。

【解析】在该案例中，符合图5-6中第二条标准：企业的履约创造或改良了客户所控制的资产，所以应该在一段时间内确认收入。

【例题】甲公司与乙公司签订合同，针对乙公司的实际情况和面临的具体问题，为改善其业务流程提供咨询服务，并出具专业的咨询意见。双方约定，甲公司仅需要向乙公司提交最终的咨询意见，而无须提交任何其在工作过程中编制的工作底稿和其他相关资料；在整个合同期间内，如果乙公司单方面终止合同，乙公司需要向甲公司支付违约金，违约金的金额为甲公司已发生的成本加上15%的毛利率，该毛利率与甲公司在类似合同中能够赚取的毛利率大致相同。

【解析】在该案例中，满足图5-6中第三条标准：企业并未创造一项可被企业用于替代用途的资产，并且企业具有就迄今为止已完成的履约部分获得付款的可执行权利。

3. 在一段时间内确认完成履约义务时履约进度的确认

履约进度确认方法的解释和缺点，如表5-18所示。

表5-18　　　　　履约进度确认方法的解释和缺点

确定履约进度的方法	相关解释	缺点
投入法 （input methods）	通常可采用投入的材料数量、花费的人工工时或机器工时、发生的成本和时间进度等投入指标确定履约进度	投入与商品或服务的控制权转移给客户之间可能没有直接关系
产出法 （output methods）	通常可采用实际测量的完工进度、评估已实现的结果、已达到的里程碑、时间进度、已完工或交付的产品等产出指标确定履约进度	使用的产出指标不一定可以直接观察

【例题】一个从事健身俱乐部的公司与客户签订为期一年的合同，允许客户进入任何一家健身俱乐部。客户承诺每月支付100美元，就可以无限制次数地使用健身俱乐部。

【解析】在本例中，对客户的承诺是提供使健身俱乐部可用的服务，以便客户在需要时使用。顾客使用健身俱乐部的程度并不影响公司有权得到剩余服务的金额。因此，当公司提供健身俱乐部的可用服务时，客户同时取得并消耗企业履约带来的经济利益，属于在一段时间内完成履约义务。

因此，在一段时间内完成履约义务的最佳计量方法是以时间为基础的计量，公司在全年以直线为基础每月确认 100 美元的收入。

【例题】2×19 年 10 月，甲公司与客户签订合同，为客户装修一栋办公楼，包括安装一部电梯，合同总金额为 100 万美元。甲公司预计的合同总成本为 80 万美元，其中包括电梯的采购成本 30 万美元。2×19 年 12 月，甲公司将电梯运达施工现场并经过客户验收，客户已取得对电梯的控制权，但是根据装修进度，预计到 2×19 年 2 月才会安装该电梯。截至 2×19 年 12 月，甲公司累计发生成本 40 万美元，其中包括支付给电梯供应商的采购成本 30 万美元以及因采购电梯发生的运输和人工相关成本 5 万美元。

假定该装修服务（包括安装电梯）构成单项履约义务，并属于在某一时段内履行的履约义务，甲公司是主要责任人，但不参与电梯的设计和制造，并且甲公司采用成本法确定履约进度。

【解析】2×19 年 12 月，该合同的履约进度为 20%[（40−30）÷（80−30）]，应确认的收入和成本金额分别为 44 万美元[（100−30）×20%+30]和 40 万美元[（80−30）×20%+30]。

4. 在某一时点上完成履约义务

对某一时点上完成的履约义务，企业应当在客户取得相关商品控制权的时点确认收入。判断时应当考虑以下迹象：

（1）企业就该商品享有现时收款权利，即客户就该商品负有现时付款义务。

（2）企业已将该商品的法定所有权转移给客户，即客户已拥有该商品的法定所有权。

（3）企业已将该商品实物转移给客户，即客户已实物占有该商品。

（4）企业已将该商品所有权上的主要风险和报酬转移给客户，即客户已取得该商品所有权上的主要风险和报酬。

（5）客户已接受该商品。

四、收入确认原则应用于不同交易类型

（1）销售商品。销售商品的收入通常在商品的控制权转移给买方时确认。这可能发生在商品交付、通过验收测试或客户接受商品时。控制权的转移意味着买方能够主导商品的使用，并从中获得几乎全部的经济利益。例如，对于一般商品销售，收入准则明确了商品销售收入确认的五项条件，包括风险和报酬的转移、收入可靠计

量等，并逐条详细阐述。

（2）提供服务。对于提供服务的收入，通常根据服务完成的进度来确认。这可能涉及对服务提供过程中的投入（如人工小时、成本或时间）或产出（如服务提供的价值）进行评估。例如，咨询服务或技术支持服务可能根据已完成的工作量来确认收入。

（3）租赁收入。租赁收入的确认取决于租赁的性质。对于经营租赁，租赁收入通常在租赁期内根据租赁期限平均确认。而对于融资租赁，出租方可能在租赁开始时或整个租赁期内确认大部分收入。

（4）特许权使用费。特许权使用费收入通常根据合同约定的使用期限或产生的收入来确认。如果合同规定了固定的使用费，那么这些费用可能在服务提供期间或在满足特定条件时确认。如果使用费与销售或使用量挂钩，那么收入可能在相关销售或使用发生时确认。

（5）售后回购。在售后回购交易中，企业销售商品的同时承诺或有权选择日后再将该商品购回。在这种情况下，如果企业有回购义务或有回购选择权，控制权可能没有转移，销售可能被视为租赁或融资交易处理。

（6）附有销售退回条款的销售。对于附有销售退回条款的销售，企业需要估计退货的可能性，并在商品控制权转移时确认相应的负债。收入确认将考虑预期退货的影响。

（7）附有质量保证条款的销售。如果质量保证构成单项履约义务，企业应在履行该义务时确认收入。如果质量保证不构成单项履约义务，企业应在商品控制权转移时确认收入，同时考虑预期履行质量保证的成本。

（8）主要责任人与代理人。在确定是主要责任人还是代理人时，企业需要评估在向客户转让商品前是否拥有对该商品的控制权。这将影响收入确认的时点和金额。

这些原则的应用需要结合具体的合同条款和交易实质，以确保收入的准确确认。在实际操作中，企业应根据收入会计准则的要求，细致地分析和应用这些原则。

五、收入支出配比原则

配比原则，是指在会计期间内，将同一期间内产生的收入和相关成本、费用进行匹配，以准确计算该期间的净收益。配比原则的目的是确保收入与其对应的成本和费用在相同会计期间得到确认，从而提供更可靠的财务报表。

配比原则的应用包括：

（1）因果配比。直接成本（如直接材料、直接人工）与产生的收入直接配比。

（2）时间配比。期间费用（如销售费用、管理费用）与特定会计期间的收入配比。

收入与支出配比原则是会计核算的基本原则之一，它要求企业在确认收入的同时，必须确认为产生这些收入所发生的相关成本和费用。这一原则有助于避免利润的高估或低估，确保利润计量的准确性。

【案例】假设 ABC 公司是一家提供专业咨询服务的公司。在 2024 年第一季度，公司与客户签订了一项价值 100 000 美元的咨询服务合同。根据合同，服务将在第一季度内完成，客户将在服务完成后一次性支付全部费用。

ABC 公司为完成这项服务，预计需要支付直接人工成本 30 000 美元（直接成本）。同时，公司还将产生与服务相关的其他费用，如差旅费、材料费等，预计为 10 000 美元（间接成本）。此外，公司在第一季度还会产生固定管理费用 20 000 美元，这部分费用与特定服务合同无关，属于期间费用。

按照收入与支出配比原则的应用：直接人工成本 30 000 美元将直接与咨询服务收入配比，因为这些成本是为提供该项服务而直接发生的（因果配比）。间接成本 10 000 美元（如差旅费、材料费）也与咨询服务收入相关，应在服务提供期间进行配比。固定管理费用 20 000 美元作为期间费用，与特定会计期间的收入配比，而不是与特定服务合同的收入配比（时间配比）。

第七节

权益性交易

一、股东权益包括的项目

股东权益（所有者权益）是指公司股东对公司净资产（资产减去负债）的索取权，主要包括以下项目：

（1）股本（法定资本）。

（2）资本公积/额外缴入资本（additional paid-in capital）。

（3）留存收益（retained earnings）。

（4）累计其他综合收益（accumulated other comprehensives income）。

（5）库存股（treasury stock）。

当公司需要编制合并财务报表时，少数股东权益/非控制性权益

（non-controlling interest）必须在权益中列示。股东权益包括的类型与内容总结如图 5 - 7 所示。

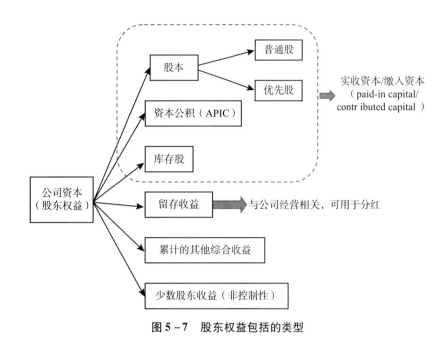

图 5 - 7　股东权益包括的类型

二、股本/法定资本

股本/法定资本（capital stock/legal capital）是指普通股或优先股的面值或设定的价值（设定面值），通常称为股本。

（一）面值（par value）

（1）优先股通常以面值发行，普通股的发行可能有面值，也可能没有面值。

（2）没有面值的普通股可能作为真正无面值（没有约定面值）的普通股发行，也可能作为无面值但有设定面值（stated value）的股票发行。

（3）股票发行实际收到的金额任何超过面值或设定的面值部分计入资本公积。

（二）核定股本、已发行股本和流通在外的股本

（1）核定股本（authorized stock）。核定股本，是指公司章程（charter）规定可以合法发行的每种股票最大发行数量（授权发行的资本）。

（2）已发行股本（issued capital stock）。公司的核定股本部分或全部发行后，称为已发行的股本。

（3）流通在外的股本（outstanding capital stock）。由于公司可能以库存股形式拥有一部分自己公司已发行的股票，因此，只有属于流通股股东的股票金额才是流通在外的股本（已发行股本扣除库存股）。

总的来说，股本可能是：第一，核定股本；第二，核定股本和已发行股本；第三，核定股本、已发行股本和流通在外股本。每种类型的核定资本、已发行股本和流通在外股本的数量必须披露。

（三）普通股

普通股（common stock）是公司发行的一种股票，持有普通股的股东称为普通股股东。普通股是最常见且风险相对较高的股票类型，因为普通股股东的权利排在其他所有权利持有人之后。普通股的特征包括：

（1）投票权。普通股股东通常有权在公司股东大会上投票，参与公司的决策过程，比如选举董事会成员、批准重大公司事务等。

（2）收益权。普通股股东有权获得公司利润的分配，即股息。但是，股息的分配取决于公司的盈利状况和董事会的决定，没有固定的支付义务。

（3）剩余价值索取权。在公司清算时，普通股股东的权利排在债权人、优先股股东和其他权利持有人之后，只能在其他权利持有人的索赔被满足后，才能从剩余资产中获得分配。

（4）风险性。由于普通股股东的权利排在最后，因此他们承担了较高的投资风险。

普通股的每股账面价值为普通股股东权益除以流通在外的普通股数量。

> 每股账面价值＝普通股股东权益÷流通在外的普通股数量

普通股的股东权益计算公式如下：

> 普通股股东权益＝总的所有者权益－流通在外的优先股
> －未支付的累计优先股股息

（四）优先股

1. 优先股的特征

优先股（preferred stock）是公司发行的另一种股票，持有优先股的股东称为优先股股东。优先股通常提供比普通股更稳定的收益，但权利相对较少。优先股的特点包括：

（1）股息优先权。优先股股东通常有权获得固定的股息，这种股息支付通常在普通股股东之前。优先股的股息通常是固定的，类似于债券的利息支付。

（2）清算优先权。在公司清算时，优先股股东的权利排在债权人之后，但在普通股股东之前。他们可以从清算资产中优先获得分配，通常按照一定的面值或约定的价格。

（3）投票权限制。优先股股东通常没有投票权，或者只有在某些特定情况下（如修改优先股条款时，或没有支付优先股股息达到一定年限时）才有投票权。

（4）可转换性。有些优先股是可转换的，这意味着优先股股东可以选择将他们的股份转换为一定数量的普通股，这为投资者提供了额外的灵活性。

（5）稳定性。由于优先股提供固定的股息和优先的清算权利，因此相对于普通股，优先股的风险较低。

2. 优先股的类型

（1）累积优先股（cumulative preferred stock）。如果优先股的部分或全部股利在任何年度未支付，必须在支付给普通股股东之前支付累积的金额。累积的金额是指未支付的股利（dividends in arrears）。未支付的股利并不是一个法定的义务，但是必须在资产负债表或附注中披露。

（2）非累积优先股（non-cumulative preferred stock）。对于非累积优先股，任何年度未支付的股利不累计，即公司本期盈利不足以支付优先股股息时，不予累积。

（3）参与型优先股（participating）。在普通股股东的股利超过一定水平后，优先股股东可以参与普通股股利的分配（参与二次分配）。

（4）非参与型优先股（non-participating）。优先股股东的股利只限于优先股股利，不能再参与普通股股东的股利。

（5）可转换优先股（convertible）。优先股的持有者在一定条件下可以以一定转换率转换为普通股。

（6）可赎回优先股（callable/redeemable）。优先股的发行人在一定条件下可以以一定的价格回购优先股。

（7）法定可赎回优先股（mandatorily redeemable）。法定可赎回优先股发行时通常有赎回到期日，在到期日，公司有法定义务必须回购。法定可赎回优先股应该被分类为负债（非权益）。

（五）资本公积

资本公积（additional paid-in capital）通常是收到的资本超过面值或设定/约定面值部分，也可能来自不同的交易，例如：

（1）库存股的销售收益。

（2）准改组/会计重组（quasi-reorganization）。所谓准改组，指不必经过法院宣告解散而正式进行改组，仅由公司内部自己调整资产与资本的会计基础，公司对外的权利义务关系一概不受影响。事实上，准改组可以说只是一种会计上的改组，对某些资产、法定资本及留存利润账户的"重新开始"记载（如通过注册资本弥补留存收益的亏损，然后重新开始），所以准改组又称为假改组。

（3）可转换债券或优先股转化为普通股。

（六）留存收益

留存收益（retained earnings），是指公司在利润表中确认，尚未以股利形式支付给公司股东的累计收入金额。

经营盈利是留存收益的主要来源，其他会影响留存收益的事项包括前期调整、股利分配、库存股事项，准改组等相关事项。

留存收益通常有指定用途的留存收益与非指定用途的留存收益两种类型：

（1）指定用途（appropriated）的留存收益。是指用于特殊目的的留存收益，如工厂扩张或债务清偿，与债券相关的限制条款，或有损失等原因，公司可能指定留存收益用途或限制留存收益。指定用途的留存收益需要董事会成员的审批通过，并在资产负债表中列示。成本或损失不能直接计入指定用途的留存收益。

（2）非指定用途的留存收益。是指没有用于特殊目的的留存收益。

（七）累计其他综合收益

累计的其他综合收益（accumulated other comprehensive income）是指企业在一定会计期间内，根据会计准则规定未在当期损益中确认的各项利得和损失的累计总额。这些利得和损失通常不直接影响当期的利润表，而是直接计入所有者权益。美国通用会计准则的累积的其他综合收益主要包括：

（1）养老金的调整。

（2）可供出售证券的利得与损失。

（3）外币折算调整。

（4）现金流套期保值有效套期部分的递延收益或损失。

国际财务报告准则下的累计其他综合收益还包括资产重估增值。

（八）库存股

库存股（treasury stock），是指公司通过购入、赠与或其他方式重新获得的已公开发行的股票，这些股票可再次进行出售或注销。库存股在公司的资产负债表上，不列为公司资产，而是以负数形式列为一项股东权益。库存股股票既不分配股利，也不附投票权。

库存股核算的两种方法：成本法和面值法。两种方法的主要差异：确认库存股"利得与损失的"的时间。两种方法的相同点：利得和损失都被记录为股东权益的直接调整项，并不包括在净利润中；库存股都不能计入流通在外的普通股。

（九）股利的分配

1. 股利分配的类型

股利分配是指公司将其部分利润以现金或额外股份的形式分配给股东的过程。股利分配是公司与股东分享盈利的方式之一，也是投资者获得回报的重要途径。以下是股利分配的主要类型：

（1）现金股利。从留存收益中分配，股利只能支付给核定的，已发行的和流通在外的股票，不能付给库存股（因为库存股无分红权）。

（2）财产股利。以财产、商品或投资（如证券）等非现金资产支付的股利，在股利宣告日，财产应该按照公允价值重新估价，并确认利得或损失。

（3）清算股利（liquidating dividends）。公司支付的股利超过留存收益时，即用资本公积（如不够，则为普通股或优先股的股本）发放股利。

（4）股票股利。对公司现有股东按照股权比例向其增发股票。股票股利分为小额股票股利和大额股票股利。

此外，除了常见的股利形式，股票分割（拆股）与反向分割（并股）也往往是上市公司比较常见行为，相关概念如表 5 - 19 所示。

表 5 - 19　　　　　　　　　股利分配类型及其影响

类型	定义	例子	财务报表影响	股票价格
股票分割（拆股）	按比例减少每股股票面值	例如，每股市价为 400 美元的 100 000 股股票，按照 1 股拆 4 股的形式分割，结果为市价 100 美元的 400 000 股股票	所有者权益总额不变，股票数量增加	降低股票价格
股票反向分割（并股）	按比例增加每股股票面值	例如，每股市价为 1 美元的 200 000 股股票，按照 20 股兑 1 股的形式合并，结果为市价 20 美元的 10 000 股股票	所有者权益总额不变，股票数量减少	增加股票的价格

2. 不同股利政策对财务报表主要项目影响

（1）不同股利的会计处理与财务报表影响，如表 5 - 20 所示。

表 5 - 20　　　　　　不同股利的会计处理与财务报表影响

股利形式	对财务报表的影响
现金股利	（1）宣告发放股利时：减少留存收益；增加应付股利 （2）发放股利时：减少货币资金，减少应付股利
财产股利	（1）将资产从账面价值调整到公允价值，确认利得或损失 （2）留存收益按照公允价值减少，实际发放时资产从财务报表中移除
清算股利	必须确定多少股利来自资本回报（实质相当于返还股东实收资本），以及多少股利来自利润分配（留存收益）
股票股利	（1）留存收益减少，增加实收资本（股本/资本公积），不影响总资产或所有者权益 （2）区分小额股票股利和大额股票股利： ①小额股票股利（发行股票数量小于 20% ~25%）：按公允价值减少留存收益，增加股本（面值），超过面值部分计入资本公积 ②大额股票股利（发行股票数量超过 20% ~25%）：按发行的面值减少留存收益，增加股本，不影响资本公积（视同股票分割）

（2）现金股利、股票股利、股票分割的对比，如表 5 - 21 所示。

表 5 - 21　　　　　　现金股利、股票股利、股票分割的对比

影响项目	现金股利	股票股利	股票分割
公司现金流	减少	不变	不变
股票数量	不变	增加	增加
每股价格	下降	下降	下降
股东权益总额	下降	不变	不变
股东权益结构	变化	变化	不变

【例题】以下哪一种交易会影响留存收益，但不会影响其他实收资本？

A. 小额股票股利公告

B. 降低可供出售投资的价值

C. 长期资产的减值

D. 使用成本法购买库存股票

【解析】正确答案为 C。长期资产减值会减少净利润，影响留存收益，但不影响实收资本（与投资者投入无关）。A 错误，小额股票股利会影响实收资本。B 错误，可供出售证券的未实现利得或损失影响的是累计的其他综合收益。D 错误，成本法购买库存股会影响实收资本。

【例题】经授权，F 公司可发行 1 000 000 股普通股，其中有 100 000 股为库藏股，剩余部分由公司股东持有。11 月 1 日董事会宣告了每股发放 0.10 美元的现金股利，定于 1 月 2 日支付。与此同时董事会还宣告于 12 月 31 日发放 5% 的股票股利。公告之日公司股票的每股售价为 10 美元，且无零散股发行。请问上述宣告发放总额中有多少是作为流动负债列在 F 公司年末资产负债表中的？

A. 90 000 美元

B. 100 000 美元

C. 540 000 美元

D. 600 000 美元

【解析】正确答案为 A。库存股不能分红，股票股利不会列示到资产负债表中，应付股利 = 900 000 × 0.1 = 90 000 美元。

【例题】请问股票分割将如何影响每股面值和所有者权益？

	每股面值	所有者权益
A.	减少	增加
B.	减少	不变
C.	增加	减少
D.	增加	不变

【解析】正确答案为 B。股票分割会增加股票数量，所以会减少每股面值，不会影响权益总额。

【例题】请问下列哪一项交易不会影响留存利润余额？

A. 宣告配发股票股利

B. 准改组（会计重组）

C. 宣告股票分割

D. 宣告发放财产股利

【解析】正确答案为 C。宣告股票分割不会影响留存利润的余额。

第八节

收益计量

一、利得与损失

（1）利得（gains）。非日常经营活动形成的收入大于成本的净额（收益减去账面净值）。确认为利得的资产与日常经营活动无关（例如，出售固定资产的利得），或不会导致费用的发生（例如，在公司的土地上发现黄金）。

（2）损失（losses）。非日常经营活动形成的收入小于成本的净额（收益减去账面净值）。确认为损失的资产与日常经营活动无关（例如，出售投资资产的损失），或不会导致收入的发生。

【案例】出售无形资产。ABC公司决定出售其一项无形资产，该资产的账面价值为100万美元，最终售价为120万美元。这笔交易对于该企业而言，是一个非日常活动。根据会计上利得的定义，这20万美元的差额（120万美元－100万美元）即为利得，因为它是由非日常活动（出售无形资产）形成的，且导致了所有者权益的增加。这20万美元将会计入企业的营业外收入，并在财务报表中单独列示。

【案例】固定资产报废损失。ABC公司的一台固定资产因技术落后且无法修复而决定报废。该固定资产的账面价值为500万美元，报废时通过拍卖仅获得200万美元的收入。此外，企业还支付了50万美元的清理费用。这笔交易同样是一个非日常活动。根据会计上损失的定义，这350万美元的差额（500万美元－200万美元＋50万美元）即为损失，因为它是由非日常活动（固定资产报废）发生的，且导致了所有者权益的减少。这350万美元将会计入企业的损失，并在财务报表中单独列示。

这两个案例分别展示了利得和损失在实际会计业务中的应用。需要注意的是，利得和损失通常不直接与企业的日常经营活动相关联，因此在财务报表中需要单独列示，以准确反映企业的财务状况和经营成果。

二、固定资产处置损益

固定资产的处置包括被出售和非出售方式（如以旧换新、报废、资产非自愿转换或废弃）等，会计处理原则如下：

第一，处置之前均应计提折旧，在固定资产处置日将全部相关账户的账面价值转出，处置时扣除折旧的账面价值与资产处置之间的差额确认为一项利得或损失。

第二，厂房正常处置利得或损失应该在利润表中的持续经营利润中列报，除非属于终止经营（列示在利润表的终止经营项目）或自然灾害等非自愿转换（列示在利润表的异常项目中）。

（一）销售

固定资产出售产生的盈利或亏损等于固定资产销售收入减去出售时资产账面净值。资产的账面净值为历史成本减累计折旧。

【案例】如果一家公司一台塑料挤出机，初始取得成本为 34 000 美元，在过去七年每年直线法计提折旧额 3 400 美元。在第八年 4 月 1 日，将塑料挤出机对外出售，售价为 10 000 美元。会计分录如下：

借：现金　　　　　　　　　　　　　　　　10 000

　　累计折旧——机器设备

　　　　（3 400 × 7 + 3 400 × 3/12）24 650

　　贷：固定资产——机器设备　　　　　　34 000

　　　　机器设备处置利得　　　　　　　　　　650

注：销售价格 - 账面净值 = 利得/损失；账面净值 = 原始成本 - 累计折旧。

（二）资产的非自愿转换

资产的非自愿转换（involuntary conversion）是指因洪水、火灾、地震、偷窃等原因导致的，这种事项从性质上来看不经常，不重复发生，形成的处置利得或损失应该在利润表中的异常项目中列示。

（三）废弃

废弃（abandonment）或报废的资产是指不能收回任何现金，其损失额等于资产的账面价值；如果收到任何的报废收益，则将报废收益与资产账面价值之间的差额确认为利得或损失。

（四）损耗

损耗（depletion）是指消耗的自然资源（如石油、天然气、木材等）成本分配到利润表的损耗费用中。

耗损的核算要设置一个耗损基础,计算耗损率。参考产量或工作量法将成本分摊各个期间。

三、费用确认

在财务会计中,费用确认(expense recognition)是指确定何时、以何种金额将本期发生的费用记录在会计账簿中。费用确认是会计循环中的一个重要环节,它直接影响到企业的财务状况和经营成果。以下是关于费用确认实践的理解,包括解释和示例。

(一)费用确认的原则

1. 权责发生制原则

费用应在发生时确认,而不仅仅是在支付时。这意味着,即使费用尚未支付,只要它已经发生且应由当期负担,就应在当期确认。

2. 配比原则

费用应与相关的收入相配比。即,为产生当期收入所发生的费用,应当确认为该期的费用。这一原则有助于更准确地反映企业在该期间的盈亏状况。

3. 划分收益性支出与资本性支出原则

某项支出的效益惠及几个会计年度(或几个营业周期)的,应予以资本化,不能作为当期费用。这一原则有助于确保资产价值的正确计量和产品成本的准确计算。

(二)费用确认的实践

1. 直接费用确认

与具体收入有直接因果联系的费用,应直接确认为当期的费用。例如,销售商品的成本应随同本期实现的销售收入而作为该期的费用。

【案例】某企业销售了100件商品,每件商品的成本为10美元,销售收入为2 000美元。则这1 000美元的销售成本应直接确认为当期的费用。

2. 间接费用确认

多个对象共同耗用的费用,应按一定的比例或系数分配到各个具体的对象中。例如，制造费用通常按生产工时、机器工时或直接材料成本等比例分配到各个产品上。

【案例】某企业本月发生制造费用10 000美元，生产A、B两种产品，其中产品A生产工时占总工时的60%，产品B生产工时占总工时的40%。则产品A应分配到的制造费用为6 000美元，产品B为4 000美元。

3. 期间费用确认

不与任何产品或劳务有直接因果联系的费用，如管理费用、销售费用和财务费用等，应直接确认为当期的费用。

【案例】某企业本月发生广告费用5 000美元，这笔费用不与任何具体产品或劳务相关，因此应直接确认为当期的销售费用。

4. 预提费用确认

对于已经发生但尚未支付的费用，如应付职工薪酬、应付利息等，应预提计入当期费用。

【案例】某企业本月应支付职工薪酬20 000美元，但尚未支付。根据权责发生制原则，这20 000美元应预提计入当期费用。

5. 待摊费用确认

对于已经支付但应由以后各期负担的费用，如预付保险费、预付租金等，应按受益期限分摊计入各期费用。

【案例】某企业一次性支付了一年的保险费12 000美元。则每月应分摊的保险费为1 000美元（12 000美元/12个月），并计入当期的费用。

（三）费用确认的重要性

正确的费用确认实践对于保证会计信息的真实性和可靠性至关重要。它有助于企业更准确地反映当期的经营成果和财务状况，为管理层的决策提供有力支持。同时，费用确认也是编制财务报表的基础之一，直接影响到利润表、资产负债表等核心财务报表的编制质量和可读性。

四、综合收益

综合收益（comprehensive income），是指企业在一定会计期间内，除所有者投入资本和向所有者分配利润等交易或事项以外，所有其他权益变动的总和。它不仅包括了企业在该期间内的净利润

（net income），还包括了直接计入所有者权益的其他综合收益（other comprehensive income，OCI）项目。

其他综合收益是指企业根据会计准则规定未在当期损益中确认的各项利得和损失。这些利得和损失扣除所得税影响后的净额，主要包括：

（1）可供出售金融资产的未实现损益。

（2）特定衍生金融工具的未实现损益（现金流套期保值有效套期部分的损益）。

（3）最低负债调整带来的退休金损失（养老金调整）。

（4）特定外币业务调整。

综合收益等于净利润与其他综合收益之和，其他综合收益既可以在合并利润表中列示，也可以在独立的全面收益表中列示，公式表达如下：

> 综合收益 = 净利润 + 其他综合收益（OCI）

【例题】请问以下哪一项不该包含在年度报告的其他综合收益中？（　　）

A. 外币折算（translation）调整

B. 外币重估（remeasurement）损益

C. 可供出售证券的未实现持有损益

D. 养老金负债超过未确认的前期服务成本之数

【解析】正确答案为 B。美国通用会计准则下，外币的折算调整采用现行汇率法，折算调整计入其他综合收益，而外币重估的损益计入当期损益。

五、终止经营

根据美国财务会计准则委员会（FASB）发布的相关准则，终止经营（discontinued operations）是指企业已被处置或被划归为持有待售的、在经营和编制财务报表时能够单独区分的组成部分。这个组成部分可以是企业的一项业务、一条生产线、一个分公司或一个子公司等，且该组成部分按照企业计划将整体或部分进行处置。

（一）关键特征

（1）可区分性。终止经营的组成部分在经营和编制财务报表时能够与其他部分清楚地区分开来。

（2）处置计划。企业必须有明确的处置计划，包括整体出售、分拆出售、放弃等，且该计划已经或将在不久的将来实施。

（3）非持续性。终止经营的组成部分在可预见的将来不会作为持续经营的一部分。

（二）确认条件

（1）有明确处置方案并极有可能在未来 1 年内完成，有买家积极参与。

（2）经营单元可随时处置且不会影响其他业务单元的经营和现金流活动。

（3）可以是经营分部或资产组。

（三）会计处理

在会计处理上，终止经营的损益需要单独列示在财务报表中，与持续经营损益相区分。这有助于外部利益相关者（如股东、债权人等）更清晰地了解企业的经营状况和盈利能力。具体来说，终止经营的相关损益包括：

（1）终止经营期间的收入、成本和费用等经营活动损益。

（2）终止经营资产的处置损益，如出售价格与账面价值之间的差额。

（3）与终止经营相关的资产减值损失或转回等。

（四）披露要求

企业需要在财务报表中详细披露终止经营的相关信息，包括但不限于：

（1）终止经营的原因和背景。

（2）终止经营的具体内容和范围。

（3）终止经营对企业财务状况和经营成果的影响。

（4）终止经营资产的处置进展和预期完成时间等。

【案例】假设一家企业决定出售其旗下的一个子公司，该子公司将不再作为持续经营的一部分。根据美国会计准则，这个被出售的子公司将被视为终止经营。在财务报表中，企业需要单独列示该子公司的处置损益、资产减值损失（如果有的话）以及其他与终止经营相关的费用等。同时，企业还需要在附注中详细披露终止经营的相关信息，以便外部利益相关者更好地了解企业的经营状况和财务成果。

本章小结

本章深入探讨了财务报表中的确认和计价原则，涵盖了应收账款、存货、长期资产、流动负债、长期负债和应付债券以及收入确认等多个关键财务领域。

在应收账款部分，本章详细讨论了应收账款的确认、计价、冲减、坏账准备的估计以及应收账款的出让。特别强调了商业折扣、现金折扣、销售退回与折让对应收账款计价的影响，以及备抵法和直接冲销法在坏账准备计提中的应用。

存货部分，本章介绍了存货的种类、确认时间、盘点方法、估价以及估值方法。详细阐述了先进先出法（FIFO）、后进先出法（LIFO）和平均成本法等存货计价方法，并比较了它们的优缺点及其对财务报表的影响。

长期资产部分，本章讨论了不动产、厂房和设备（PP&E）的定义、特征、分类和后续计量，包括折旧方法和无形资产的初始计量、后续计量。同时，对固定资产计价的不同会计准则进行了比较。

流动负债部分，本章涉及了应付账款、应付票据、长期债务的流动部分、应付股利、可退回的收款和定金、未实现的或递延收入、经营形成的应交税费、员工相关费用和预计负债等流动负债的主要类型与核算规则。

长期负债和应付债券部分，本章介绍了长期负债的定义、核算和分类，以及应付债券的会计核算规则，包括债券的面值、溢价、折价和应计利息的核算。

收入确认部分，本章详细阐述了收入确认的基本原则、相关专业术语解释、收入确认和计量的五个步骤，以及收入支出配比原则。同时，讨论了不同交易类型下的收入确认，如销售商品、提供服务、租赁收入、特许权使用费等。

本章习题

1. 应收账款的确认金额包括哪些因素？（　　　）

A. 销售收入

B. 现金收入

C. 销售收入减去坏账准备

D. 销售收入加上坏账准备

2. 资产负债表中存货的应确认金额如何确定？（　　）

A. 存货的购买成本

B. 存货的销售价格

C. 使用个别计价法、先进先出法（FIFO）、平均成本法或后进先出法（LIFO）等成本流转假设计算的成本

D. 存货的市值

3. 先进先出法（FIFO）和后进先出法（LIFO）成本流转假设的主要区别是什么？（　　）

A. FIFO 假设下，先购入的存货先销售，而 LIFO 假设下，后购入的存货先销售

B. FIFO 假设下，后购入的存货先销售，而 LIFO 假设下，先购入的存货先销售

C. FIFO 和 LIFO 假设下，存货的销售顺序相同

D. FIFO 和 LIFO 假设下，存货的成本计算方法相同

4. 起运点交货和目的地交货的主要区别是什么？（　　）

A. 起运点交货时，所有权在货物到达目的地时转移；目的地交货时，所有权在货物离开卖方时转移

B. 起运点交货时，所有权在货物离开卖方时转移；目的地交货时，所有权在货物到达目的地时转移

C. 两种交货方式下，所有权转移的时间相同

D. 两种交货方式下，货物的风险和费用由买方承担

5. 直线折旧法、双倍余额递减法和年数总和法的主要区别是什么？（　　）

A. 直线折旧法下，每年的折旧费用相同；双倍余额递减法下，每年的折旧费用是直线法的两倍；年数总和法下，每年的折旧费用根据资产的使用年限递减

B. 直线折旧法下，每年的折旧费用不同；双倍余额递减法下，每年的折旧费用是直线法的两倍；年数总和法下，每年的折旧费用根据资产的使用年限递增

C. 三种方法下，每年的折旧费用都相同

D. 三种方法下，每年的折旧费用都不同

6. 影响负债的交易包括哪些？（　　）

A. 赊购、年终计提和债务发行

B. 只有赊购和债务发行

C. 只有年终计提和债务发行

D. 只有赊购和年终计提

7. 收入确认原则如何应用于各种类型的交易？（　　　）

A. 收入在收到现金时确认

B. 收入在赚取时确认

C. 收入在交付商品或服务时确认

D. 收入在合同签订时确认

8. 收入与支出配比原则如何理解？（　　　）

A. 收入和支出在同一会计期间确认

B. 收入和支出在不同会计期间确认

C. 只有收入在同一会计期间确认

D. 只有支出在同一会计期间确认

9. 影响实缴资本和留存收益的交易包括哪些？（　　　）

A. 股票发行、现金和股票股利、收益的确认

B. 只有股票发行和现金股利

C. 只有股票发行和收益的确认

D. 只有现金股利和收益的确认

10. ABC 公司之前的股利主要是现金股利政策，现在公司将股利政策改为发放 10% ~ 30% 的股票股利，则股票股利政策对公司的影响是什么？（　　　）

A. 资产减少，所有者权益减少

B. 负债增加，所有者权益减少

C. 资产不变，负债增加

D. 留存收益会减少，但所有者权益总额不变

参考答案

1. 答案：C

解析：应收账款的确认金额是销售收入减去对坏账准备的估计。选项 A 和选项 B 只考虑了收入，没有考虑坏账准备，而选项 D 错误地将坏账准备加到了应收账款上。

2. 答案：C

解析：存货的应确认金额是根据先进先出法（FIFO）或后进先

出法（LIFO）等成本流转假设计算的成本。选项 A 只考虑了购买成本，没有考虑成本流转假设，选项 B 和选项 D 考虑的是销售价格和市值，而不是存货的成本。

3. 答案：A

解析： FIFO 假设下，先购入的存货先销售，而 LIFO 假设下，后购入的存货先销售。这是两种假设的主要区别。

4. 答案：B

解析： 起运点交货时，所有权在货物离开卖方时转移；目的地交货时，所有权在货物到达目的地时转移。这是两种交货方式的主要区别。

5. 答案：A

解析： 直线折旧法下，每年的折旧费用相同；双倍余额递减法下，每年的折旧费用是直线法的两倍；年数总和法下，每年的折旧费用根据资产的使用年限递减。这是三种方法的主要区别。

6. 答案：A

解析： 影响负债的交易包括赊购、年终计提和债务发行。这些交易都会增加企业的负债。

7. 答案：B

解析： 收入确认原则是在收入赚取时确认，而不是在收到现金、交付商品或服务或合同签订时确认。

8. 答案：A

解析： 收入与支出配比原则是指收入和支出在同一会计期间确认，以确保财务报表的准确性。

9. 答案：A

解析： 影响实缴资本和留存收益的交易包括股票发行、现金和股票股利、收益的确认。这些交易都会影响企业的权益。

10. 答案：D

解析： 公司按股利政策发放 10% ~ 30% 的股票股利，无论是大额股票股利，还是小额股票股利，留存收益都会减少，但所有者权益总额不变。

第六章

财务报表分析

在本章中，我们将深入探讨百分比式财务报表的应用，以衡量企业的增长趋势和进行行业对比。通过财务比率分析方法，我们将深入了解企业的流动性、资本结构、运营效率和盈利能力。具体来说：流动性比率将帮助我们评估企业应对短期财务需求的能力；资本结构比率则揭示了企业偿还长期债务的能力；运营能力分析将展示企业如何有效利用资产；获利能力比率则让我们洞察企业的盈利效率。此外，杜邦分析法将向我们展示权益回报率的构成，从而深入挖掘影响企业盈利能力的关键因素。

第一节

百分比式财务报表

一、百分比式财务报表（common-size statements）

为了衡量公司的增长趋势以及在对比不同规模的同行业公司财务状况时，通常会采用一种特殊的财务报表——百分比式财务报表。这种报表将财务报表中的每个数值都转换为相对于报表中某个特定项目的百分比，比如将资产负债表中的总资产或利润表中的销售净额设定为基准100%。

1. 百分比式财务报表的优点

使用百分比式财务报表的好处包括：

（1）便于比较同一年度内不同财务项目之间的相对大小。

（2）有助于分析一家公司随时间发展的趋势。

（3）可以对同一行业内不同规模的公司进行横向比较。

（4）能够将公司的业绩与行业的平均表现进行对比分析。

2. 百分比式财务报表示例

通常，对外的财务报表需要遵循会计准则的规定，按固定的格式进行编制；而共同百分比格式财务报告可以基于管理的需要进行编制。具体对比如表 6 - 1 所示。

表 6 - 1　　　　　　　百分比式财务报表示例

外部报表格式（美元）(external reporting format)			共同百分比格式（%）(common-size format)		
项目	本年	上年	项目	本年	上年
净销售	1 800 000	1 400 000	净销售	100	100
销货成本	(1 650 000)	(1 330 000)	销货成本	(91.7)	(95.0)
毛利润	150 000	70 000	毛利润	8.3	5
销售费用	(50 000)	(15 000)	销售费用	(2.8)	(1.1)
管理费用	(15 000)	(10 000)	管理费用	(0.8)	(0.7)
经营收入	85 000	45 000	经营收入	4.7	3.2
其他收入与利得	20 000	0	其他收入与利得	1.1	0
其他费用与损失	(35 000)	(10 000)	其他费用与损失	(1.9)	(0.7)
税前收入	70 000	35 000	税前收入	3.9	2.5
所得税（40%）	(28 000)	(14 000)	所得税（40）	(1.6)	(1.0)
净利润	42 000	21 000	净利润	2.3	1.5

二、垂直分析和水平分析

（一）垂直（vertical）百分比式财务报表（结构分析）

通常将一个基本数额规定为100%（通常为资产负债表中的资产或利润表中的销售额），报表中其他因素表示为该基本数额的百分比。例如，表 6 - 2 为典型的垂直百分比式财务报表。

表 6 - 2　　　　　　　垂直百分比式财务报表示例　　　　单位：%

项目	本年末	上年末
资产		
流动资产	42.2	39.7
非流动资产	57.8	60.3
总资产	100	100

续表

项目	本年末	上年末
负债与股东权益		
流动负债	21.7	17.2
非流动负债	33.9	42.2
总负债	55.6	59.4
股东权益	44.4	40.6
负债与股东权益	100	100

（二）水平（horizontal）百分比式财务报表（趋势分析）

比较同一公司不同时期的主要财务报表值或关系。表 6 – 3 为典型的水平百分比式财务报表。

表 6 – 3　　　　水平百分比式财务报表示例　　　　单位：%

项目	本年	上年	上 2 年
净销售	120	93.3	100
销货成本	118.7	95.7	100
毛利润	136.4	63.6	100

【例题】百分比财务报表的作用在于帮助（　　）。

A. 发现资产是如何分配的

B. 确定公司要做的下一个投资

C. 比较不同规模的公司

D. 考虑是购买还是出售资产

【解析】正确答案为 C。考查百分比财务报表的用途。

【例题】关于百分比财务报表，以下哪个表述是正确的？（　　）

A. 两个公司两年的百分比财务报表都显示 10% 的利润增长，说明两个公司有相同的投资吸引力

B. 百分比财务报表可以用于比较不同规模的公司

C. 水平百分比财务报表只能用于至少有 10 年经营数据的公司

D. 以上三个答案都是正确的

【解析】正确答案为 B。考查百分比财务报表的用途。

【例题】在百分比式资产负债表中，以下哪类公司其存货账户在总资产中的占比最高？（　　）

A. 金融公司，如花旗银行

B. 航空公司，如大陆航空

C. 零售公司，如沃尔玛

D. 制药公司，如辉瑞

【解析】正确答案为 C，零售公司的存货通常占资产的比例较高。

【例题】某公司财务报表的部分数据：

销售收入	600 000 美元
营业成本	300 000 美元
总资产	2 400 000 美元
总股本	1 500 000 美元
净利润	120 000 美元

同比财务报表中，净利润的百分比值是多少？（ ）

A. 5%   B. 8%

C. 20%   D. 40%

【解析】正确答案为 C。净利润百分比 = 120 000/600 000 = 20%。

【例题】某公司过去两年的财务报表数据如表 6-4 所示。

表 6-4 　　　　　　　　　　财务报表　　　　　　　　单位：美元

项目	上一年度	本年度
销售收入	6 000 000	6 600 000
净利润	500 000	540 000
总资产	10 000 000	10 500 000
存货	600 000	500 000

使用横向分析，哪个账户的百分比变化最大？（ ）

A. 销售收入

B. 净利润

C. 总资产

D. 存货

【解析】正确答案为 D。存货下降了 16.67%（100 000/600 000），变化幅度最大。

第二节

流动性

流动性（liquidity）是一个相对指标，量度的是公司资产转化为现金的速度能在多大程度上满足到期债务的现金还款需要。流动性指标通过公司相关的流动资产与流动负债揭示公司的短期偿债能力。资产、负债、所有者权益之间结构关系如图 6-1 所示。

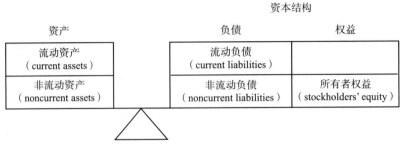

图6-1　资产、负债、所有者权益之间的结构关系

一、净营运资本（net working capital）

（1）净营运资本度量的是公司短期内的偿债能力的一个指标，其计算公式如下：

> 净营运资本＝流动资产总额－流动负债总额
> 净营运资本（配置）比率＝净营运资本÷总资产

（2）流动资产通常是指在1年内或营业周期内能够转化为现金的资产，流动资产的流动性，通常包括现金及等价物、有价证券、应收账款、存货和预付款。

（3）流动负债通常是指在1年内或营业周期内需要偿还的债务，流动负债通常包括应付账款、应付票据、长期负债在当期到期部分、未赚取收入（unearned revenues）、应付税款、应付工资和其他应计费用等。

（4）表6-5为ABC公司2023年末和2024年末的营运资本示例。

表6-5	ABC公司营运资本	单位：万美元
项目	2023年末	2024年末
流动资产（A）	9 734.00	8 839.30
流动负债（B）	3 277.00	3 321.50
净营运资本（A－B）	6 457.00	5 517.80

（5）在分析营运资本时应该注意：

①本期净营运资本应该与以前期间的数额相比较，以确定营运资本是否合理。

②由于企业的规模不同，不同企业之间营运资本的比较，可能由于规模的不同而失去意义（因为净营运资本是绝对值指标，不能用于不同规模的比较）。

③有些资产可能以账面为基础计价（如存货），因此净营运资本可能被低估，如果营运资本出现异常，就必须逐项分析流动资产和

流动负债。

二、流动比率（current ratio）

（1）流动比率是最常用的流动性指标，是流动资产总额除以流动负债之比率，计算公式如下：

流动比率 = 流动资产 ÷ 流动负债

（2）净营运资本仅仅反映流动资产和流动负债之间的绝对数差异，而流动比率显示了流动资产规模和流动负债规模之间的联系，使流动比率指标在不同的规模企业之间具有可比性。

（3）利用流动比率进行分析时，应注意：

①流动比率指标没有具体的标准，不同的行业差别可能很大。通常认为流动比率越高，短期偿债能力越强；流动比率越低，短期偿债能力可能有问题。

②为确定相似行业通常的流动比率，应该与行业平均数进行比较。营业周期短的行业，一般流动比率较低；营业周期长的行业，流动比率较高。

③流动比率还应该与前期比较，有助于判断企业流动比率变化的趋势。

④流动比率出现异常时，可以通过对应收账款和存货的详细分析，找出流动比率出现偏差的主要原因。应收账款和存货质量的评价会影响分析人员对流动比率的评价，如果应收账款或存货存在流动性问题，则要求流动比率更高。

（4）表6-6为ABC公司2023年末和2024年末流动比率指标计算示例。

表6-6　　　　　　　ABC公司流动比率指标计算　　　　　单位：万美元

项目	2023年末	2024年末
流动资产（A）	9 734.0	8 839.3
流动负债（B）	3 277.0	3 321.5
流动比率（A÷B）	2.97	2.66

三、速动比率（quick ratio）

（1）速动比率又称为酸性测试比率（acid test），是一个比流动比率更为短期的角度来考察流动性，说明流动性最高的资产和流动负债之间的关系。

（2）在计算酸性测试比率时，把存货从流动资产中扣除，因为存货比现金或应收账款周转的速度慢，在 FMAA 考试中，酸性测试比率的计算公式如下（注：有价证券也可能翻译为"交易性金融资产"）：

> 速动（酸性测试）比率 =（现金 + 有价证券 + 应收账款）÷ 流动负债

（3）在进行酸性测试比率分析时，也应该与以前年度相比，与主要竞争对手相比，与行业的平均数相比。

（4）在计算酸性测试比率之前，先了解应收账款周转率，了解应收账款的质量有助于理解企业酸性测试比率的状况。

四、现金比率（cash ratio）

（1）现金比率是以一种更为保守的方式分析流动性，考察的是公司的即期流动性。有时候分析人员需要以保守的观点分析企业的流动性。例如，企业将应收账款和存货进行了抵押，或者分析人员怀疑应收账款和存货存在流动性问题。此时，评价企业短期偿债能力的最好指标是现金比率。

（2）现金比率比较了现金和有价证券与流动负债之间的关系，即从流动资产中扣除了存货和应收账款的价值，计算公式如下：

> 现金比率 =（现金 + 有价证券）÷ 流动负债

（3）对于一些存货和应收账款的流动速度很慢或具有高度投机性的企业，分析人员就应该考虑其现金比率。此外，很高的现金比率也可能表明企业没有发挥现金的最大效用。

五、现金流量比率（cash flow ratio）

（1）现金流量比率度量的是公司使用由正常业务产生的现金满足其偿债需要的能力。

（2）现金流量比率在计算时，分子采用的是现金流量表中的运营活动现金流量，而非资产负债表中的数据。

> 现金流量比率 = 营运活动现金流量 ÷ 流动负债

六、交易对流动性比率指标的敏感度分析

（1）进行比率分析时，需要考察在此比率中的具体组成元素发生变化时，比率本身对这种变化的敏感性。比率中的分子增大，比

率值也会随之增大，但比率中分母增大时，比率值会减少。

（2）负债增加会导致流动性比率的减小，而流动资产或现金流的增加会改善流动性比率。需要注意的是，在比率大于1时，比率的分子和分母同时增大相同的数值，比率的取值将会下降，即流动性会进一步恶化。类似的在比率小于1时，比率的分子和分母同时增大相同的数值，比率的取值将会上升，即流动性会进一步改善。

【例题】布鲁莫尔（Broomall）公司已决定在年末呈报给股东的年度报告中包含某些财务比率信息。该公司最近财年的部分数据如下所示：

现金	10 000
应收账款	20 000
预付费用	8 000
存货	30 000
有价证券——成本	9 000
——年末公允价值	12 000
应付账款	15 000
应付票据（90天内到期）	25 000
应付债券（10年内到期）	35 000
年度净赊销额	220 000
销货成本	140 000

则 Broomall 公司年末的营运资本为（　　）。

A. 40 000 美元

B. 37 000 美元

C. 28 000 美元

D. 10 000 美元

【解析】正确答案为 A，会计人员所采用的"营运资本"术语，其计算公式是用流动资产减去流动负债。营运资本=流动资产－流动负债。

流动资产包括现金、应收账款、预付费用、存货以及可供出售金融资产（可供出售金融资产以公允价值计量，而不是以成本计量）。

流动资产=10 000+20 000+8 000+30 000+12 000=80 000 美元。

流动负债包括应付账款和90天内到期的应付票据。流动负债=15 000+25 000=40 000 美元。营运资本=80 000－40 000=40 000 美元。

【例题】布里希（Birch）公司的流动资产数据如下所示：

现金	250 000
有价证券	100 000
应收账款	800 000

存货	1 450 000
流动资产合计	2 600 000

如果布里希（Birch）公司的流动负债为 1 300 000 美元，则（　　）。

A. 如果将 100 000 美元的现金用于支付 100 000 美元的应付账款，该公司的流动比率将下降

B. 如果将 10 000 美元的现金用于支付 100 000 美元的应付账款，该公司的流动比率保持不变

C. 如果将 100 000 美元的现金用于采购存货，该公司的速动比率将下降

D. 如果将 100 000 美元的现金用于采购存货，该公司的速动比率保持不变。

【解析】正确答案为 C。速动比率计算时的速动资产不包括存货，用现金采购存货将降低速动比率计算公式中的分子，对公式中的分母即流动负债没有影响。这会导致速动比率下降。

第三节

资本结构分析：长期偿付能力

资本结构是长期债务与权益的组合；其中长期债务需偿还利息与本金，权益包括普通股与优先股，权益用于给公司的营运提供资金。资本结构对公司的风险与回报均有影响，并与公司的杠杆率直接相关。

一、杠杆（leverage）

（一）杠杆的类型

杠杆是指公司的总体成本结构中，固定成本所占的比例。由于固定成本无论销售额为多少都必须被覆盖，因此高杠杆可能会导致更高的风险。杠杆具体包括两种类型：

（1）经营杠杆（operation leverage）。经营杠杆是由于固定成本（如厂房、机器设备的折旧）的存在。经营杠杆比例越高，销售收入变化对经营利润的影响就越大。

（2）财务杠杆（financial leverage）。财务杠杆是指企业通过债务融资等方式，利用固定成本的债务利息或优先股股利来扩大其自有资本的收益。财务杠杆是衡量企业使用债务融资相对于权益

融资的程度，以及这种融资方式对股东权益收益的影响。它表明了企业通过债务融资所获得的额外收益与股东权益收益之间的关系。

（二）经营杠杆系数

（1）经营风险通常用经营杠杆系数来量度，经营杠杆系数（degree of operating leverage，DOL）是营业利润（息税前利润，EBIT）变化的百分比除以销货额变动百分比。

> 经营杠杆系数（DOL）=息税前利润变动百分比÷销售额变动百分比

或，

> 经营杠杆系数（DOL）=边际贡献÷营业利润

其中，边际贡献 = 销售收入 – 变动成本，营业利润（息税前利润）= 边际贡献 – 固定成本。

（2）假定经营杠杆系数为2，则意味着销售金额每增加1%，会导致息税前利润（EBIT）增加2%；同样地，如果销售每下降1%，则会导致息税前利润下降2%。

【例题】假设ABC公司的销售金额为500 000美元，变动成本为250 000美元，固定成本为125 000美元，则该公司的经营杠杆系数为：DOL =（500 000 – 250 000）/（500 000 – 250 000 – 125 000）= 2。

（三）财务杠杆系数

（1）公司面临的财务风险通常用财务杠杆系数来量度，财务杠杆系数（degree of financial leverage，DFL）是用净利润（NI）的变动百分比除以息税前利润（EBIT）的变动百分比，也可以表示为息税前利润（EBIT）除以税前利润（EBT）的比率。

> 财务杠杆系数（DFL）=净利润的变动百分比÷息税前利润的变动百分比
> =息税前利润（EBIT）÷税前利润（EBT）

（2）假设财务杠杆系数为2，意味着息税前利润每增加1%，将导致每股收益增加2%，下降则相反。

（3）企业通过负债可以提高财务杠杆，使净利润增加，但同时也会使公司面临更高的债务工具违约风险。

【例题】假设ABC公司的销售金额为500 000美元，变动成本为250 000美元，固定成本为125 000美元，支付利息为25 000美

元。则，

息税前利润 = 500 000 - 250 000 - 125 000 = 125 000 美元。

财务杠杆系数（DFL）= 125 000/（125 000 - 25 000）= 1.25。

（四）总杠杆

经营风险和财务风险合起来称作总杠杆系数（degree of total leverage，DTL），总杠杆系数等于经营杠杆系数和财务杠杆系数的乘积。

> 总杠杆系数（DTL）= 经营标杆系数（DOL）× 财务杠杆系数（DFL）

【例题】某公司的销售为 500 000 美元，变动成本为 250 000 美元，固定成本为 125 000 美元，公司支付利息为 25 000 美元，求该公司的经营杠杆系数，财务杠杆系数和总杠杆系数。

【解析】

经营杠杆 = （500 000 - 250 000）/（500 000 - 250 000 - 125 000）= 2。

财务杠杆 = 125 000/（125 000 - 25 000）= 1.25。

总杠杆 = 2 × 1.25 = 2.5。

二、与债务相关的财务比率分析

（一）总债务对总资产比率

（1）总债务对总资产比率（total debt to total capital ratio），也称为资产负债率，量度的是公司债务占总资本的比例，是公司的一个财务杠杆指标，计算公式如下：

> 总债务对总资本比率（资产负债率）= 总负债 ÷ 总资产

（2）通过计算该指标，可以了解公司的融资模式，总债务对总资本的比率越高，说明公司融资中债务所占的比例就越大。

（二）负债权益比率

（1）负债权益比率（debt to equity ratio）也是量度公司偿付长期债务能力的指标，同时量度长期债权人受到的保护程度。

（2）负债权益比率度量的是在为资产购置提供融资时债务与权益之间的关系。计算公式如下：

$$负债权益比率 = 总负债 \div 所有者权益$$

（3）负债权益比率越低，公司对债务融资的依赖程度就越小。

（三）长期负债与权益比

（1）长期负债与权益比（long-term debt to equity ratio）度量的是长期债务与股东权益之间的关系。计算公式如下：

$$长期负债权益比 = (债务总额 - 流动负债) \div 所有者权益$$

（2）如果长期债务与权益比较低，则意味着公司有能力在需要时筹集更多的债务资本，并且公司的固定融资成本较低，因为所支付的利息较少。

（四）财务杠杆比率

（1）财务杠杆比率（financial leverage ratio），又称为资产与权益比率或权益乘数，是衡量公司的资产筹资的构成比率。

$$财务杠杆比率 = 总资产 \div 所有者权益$$

（2）如果财务杠杆比率等于 2，意味着债务筹资和权益融资相等；如果小于 2，意味着公司的权益融资大于负债；如果大于 2，表明公司负债筹资额大于权益融资。

（五）利息保障倍数

（1）利息保障倍数（times interest earned ratio）衡量的是公司通过经营偿付利息的能力，计算公式如下：

$$利息保障倍数 = 息税前利润（EBIT）\div 利息费用$$

其中，息税前利润 = 净利润 + 利息费用 + 所得税。

（2）利息保障倍数高则表明公司可以满足其利息支付的需要，偿付能力更强。

【例题】玛宝（Marble）储蓄银行已收到来自汽车零部件制造行业的三家公司的贷款申请，该银行目前的资金仅够批准一项贷款申请。表 6-7 给出了三家公司申请材料中的部分数据，并与行业平均值进行了比较。

表 6 – 7   申请材料数据

项目	Bailey 公司	Nutron 公司	Sonex 公司	行业平均
总销售（百万美元）	4.27	3.91	4.86	4.30
净利润率（%）	9.55	9.85	10.05	9.65
流动比率	1.82	2.02	1.96	1.95
资产回报率（%）	12.0	12.6	11.4	12.4
负债权益比率（%）	52.5	44.6	49.6	48.3
财务杠杆系数	1.30	1.02	1.56	1.33

根据以上信息，对 Marble 储蓄银行而言最有利的策略应是（   ）。

A. Marble 储蓄银行应拒绝这三家公司的贷款申请，因为这三家公司的信用风险均很高

B. 批准 Bailey 公司的贷款申请，因为该公司的所有数据均与行业平均值近似

C. 批准 Nutron 公司的贷款申请，因为该公司的负债权益比率和财务杠杆系数均低于行业平均值

D. 批准 Sonex 公司的贷款申请，因为该公司的净利润率和财务杠杆率最高

【解析】正确答案为 C。负债权益比率和财务杠杆系数量度的是组织的风险水平。负债权益比率越低，风险越小。类似地，财务杠杆系数越低，风险越小。在 Nutron 公司的情况中，其负债权益比率和财务杠杆系数指标均低于行业平均值。因此，在这三家公司中，Nutron 公司的风险最小。

三、资本结构与风险

一方面，债务的增加可能提高净资产回报率，增加股东回报；另一方面，债务的增加可能使得偿付长期债务的能力下降，增加公司的破产风险。不同行业的资本结构差异较大，并没有统一标准。

第四节

经营活动分析

分析活动性（activity）的另一种方式是关注核心流动资产的管理，即存货和应收账款。经营活动分析针对的是一个营业周期，即从购买商品到商品销售转化为现金所需的时间。

"周转率"是以销售额除以某一资产项目的比率，描述一年内该资产项目周转的次数。

一、应收账款周转率

（1）应收账款周转率（account receivable turnover），是衡量企业在一定时期内（通常为一年）将应收账款转化为现金的平均次数的财务指标。它反映了企业应收账款的流动程度，即企业通过赊销方式产生的收入转化为现金的能力。

> 应收账款周转率 = 年赊销额 ÷ 应收账款平均余额

（2）应收账款周转率的高低反映了企业应收账款的回收速度。周转率越高，说明企业回收账款的速度越快，资产流动性越强，短期偿债能力越强，同时可以减少坏账损失的风险。反之，如果周转率低，则可能意味着企业的营运资金过多地滞留在应收账款上，影响资金的正常周转和偿债能力。

（3）应收账款周转率的基本假设前提是，销售在一年之中非常平均，这样就可以使用年初应收账款和年末应收账款的平均值来估计平均应收账款。例如，如果公司的业务季节性非常强，则期初、期末平均数可能不如采用月度平均数。

（4）应收账款周转率分析时，通常将每年的天数视作 360 天或 365 天，在 FMAA 考试中，如未作特别说明，所采用的天数假设均为 365 天。

（5）应收账款周转天数也称为平均收款期，它衡量的是应收账款的流动性。

> 应收账款周转天数 = 365 天 ÷ 应收账款周转率

二、存货周转率

（1）存货周转率（inventory turnover），是衡量企业在一定时期内销售存货的频率。它通过将销售成本除以平均存货余额来计算，反映了企业存货的流动性和存货管理的效率。

> 存货周转率 = 销货成本 ÷ 平均存货余额

（2）存货周转率越高，说明企业的存货周转越快，存货的占用水平越低，资金的使用效率越高。但也要注意，过高的存货周转率可能意味着存货短缺，可能影响生产和销售。

（3）在确定流动性时，存货通常是其中一项非常重要的资产，因为对大部分制造业或商业企业，存货的价值通常占流动资产的比例较大。制造业的存货包括原材料、在产品和产成品三种类型的存货。

（4）采用不同的存货估值方法可能会导致不同公司缺乏可比性。例如，有些公司可能用后进先出法对存货估值，而有些公司用先进先出法对存货估值。

（5）与应收账款不同，分子是销货成本而非销售收入，因为存货与销货成本直接相关。

（6）与应收账款类似，如果公司的存货季节性波动很大，用期初和期末的简单平均可能不够合理。

（7）与应收账款一样，存货周转率可以表示为每年的周转次数，也可以表示为周转天数。

$$存货周转天数 = 365 天 \div 存货周转率$$

三、应付账款周转率

（1）应付账款周转率（payables turnover），是衡量企业支付其应付账款的速度。它通过将购买的原材料或商品的总额（或销售成本，如果购买等于销售）除以平均应付账款余额来计算。

$$应付账款周转率 = 赊销采购金额 \div 应付账款平均余额$$

（2）与应收账款周转率类似，也可以表示为周转的天数。

$$应付账款周转天数 = 365 天 \div 应付账款周转率$$

（3）应付账款周转率反映了企业支付其债务的速度。一个较高的周转率可能意味着企业在利用供应商的信用方面做得很好，但也可能表明企业可能面临流动性问题。

四、固定资产周转率

（1）固定资产周转率（fixed asset turnover ratio），是衡量企业利用其固定资产产生销售收入的能力。它通过将销售收入除以平均固定资产净值来计算。

$$固定资产周转率 = 销售金额 \div 平均固定资产净值$$

（2）固定资产周转率越高，说明企业利用固定资产产生收入的效率越高。这个比率可以用来衡量企业固定资产的使用效率。

五、总资产周转率

（1）总资产周转率是衡量企业利用其总资产产生销售收入的能力。它通过将销售收入除以平均总资产来计算。

> 总资产周转率＝销售收入÷平均总资产

（2）总资产周转率反映了企业整体资产的使用效率。一个较高的总资产周转率通常意味着企业在利用其资产产生收入方面做得更好，但也可能表明企业没有充分利用其资产。

以上这些周转天数或周转率指标通常用于比较同一企业在不同时期的资产管理效率，或比较不同企业之间的效率。然而，它们也受到行业特点、企业规模和经济环境等因素的影响，因此在分析时需要考虑这些因素。

【例题】公司的财务报表显示如下的信息：

第一年年末应收账款　　　　320 000 美元

第二年赊销收入　　　　　3 600 000 美元

第二年年末应收账款　　　　400 000 美元

则公司的应收账款周转率为（　　）。

A. 0.10

B. 9.00

C. 10.00

D. 11.25

【解析】正确答案为 C。3 600 000/〔（320 000＋400 000）/2〕＝10。

【例题】康沃尔（Cornwall）公司年初和年末的净应收账款分别为 68 000 美元和 47 000 美元。该公司的简明利润表如下所示：

销售额　　　　　900 000 美元

销货成本　　　　527 000 美元

营业费用　　　　175 000 美元

营业利润　　　　198 000 美元

所得税　　　　　79 000 美元

净利　　　　　119 000 美元

则康沃尔（Cornwall）公司的平均应收账款周转天数（每年为 365 天）为（　　）天。

A. 8

B. 13

C. 19

D. 23

【解析】正确答案为 D。平均应收账款周转天数的计算如下所示：

年平均应收账款余额＝（68 000＋47 000）/2＝115 000/2＝57 500
美元。

年应收账款周转率＝900 000/57 500＝每年 15.65 次。

平均应收账款周转天数＝365 天/15.65 次＝23 天。

第五节

获利能力

一、获利能力指标分析

在利润表中，可以用于衡量利润的绝对值指标有毛利润、营业
利润、息税前利润、净利润以及扣除利息、所得税、折旧和摊销前
的利润（EBITDA）等指标，与之对应的比率分析指标有毛利率、营
业利润率、息税前利润率、净利润率以及 EBITDA 率等。各个指标
之间的关系可以用表 6 - 8 来表示。

表 6 - 8　　　　　　　　获利能力指标之间的关系示例

项目	金额（美元）	百分比（%）
销售净额	2 000 000	100
减：销货成本	（1 500 000）	（75）
毛利润	500 000	25
减：销售、管理费用	（200 000）	（10）
息税前利润（EBIT）	300 000	15
减：利息费用	（100 000）	（5）
税前利润（EBT）	200 000	10
减：所得税（40%）	（80 000）	（4）
净利润率	120 000	6

【注意】FMAA 考试应该掌握这几种利润的计算以及引起这些变
化、不同指标之间关系的分析。例如，毛利率保持稳定而营业利润
（息税前利润）率下降，则可能是管理费用或销售费用的原因导致
的，需要进行深入的研究（具体的情形如表 6 - 9 所示）。

表 6 - 9　　　　　　　　常见盈利能力指标的变化原因分析

常见盈利能力指标的变化	可能的原因解释
毛利率的变化	①销售单价因为市场竞争的激烈程度变化而变化 ②单位销售成本的变动和销售单价的变动不同步 ③毛利率不同的各种产品在公司产品组合中的占比发生变化 ④存货的实有数量较账面数量有所减少（存货高估）
息税前利润率与毛利率背离	可能由于管理费用和销售费用变化导致
净利润率与毛利率背离	可能由于管理费用、销售费用、财务费用或所得税变化导致

【例题】根据公开的财务报表，某公司的毛利率减少了 5%，而营业利润率增加了 3%。下面哪一因素可能导致这些变化？（　　）

A. 从供应商购买的商品的单位成本增加

B. 利润表的报告格式改为变动成本法的利润表格式

C. 销售价格降低增加了销售量

D. 销售完全折旧的生产机器获利，用较新机型更换这些机器

【解析】正确答案为 C。A 错误，单位成本增加了，可以解释毛利率下降，但无法解释营业利润率增加；B 错误，利润表格式改为变动成本法后，销货成本不包括固定间接费用，会导致毛利率上升；D 错误，销售完全折旧的生产机器获利属于利得，与毛利率和营业利润率都无关。C 正确，销售价格降低可能会减少毛利率，销售量增加有可能降低单位的固定销售和管理费用导致营业利润率上升。

二、投资回报的度量

（一）资产回报率

（1）资产回报率（return on asset，ROA），是衡量公司如何使用资产产生利润的指标，计算净利润占总资产的百分比。计算公式如下：

资产回报率（ROA）＝净利润÷平均资产总额

（2）资产回报率衡量的是公司资产的利用效率。公司的资产利用效率越高，就越有可能盈利。如果总资产不变，净利润增加，则该比率将会上升；如果净利润不变，总资产增加了，意味着资产的使用效率降低，资产回报率将下降。

（3）资产回报率可以进一步分解为销售回报率和资产周转率这两个组成部分：

$$资产回报率（ROA）= 净利润 \div 平均资产总额$$
$$= 净利润 \div 销售收入 \times 销售收入$$
$$\div 平均资产总额$$
$$= 销售回报率 \times 资产周转率$$

（4）销售回报率衡量的是获利能力，而资产周转率衡量的是营运指标，在进行分析时可以进一步确定资产回报率下降是净利润率（销售回报率）下降还是营运中使用了更大的资产基础（资产周转率下降）。

（二）权益回报率

（1）权益回报率（return on equity，ROE）度量的是普通股股东权益的回报率，而不是总资产的回报率。

$$权益回报率（ROE）= 净利润 \div 平均权益总额$$

（2）权益回报率关注的是普通股股东所获得的回报，因此分母不是总资产，而是总资产扣除债务的股东权益（净资产）。两者的主要差异是考虑了资本结构，即财务杠杆后的股东收益率。

（3）通常，股东的权益包括流通在外的普通股的账面价值，资本公积及留存收益，但不包括库存股。

（4）权益回报率就应高于其权益资本的成本，如果权益回报率较高，则意味着普通股股东可以获得更好的回报率。

（5）权益回报率与股东的财富直接相关，应用非常广泛，但如果企业作为唯一的绩效指标，也会有不少问题，因为通过财务杠杆可以提高权益回报率，而财务杠杆越高，企业的风险也越大。

【例题】以下哪项陈述是错误的？（　　　）

A. 财务杠杆越高，在企业资产回报率大于资本成本的情况下，能够增加权益回报率

B. 资产周转率越高，其他情况不变时，权益回报率越低

C. 销售净利率越高，其他情况不变时，权益回报率越高

D. 公司如果回购股份，可以增加权益回报率

【解析】正确答案为 B。资产周转率越高，权益回报率越高。

三、杜邦财务分析

（1）杜邦模型（DuPont model）以权益回报率（ROE）为起点的公式进行了进一步分解：

$$
\begin{aligned}
\text{权益净利率（ROE）} &= \text{净利润} \div \text{平均权益总额} \\
&= \text{总资产回报率} \times \text{总资产} \div \text{权益} \\
&= \text{销售净利率} \times \text{总资产周转率} \\
&\quad \times \text{财务杠杆比率（权益乘数）}
\end{aligned}
$$

（2）销售净利率衡量的是企业产品的盈利能力；总资产周转率衡量的是企业的资产利用的效率；而财务杠杆比率（权益乘数）衡量的是企业的财务杠杆水平。杜邦的三因素分解模型揭示了净资产回报率的三个主要因素。

（3）销售净利率的提高可以增加权益回报率，而销售净利率的提高取决于商品的价格和成本费用管理。

（4）总资产周转率的提高可以增加权益回报率，因此提高总资产中的应收账款、存货、固定资产等周转率也可以增加权益回报率。

（5）财务杠杆水平代表着企业的债务水平，债务水平越高，如果资产的回报率能够超过债务的资本成本时，能够增加股东的权益回报率；但资产的回报低于债务的资本成本时，会减少股东的权益回报率。因此，财务杠杆是双刃剑，尽管能够增加权益回报率，但也可能增大了企业的偿债能力风险。

（6）在进行不同企业之间的 ROE 比较时，可以将 ROE 分解为这三个因素，并分析不同公司的 ROE 差距的具体原因。

【例题】某公司预期在可以预见的将来净所得至少为每年 1 000 万美元。请问公司可以通过采取下列哪项有关存货周转率和权益融资的措施来增加其股本回报率？（　　）

A. 存货周转率增加，权益融资增加

B. 存货周转率增加，权益融资减少

C. 存货周转率减少，权益融资增加

D. 存货周转率减少，权益融资减少

【解析】正确答案为 B。存货周转率提高了，总资产周转率提高，ROE 可以提高；权益融资减少了，财务杠杆增加了，则提高了 ROE。

第六节

财务比率分析的局限性

尽管类似流动比率或速动比率这些"关键"的财务比率指标对财务报表的使用者很有用，但财务比率分析本身也具有一定的局限性，例如：

（1）单个比率或指标不能揭示与特定公司相关的所有信息（完

整性）。

（2）某个财务比率没有统一标准，取决于特定行业以及业务模式（标准性与可比性）。

（3）会计政策的选择或会计估计误差，使得财务报表扭曲公司的实际情况（真实性）。

【例题】以下哪项不是财务报表使用者可能的需要？（　　）

A. 投资公众需要知道公司在下一财政年度的利润额

B. 债权人需要相信该公司具备债务偿还能力

C. 供应商需要相信该公司可以支付供应商赊销给该公司产品或材料的货款

D. 管理层需要了解公司的债务偿付能力以及公司未来的收益前景

【解析】正确答案为 A。财务报表并不能告诉投资人公司下一年度的利润情况。

【例题】以下说法中哪个正确？（　　）

A. 折旧费用是已购固定资产价值的冲销，它不会影响公司的净利润

B. 在某一年出现负收益之后，公司在变化分析中应采用百分比方法，因为这有助于明确收益的发展趋势

C. 营运现金流对净收益比率在计算时需要使用股东权益表中的信息

D. 趋势分析或变化分析有助于分析师比较不同年度的绩效

【解析】正确答案为 D。A 错误，折旧费会作为间接成本和期间费用影响净利；B 错误，负收益无法使用百分比方法；C 错误，营运现金流对净收益比率在计算时不需要使用股东权益表中的信息。

本章小结

本章深入探讨了财务报表分析的关键概念和方法，包括百分比式财务报表、财务比率分析。本章通过介绍不同的财务分析工具，帮助读者评估企业的流动性、资本结构和获利能力。

在百分比式财务报表部分，本章介绍了如何将传统的财务报表转换为百分比格式，以便更好地衡量公司的增长趋势和进行横向比较。通过垂直和水平百分比式财务报表，读者可以更清晰地分析公司的财务状况和业绩表现。

财务比率分析部分，本章详细讨论了多种流动性比率、资本结构比率和获利能力比率。这些比率包括流动比率、速动比率、现金比率、现金流量比率、负债权益比率、长期负债与权益比、财务杠杆比率、利息保障倍数等，为读者提供了评估企业短期偿债能力和

长期偿付能力的工具。

获利能力分析部分，本章解释了如何使用毛利润、营业利润、息税前利润、净利润等指标来衡量企业的盈利能力，并进一步分析了资产回报率（ROA）、权益回报率（ROE）和杜邦财务分析等工具，帮助读者深入理解企业的盈利来源和资本结构对股东回报的影响。

本章还讨论了财务比率分析的局限性，指出单一比率或指标无法揭示所有信息，并强调了不同行业之间财务比率的差异性和会计政策对财务报告的影响。

本章习题

1. 在进行纵向分析时，资产负债表和利润表的哪些项目应该被比较？（ ）

A. 不同企业的项目

B. 同一企业的连续期间的项目

C. 同一企业不同部门的项目

D. 同一期间不同行业的项目

2. 横向分析的主要目的是什么？（ ）

A. 比较不同企业的财务表现

B. 比较同一企业不同部门的财务表现

C. 分析同一企业在不同时期的财务表现

D. 分析同一企业在同一期间的财务表现，相对于一个共同基年

3. 如何计算资产负债表上某个项目的增长率？（ ）

A.（当前期间的金额 – 基年的金额）÷基年的金额

B.（当前期间的金额 + 基年的金额）÷2

C. 当前期间的金额 ÷基年的金额

D.（当前期间的金额 × 基年的金额）÷2

4. 财务分析师可以使用多种方法来评估企业的财务前景。下列事例中，哪一项用到了纵向结构百分比报表分析？（ ）

A. 评估企业纵向一体化的相对稳定性

B. 比较两家或两家以上同行业公司的财务比率

C. 测算出广告费占销售收入的2%

D. 比较两家或两家以上不同行业公司的报表项目金额

5. 欧穆尼公司的会计主管要求财务分析师根据过去 4 年的共同百分比财务报表作出分析。该会计主管最为关注以下哪项分析结果？
（   ）

A. 公司如何获得收益

B. 销售增长率

C. 费用占销售额百分比的趋势

D. 公司如何有效地利用资产

6. 一名分析师正在审核某公司的财务报表，该公司的运营收入较上一年度有所下降。已计算出的比率如表 6-10 所示。

表 6-10   财务报表

项目	上一年度	本年度
边际毛利（%）	15	20
营业利润率（%）	12	10
存货周转	10.4	9.8

基于以上信息，分析师可以推断营业收益的降低可能是由于
（   ）。

A. 单位销售收入降低

B. 存货积压

C. 利息支出增加

D. 广告费用增加

7. 以下哪项是比率分析的局限（   ）。

A. 比率中的两个账目之间必须有关系

B. 分析师必须意识到业务所采用的会计准则

C. 不同公司之间缺乏可比性

D. 必须使用统一的会计方法

8. 美纳尔（Mineral）公司的一位财务分析师计算出该公司的财务杠杆度（DFL）为 1.5。如果息税前利润（EBIT）增加 5%，则公司净利润将增加（   ）。

A. 3.33%

B. 1.50%

C. 7.50%

D. 5.00%

9. 配尔（Pearl）制造公司的销售额为 1 000 000 美元，变动成本

为 500 000 美元，固定成本为 250 000 美元。经营杠杆系数是多少？
（　　）

A. 2

B. 1.5

C. 1

D. 0.5

10. 假设某一公司收入保持不变，负债保持不变，则下列公司关于公司权益收益率（ROE）的判断正确的是（　　）。

A. 其他条件不变，资产增加导致权益收益率下降

B. 其他条件不变，负债率下降导致权益收益率提高

C. 其他条件不变，销售成本占销售额的比率下降导致权益收益率下降

D. 其他条件不变，权益增加导致权益收益率提高

11. 为了遵守贷款协议的条款，加斯特卡（Garstka）公司必须将其速动比率（酸性测试比率）提高到 0.9 以上。以下哪项操作最有可能产生预期的结果？（　　）

A. 加快应收账款收入

B. 出售汽车零件

C. 购买有价证券以换取现金

D. 向应付贸易账款付款

12. 格欧德特瑞得（Globetrade）公司是一家零售商，购买的全部商品都来自一个正在经历严重通胀的国家。该公司正在考虑改变其存货计价方法，从先进先出法（FIFO）变为后进先出法（LIFO）。这会对该公司的流动比率和存货周转率有什么影响？（　　）

A. 流动比率和存货周转率都会提高

B. 流动比率会提高，而存货周转率会减少

C. 流动比率和存货周转率都会减少

D. 流动比率会减少，而存货周转率会提高

参考答案

1. 答案：B

解析：纵向分析，也称为垂直分析，涉及比较同一企业在不同时期的财务报表项目，以分析其变化趋势。

2. 答案：D

解析：横向分析，也称为水平分析，涉及将同一企业的当前期间的财务报表项目与一个共同基年的项目进行比较，以分析其变化。

3. 答案：A

解析：增长率是通过将当前期间的金额与基年的金额进行比较来计算的，公式为（当前期间的金额－基年的金额）/基年的金额。

4. 答案：C

解析：纵向分析在利润表中的所有项目（销售调整、费用、利得、损失、其他收入和税收）并通过一系列数据描述每个项目占销售额的百分比。不同规模的公司之间可以通过这种方法进行分析，因为这种分析将基于数据的百分比而不是基于绝对金额。

5. 答案：C

解析：在共同百分比财务报表中，每一项内容是作为一个总量的百分比而列示的。共同百分比利润表显示费用占销售量的百分比，共同百分比资产负债表显示资产、负债及股东权益占资产总额的百分比。系列的共同百分比利润表，显示费用占销售额百分比的变化趋势。

6. 答案：D

解析：从表格数据可以看出，毛利率上升，营业利率下降，两者产生背离最可能的是销售或管理费用。

7. 答案：D

解析：A 中，分析师在分析一个指标时，分子和分母之间一定是存在一定关系的，否则分析出来的数据没有任何意义，也就不会被使用。B 中，不同的会计准则之间进行财务比率分析是没有意义的，核算的标准不同。C 中，公司所处的行业或所提供的服务不同则比率分析的意义不大，不具备可比性。D 中，由于企业采用的会计方法不同，所以在进行比率分析的时候会不适用，使得相互比较非常困难。

8. 答案：C

解析：财务杠杆通过将净利润的百分比变化除以息税前利润（EBIT）的百分比变化来计算。DFL 为 1.5，因此，息税前利润增加 5% 将导致净利润增加 7.5%（1.5×5%）。

9. 答案：A

解析： 经营杠杆 = 边际贡献/营业利润 DOL = （1 000 000 −
500 000）÷（1 000 000 − 500 000 − 250 000）= 2。

10. 答案：A

解析： 采用投资收益率（ROI）的杜邦模型并且乘以杠杆系数，
用来分析权益收益率（ROE）。权益收益率（ROE）= 净利润/销售
额 × 销售额/平均资产 × 资产/权益，在其他变量不变的情况下，权
益收益率会随着总资产的增加而下降销售成本占销售额的百分比
将会下降。利润和 ROE 都会上升随着权益的增长，权益收益率将
会下降。

11. 答案：B

解析： 酸性测试比率的计算方法是：流动资产减去存货和预付
款，再除以流动负债总额。按需出售汽车零件将增加速动比率（酸
性测试比率），从而增加应收账款，而不会改变流动负债。

12. 答案：D

解析： 当价格上升，会计方法从 FIFO 改成 LIFO 后，存货价值
会下降。存货价值变化的效果将导致流动比率下降，但是存货周转
率会上升。

第三部分

规划和预算

（20% – A 和 B 级）

本部分内容深入剖析预算在企业规划中的核心作用，包括设定目标、控制运营、衡量绩效和监督费用。预算编制不仅是资源分配的工具，也是促进组织内部沟通和协调的机制。成功的预算过程需要明确参与者的角色，并确保高层领导的积极参与。

考试大纲概览

1. 预算概念

考生应能：

（1）描述预算编制在整体规划中的作用。

（2）识别预算编制在制定短期目标和规划及控制营运状况以达到这些目标中所起的作用。

（3）理解预算在衡量绩效是否达标中所起的作用。

（4）解释预算在监督和控制费用方面的作用。

（5）识别成功的预算编制过程的特点。

（6）解释编制预算的流程如何促进组织各单位之间相互沟通，并提高组织各项作业之间的协调。

（7）识别谁应该参与预算的编制过程，以使预算达到最佳的结果。

（8）描述在成功的预算编制中最高层所起的作用。

（9）识别对不同种类的预算应如何确定其不同的时限。

（10）描述可控成本的概念。

（11）理解在编制预算中标准成本的运用。

（12）区分主管决定的标准和群众参与制定的标准。

（13）定义预算松弛，并讨论它对目标一致性的影响。

2. 预算方法

对各项不同的预算（年度/总预算、项目预算编制、零基预算编制、连续（滚动）预算和弹性预算编制），考生应能：

（1）定义其目的、适当的用途和时限。

（2）识别预算的组成，并解释各组成部分的相互关系。

（3）理解如何制定预算。

（4）比较预算制度的优点及局限性。

（5）按所提供的信息编制各项预算。

（6）计算预算发生增量变化的影响。

3. 年度运营计划和附表

考生应能：

（1）解释销售预算在制订年度运营计划中所起的作用。

（2）识别在编制销售预算中应考虑的因素。

（3）识别销售预算的组成部分，并编制销售预算。

（4）解释销售预算和生产预算之间的关系。

（5）识别存货水平在编制生产预算中所起的作用。

（6）编制生产预算。

（7）解释存货水平和采购政策如何影响直接材料预算。

（8）根据相关信息编制直接材料和直接人工预算。

（9）把成本分离为固定和变动两个组成部分。

（10）编制间接费用预算。

（11）识别销货成本预算的组成部分，并编制销货成本预算。

（12）识别销售与管理费用预算的组成部分。

（13）编制业务（营业）预算。

（14）编制资本支出预算。

（15）理解资本支出预算和现金预算之间的关系。

（16）定义现金预算的目的，并描述现金预算与其他各项预算之间的关系。

（17）理解信贷政策和采购（应付账款）政策与现金预算之间的关系。

（18）编制现金预算。

第七章

规划与预算

本章将深入学习预算编制的核心要素、步骤和技巧。从设定预算目标、监控预算执行，到根据不同预算类型（例如，年度预算、零基预算）选择适宜的编制策略，我们将一一探讨。学员们将掌握如何制定销售、生产、材料和间接费用等关键预算，并探讨它们之间的相互联系，以及如何共同促进企业的财务稳健。通过本章的学习，学员们将能够熟练地运用预算工具，为企业的财务决策和战略规划提供坚实的数据支撑。

第一节

预算概念

一、预算的基础

预算是一个实体的营运计划和控制工具，它用来确定在一段时间内为实现实体的目标所需要的资源和投入。

（一）预算术语

（1）计划。计划是协调、使用企业内、外部资源的安排，如销售计划、采购计划等经营相关计划，是企业编制预算的前提。

（2）预算。预算是计划的价值化、数量化的表述和安排，是一个实体的营运计划和控制工具，用来确定一段时间内为实现实体的目标所需要的资源和投入。

（3）预算控制。如果没有正式的控制制度，预算只不过是预测，预算控制是一个管理过程。

（二）预算周期

预算周期是指从预算编制开始到预算执行、监控、调整和最终评估的整个过程。预算周期通常包括以下几个阶段：

（1）预算编制（预算期初）。在这个阶段，企业各部门根据历史数据、市场分析和未来预测来编制下一财年的预算。这包括收入预测、成本预算、资本支出计划等。

（2）预算审批（预算中期）。编制好的预算需要提交给管理层或董事会审批。在这个阶段，预算可能会根据组织的财务状况、战略目标和市场环境进行调整。

（3）预算执行（预算期间）。一旦预算获得批准，各部门就开始按照预算执行其运营活动。在执行过程中，需要定期监控预算与实际业绩的对比。

（4）预算监控和调整（预算期间）。企业需要定期比较预算与实际业绩，评估偏差，并在必要时进行调整。这可能包括重新分配资源、调整策略或修改预算。

（5）预算评估（预算期末）。在预算期末，企业会对整个预算周期的执行情况进行评估。这包括分析预算目标的达成程度、评估预算编制的有效性以及规划下一预算周期的预算编制工作。

（6）预算反馈（预算期末）。通过预算评估，企业可以获得宝贵的反馈信息，这些信息可以用来改进未来的预算编制流程，提高预算的准确性和实用性。

预算周期的长度可能因企业的不同而有所不同，有的企业可能采用年度预算，而有的企业可能采用季度预算或滚动预算。滚动预算是一种特殊的预算周期，它允许企业根据当前的业务状况和市场变化不断调整预算，以保持预算的灵活性和适应性。

（三）编制预算的作用

（1）规划。为编制预算，管理者首先应设定发展方向和整体目标，使它能促使组织仔细地审查未来，提前发现问题并采取前瞻性行动。

（2）沟通和协调。预算编制使得组织的目标传达给组织所有成员，所有成员能为实现组织目标而共同努力。

（3）监控。预算设置了标准或绩效指标，管理者可以据此监控组织目标的实现进度。

（4）绩效评估（激励）。预算可以作为员工绩效评估的指南或工具。

二、战略、规划、绩效目标与预算

(一) 战略、规划与预算之间的关系

预算编制的前提是战略分析，战略方向是长短期规划的基础，长短期规划分别引导出长短期预算（三者关系见图7-1）。

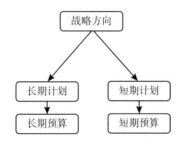

图7-1　战略、规划与预算之间的关系

(二) 预算与绩效目标之间的关系

（1）简单地根据过去的绩效来评估当期表现，过去发生的错误和问题就会自动地成为当期绩效评估基准的构成因素。

（2）预算的使用允许组织使用预期结果作为评估标准，用预算替代历史结果的另外一个好处是过去的业绩并不总能揭示未来的结果，预算能够预见并考虑到经营环境的变化。

（3）绩效评估中，用部门净收入减去可控成本来评估经营更为合理，因此在预算编制中集中关注可控成本，可以将重点放在通过预算编制能够获得最大效益的地方。

三、成功的预算特征

成功的预算通常具备以下共同的特征：

（1）预算与公司战略保持一致。

（2）预算流程相对独立，但应根据战略规划和预测来编制预算。

（3）预算能够用来缓解潜在的"瓶颈"问题，并将资源分配到能最有效地利用的领域（资源有效分配）。

（4）管理层（包括最高管理层）必须充分认可。

（5）员工将预算视作一种规划、沟通及协调工具，而不是压力或惩罚措施。

（6）能够起到激励作用，使员工为实现组织目标努力工作。

（7）预算作为一项内部控制工具，内部使用的预算应以可控成本或酌量性成本为基础实施绩效评估。

四、预算的期间

最常见的预算期间以各个财年为基础，也可以编制长期（如3~5年）或短期（小于1年）预算通常会进一步分解为月度或季度预算，也可以按滚动预算形式编制。

在确定不同种类预算的时间范围时，应考虑企业的具体情况、行业周期以及经济环境的变化。以下是一些常见的方法：

（1）年度预算。年度预算适用于经济环境变化相对稳定、行业周期性较长的企业。年度预算提供一年内的财务目标和计划，有助于企业进行长期规划和决策。

（2）季度预算。季度预算适用于行业周期性较短或经济环境变化较快的企业。通过季度预算，企业可以更及时地对财务情况进行调整和管理。

（3）短期预算。短期预算，如月、周或日度预算，适用于面临紧急情况或需要灵活调整的企业。

（4）长期预算。长期预算通常涵盖未来3~5年的发展规划，是公司中长期战略的数据化，为短期预算提供依据。

（5）滚动预算。滚动预算，又称连续预算，预算期与会计年度脱钩，随着预算执行不断补充预算，逐期向后滚动，始终保持一定长度的预算期，如12个月。

（6）项目预算。项目预算可以以项目期限为基础，要按年度分解。

【例题】预算编制中的计划期间是指（　　）。

A. 预算所涵盖的日历期

B. 制订和采纳预算的活动时间表

C. 年度预算和长期计划所涵盖的日历期间

D. 销售预测：按年度预算

【解析】正确答案为B。考查预算期间的定义。

五、预算的编制方法

各家公司的预算编制方法会有所不同，但这些方法事实上都介于完全权威式预算和完全参与式预算这两个极端之间。

（一）权威式预算

权威式预算（自上而下），是从战略目标直至单个部门的具体预算项等预算内容，均由最高管理层确定。

（二）参与式预算

参与式预算（自下而上），各个层级的经理与某些关键员工一起共同制定本部门的预算，最高管理层通常保留最后的批准权。

权威式预算与参与式预算的优缺点比较如表 7 - 1 所示。

表 7 - 1　　　　　　　权威式预算与参与式预算的优缺点

项目	权威式预算	参与式预算
优点	·最高管理层将战略目标整合到预算中 ·能更好地控制决策，快速执行	·来自较低组织层级的专业信息使预算决策更为可靠 ·较低组织层级与管理层的全面沟通 ·员工参与，受激励
缺点	·指令替代沟通 ·员工不满，不受激励 ·较低组织层级可能不会严格遵循预算	·在预算流程中不优先考虑战略目标 ·高层管理者过松或过严的审批会导致预算松弛
适用情形	小型企业或环境相对稳定的企业	适用于高度波动环境中的各个责任中心

（三）混合式预算

混合式预算有时被看作参与式预算的一种形式，主要特征：

（1）自上而下沟通战略，自下而上实施该目标。

（2）保留了预算的控制权，同时能够获得各个组织层级的专业信息，缺点是预算编制的流程会比较长。

（3）双向沟通：高层管理者理解预算流程参与者的困难与需要；预算参与者理解管理层的两难境地。

（4）较低层管理者的参与使他们能更好地接受预算，而对预算的普遍接受又使他们对实现预算目标做出更大努力。

（5）员工对预算有责任感，加上高级管理层的全面审查，使得预算能够得到遵循。

（6）适用于大多数公司，能实现战略和战术的平衡。

【例题】关于预算流程，下列哪个陈述是正确的？（　　）

A. 自上而下的预算编制方法不能确保遵循战略组织目标

B. 为了防止含糊不清，一旦部门预算目标已经制订，就应该保持不变，即使销售预测在本年度被证明是错误的

C. 随着信息技术的普及，预算作为组织沟通手段的作用有所下降

D. 由于部门经理对组织运作有最详尽的了解，他们应该把这些

信息作为经营预算的基石

【解析】正确答案为 D。由于部门经理对组织运作有最详尽的了解，他们应该把这些信息作为经营预算的基石。

六、预算参与者

预算的编制是一个涉及多方面参与者的集体过程，每个参与者都扮演着特定的角色，以确保预算的准确性和有效性。表 7-2 是预算编制过程中常见的参与者。

表 7-2　　　　　预算编制过程中常见的参与者

预算参与者	参与内容
董事会	审查预算，任命预算委员会
预算委员会	高层经理组成，指导预算编制工作，核准预算，裁决不同的意见，监控预算，检查结果，并审查修改的预算
最高管理层	负有最终责任，明确支持以确保各层经理的理解与支持；确保预算真实；给下属激励；避免预算松弛；正确执行预算，避免预算僵化执行
中低层经理	具体的预算工作，遵循预算指导方针，确定成本、收入和/或投资决策，也有权制定预算
预算协调者	解决预算分歧，包括不同责任中心之间的分歧，总预算不同部分间的分歧
流程专家	参与式预算，非管理人员，对特定领域的成本有非常细致的了解，能使预算得到更多的关注，增加了预算在营运层面得到遵循的可能性

七、预算中人的问题——预算松弛

组织把预算作为业绩评价的目标时，会导致预算松弛（budget slack）或预算虚报问题，即夸大预算成本或少报预算收入来创造可以轻易达到的预算利润。预算松弛需要从目标的制订，到预算审批、执行与分析，绩效管理等全方位的防治，具体包括：

（1）高管层制订预算目标。

（2）严格的预算审批。

（3）预算和实际对比准确度的奖惩。

（4）职业操守-诚信。

（5）作业基础预算。

（6）管理层以身作则，不能带头预算松弛。

【例题】以下哪一个群体最可能导致预算松弛？（　　　）

A. 董事会

B. 最高管理层

C. 预算委员会

D. 中低层级的经理

【解析】正确答案为 D。中低层级的经理为了完成年度预算，最容易导致预算松弛。

【例题】在制定下一年度的预算时，下列哪一种方法会产生最大的积极性和目标一致性？（　　）

A. 允许部门经理制定部门的目标，经理的观点将产生最大的利润

B. 高级管理层制定总体目标并允许部门经理确定如何达到这些目标

C. 在制定公司总体经营计划时，由部门和高级管理层共同制定目标

D. 由部门和高级管理层共同制定目标，部门经理制定实施计划

【解析】正确答案为 D。高级管理人员与部门经理共同参与预算过程中时，目标一致性将增强。

八、预算编制步骤

（1）预算提案。确定战略后，各个责任中心根据公司战略编制预算提案。

（2）预算商议。高级管理层或预算委员会检查预算是否符合组织的战略目标，是否在可接受的范围内。

（3）预算审查与批准。逐层审查和批准，最后一个审查层次通常是预算委员会，通过后提交董事会等待最后批准。

（4）预算修正。预算刚性因组织而异。

九、编制预算中标准成本的运用

标准成本在预算编制中的运用是企业成本控制和决策的重要工具。它通过为产品成本设定预定标准，帮助企业更准确地预测未来成本和费用，从而制定合理的预算。

成本标准是一项操作或服务所应耗费的成本，可以是确立的价格、数量、服务水平或成本。预算人员通常利用标准成本制定预算，并随环境变化更新。

（一）标准成本的确定方式

（1）权威式标准。权威式的标准是由企业的管理层设定的，体现管理层的意志，有利于提高决策过程中的效率；员工只能被动地

接受。

（2）参与式标准。参与式标准的设定者包括了标准的执行者，参与式标准的优点是员工能够广泛接受，起到激励作用，缺点是决策效率低。

（二）成本标准的类型

（1）理想标准。所有情况都在最佳时的可能结果（不允许工作延迟、中断、浪费或机器故障等）。优点是可以作为一种标杆，企业可以采取持续改进标准；缺点是理想的标准通常难以实现，会降低员工的士气。

（2）基本可实现标准。经过一定努力可以实现的标准，受过恰当培训的员工按正常速度操作能达到这种标准要求，允许正常的工作延迟、损耗、浪费等。

（三）标准成本设定中的支持信息

在设定标准成本时，需要综合考虑成本相关的支持信息，包括作业分析、历史数据、市场预期与战略决策、标杆分析等，具体见表7-3。

表7-3　　　　　　　　　　标准成本设定中的支持信息

类别	支持信息
作业分析	作业分析是作业成本法（ABC）的一部分，它是指对完成一项工作任务或经营活动所需的作业，进行识别和分析，是最彻底的成本计算方法，其实施费用也最昂贵
历史数据	相对较容易，但该信息没有作业分析可靠，无法排除过去的低效所具有的负面影响，或者未能考虑到新技术的影响
市场预期与战略决策	能确定产品的最大可允许成本水平，目标成本管理
标杆分析	持续、系统化的量度过程，与最优业绩相比较，并不仅仅指取得同类信息；标杆可以是外部标杆——同行业处于领导地位的公司，也可以是行业中类似流程的其他组织内部标杆

十、总预算的组成要素

总预算是公司及其业务部门在一个年度、一个运营期间或更短期限内的总体运营计划。总预算由营业预算、财务预算两个部分组成。

（1）营业预算。确定营运所需资源以及如何通过购买或自制获得这些资源。生产预算、采购预算、销售预算以及人员配置都属于营业预算。

（2）财务预算。将资金来源与资金使用相匹配以实现公司目标，财务预算包括现金流入预算、现金流出预算、财务状况预算、营业利润预算以及资本支出预算。

【例题】管理层代表会见该公司网球生产线经理和网球制造机器操作员，目的是共同界定在不发生任何意外的情况下所能实现的最佳成本标准。那么这种标准属于哪种类型？（　　）

A. 权威式理想标准

B. 参与式理想标准

C. 权威式当前可实现标准

D. 参与式当前可实现标准

【解析】正确答案为 B。共同界定（参与式）在不发生任何意外的情况下所能实现的最佳成本标准，属于理性的标准。

【例题】与理想标准相比，基本可实现标准做到下列哪一项？（　　）

A. 降低单位产品成本

B. 导致预算编制不太理想的基础

C. 将非常多的津贴用于腐败和工人的低效率

D. 为制造人员提供更好的激励目标

【解析】正确答案为 D。对比一个无法实现的理想标准，工人更容易接受基本可实现标准。

【例题】下列哪一项不是基于作业预算的优势？（　　）

A. 更好地识别资源需求

B. 成本与产出的连接

C. 预算松弛的识别

D. 减少规划不确定性

【解析】正确答案为 D。作业预算法将作业成本法应用于预算编制。它侧重于生产销售商品和服务所必需的众多活动，并要求成本动因分析。作业预算不能降低任何大型组织规划的不确定性程度。

第二节

预算编制方法

一、总预算

总预算（master budget），是企业预算编制过程中的一种综合性预算，它通常包括企业所有预算期的财务计划。总预算将各个部门的预算汇总并协调成一个统一的计划，反映了企业在特定时期内的财务活动和目标。

二、项目预算

项目预算关注的是具体的项目而不是整个公司编制预算，包括特定项目预期所发生的所有成本，例如，一架新飞机的设计或一艘船舶的建设。与总预算关注整个公司的成本不同，项目预算通常只关注与项目相关成本。它有明确的起始时间，跨年度的项目应按年度分解编制预算。

1. 优点

包含所有与项目相关的成本，无论项目规模的大小都容易度量每个项目的影响。

2. 缺点

公司通常需要分配间接费用给不同的项目，导致项目预算不一定准确。

项目预算示例，如表 7 - 4 所示。

表 7 - 4			项目预算表示例		单位：美元
职能	第一季度	第二季度	第三季度	第四季度	合计
设计	800 000	200 000			1 000 000
工程	500 000	1 300 000	400 000		2 100 000
生产		2 100 000	1 500 000	1 500 000	5 100 000
市场		100 000	200 000	200 000	500 000
会计	100 000	100 000	100 000	100 000	400 000
人力资源	20 000	20 000	20 000	20 000	80 000
合计	1 420 000	3 720 000	2 220 000	1 820 000	9 180 000

三、作业基础预算法

作业基础预算法（activity-based budgeting，ABB）关注作业而不是部门或产品，理解每一项作业都有相应的成本动因，关注于增值作业并按作业成本确定预算编制单位。

1. 优点

（1）作业基础预算编制相对准确，可解决预算松弛的问题。

（2）作业基础预算关注增值作业和非增值作业，并努力消除非增值作业，改进企业运营。

2. 缺点

（1）实施和维护成本高。

（2）通常需要系统的支持。

作业预算示例，如表7-5所示。

表7-5　　　　　　　　　　作业预算示例

作业	作业量	单位作业成本	作业成本（美元）
机器调试	80 次调试	4 000 美元/调试	320 000
安装	1 700 美元直接人工工时	5 美元/直接人工工时	8 500
组装	6 000 美元直接人工工时	12 美元/直接人工工时	72 000
质量检验	100 次检验	2 500 美元/检验	250 000
工程变更	15 次变更	10 000 美元/变更	150 000
总间接成本	—	—	800 500

四、零基预算法

零基预算法（zero-based budgeting，ZBB）指在每个预算周期从零开始编制的预算，关注每一个项目在当期的成本合理性。

1. 优点

（1）促使管理者审查所有业务元素，剔除不合理或不太重要的项目，有助于创造高效、精简的组织。

（2）按重要性程度的高低列出部门的所有活动清单，按成本效益原则或标杆指标分配成本。

（3）关注预算中每一个项目的合理性，而不仅仅是关注例外事项，从零开始关注各领域成本的合理性。

2. 缺点

（1）管理者倾向于用光预算期的所有预算资源。

（2）由于并不参考前期的预算结果，之前的经验教训无法在零基预算中得到反映。

（3）年度审查流程长且极费成本，不宜频繁使用。

五、增量预算法

增量预算法（incremental budgeting）以上一个年度的预算为起

点，根据销售额和营运环境的预计变化，自上而下或自下而上地调整上一年度预算中的各个项目。

1. 优点

简单高效，有参考基准。

2. 缺点

（1）当业务发生变化时不宜使用。
（2）暗含的预算松弛不宜解决。

六、连续性（滚动）预算法

连续性（滚动）预算法（continuous budgeting）是在每期的期末，删除已过期的那部分预测，加上新一期的预算，这样预算中所包含的期间数不变，还能根据营运环境变化持续更新预算。

1. 优点

（1）更强的关联性，可以反映当前发生的变化并及时调整未来的预测。
（2）能从更长远的视角而不是年度预算的视角来审视决策。

2. 缺点

（1）费时费力。
（2）需要预算协调人员。
（3）分散管理者的精力。

滚动预算示例，如表7-6所示。

表7-6　　　　　　　　　　滚动预算示例　　　　　　　　单位：美元

产品	第一季度	第二季度	第三季度	第四季度	合计
A	800 000	200 000	600 000	500 000	2 100 000
B	500 000	1 300 000	400 000	500 000	2 700 000
合计	1 300 000	1 500 000	1 000 000	1 000 000	4 800 000

在第一个季度结束后，预算继续向前滚动编制一个季度，如表7-7所示。

表 7 - 7		滚动预算示例		单位：美元
产品	第二季度	第三季度	第四季度	第一季度（下年）	合计
A	200 000	500 000	600 000	700 000	2 000 000
B	1 400 000	500 000	600 000	600 000	3 100 000
合计	1 600 000	1 000 000	1 200 000	1 300 000	5 100 000

七、静态预算

静态预算（static budgeting）。静态预算是指建立在一种销售或生产的水平上的预算。传统的静态预算如表 7 - 8 所示。

表 7 - 8　　　　　　　　静态预算示例

项目	实际成果	静态预算	差异（静态 - 预算）	差异方向
销售数量（个）	24 000	30 000	6 000	不利
销售收入（美元）	3 000 000	3 600 000	600 000	不利
变动成本				
直接材料（美元）	1 491 840	1 800 000	308 160	有利
直接制造人工（美元）	475 200	480 000	4 800	有利
变动制造费用（美元）	313 200	360 000	46 800	有利
变动成本总计（美元）	2 280 240	2 640 000	359 760	有利
边际贡献（美元）	719 760	960 000	240 240	不利
固定成本（美元）	684 000	690 000	6 000	有利
营业利润（美元）	35 760	270 000	234 240	不利

八、弹性预算

与静态预算不同，弹性预算（flexible budgeting）可以反映不同产量水平下的情形，为特定产出水平确立一个基准成本预算。弹性预算只调整变动成本，固定成本保持不变。最常见的应用是为准确地匹配组织的销售预测，它更多作为一种分析工具以确定实际结果与预算间的差异。表 7 - 9 是弹性预算示例。

表 7 - 9　　　　　　　　弹性预算示例

项目	实际结果	弹性预算	弹性预算差异	静态预算（100%）	销售量差异
销售数量（个）	24 000	24 000	0	30 000	6 000（U）
销售收入（美元）	3 000 000	2 880 000	120 000（F）	3 600 000	720 000（U）

续表

项目	实际结果	弹性预算	弹性预算差异	静态预算（100%）	销售量差异
变动成本					
直接材料（美元）	1 491 840	1 440 000	51 840（U）	1 800 000	360 000（F）
直接制造人工（美元）	475 200	384 000	91 200（U）	480 000	96 000（F）
变动制造费用（美元）	313 200	288 000	25 200（U）	360 000	72 000（F）
变动成本总计（美元）	2 280 240	2 112 000	168 240（U）	2 640 000	528 000（F）
边际贡献（美元）	719 760	768 000	48 240（U）	960 000	192 000（U）
固定成本（美元）	684 000	690 000	6 000（F）	690 000	0
营业利润（美元）	35 760	78 000	42 240（U）	270 000	192 000（U）

注：表格中的"F"代表有利差异；"U"代表不利差异。

【例题】以下哪种预算编制法中可能会用到成本动因"调试次数"，以度量某些分批混合生产工作的成本情况（　　）。

A. 作业基础预算法

B. 连续性（滚动）预算法

C. 弹性预算法

D. 增量预算法

【解析】正确答案为 A。传统成本会计通常使用数量动因；基于作业的成本动因可以按照批次、调试次数等这样的成本动因。

【例题】和静态预算相比，弹性预算（　　）。

A. 为经理人员提供了更加切合实际的可控固定成本的预算和实际比较

B. 能更好地理解考核期间的产能差异

C. 鼓励经理人员少耗用固定成本以及多耗用可控变动成本

D. 为经理人员提供更加切合实际的可控收入及成本项目的预算和实际的比较

【解析】正确答案为 D。考查弹性预算的特点。

【例题】一家家族餐饮连锁店。由于一项意想不到的道路建设项目，使得经过位于地点 N 的饭店的客流量大为增加。结果饭店的业务量也异乎寻常地增加。下面哪一种类型的预算最适合用来帮助饭店经理计划好人工成本？（　　）

A. 零基预算　　　　　　　　B. 滚动预算

C. 作业预算　　　　　　　　D. 弹性预算

【解析】正确答案为 D，弹性预算可以反映不同业务量水平下的情形。

第三节

年度运营计划和预算编制

一、总预算的构成

总预算（master budget），也称为综合预算或者年度利润计划，是实体的所有预算及其子公司单位的经营活动计划的全面汇总，包含两个主要组成要素：营业预算与财务预算。

（一）营业预算

营业预算（operating budget）是总预算的主要构成要素，具体包括：

（1）销售预算。

（2）生产预算。

（3）直接材料预算。

（4）直接人工预算。

（5）间接制造费用预算。

（6）期末完工产品存货预算。

（7）销货成本预算。

（8）销售与管理费用预算（研发费预算、设计预算、市场预算、渠道预算、客户服务预算、管理费预算等）。

（二）财务预算

财务预算（financial budget）的重点在于获得购买运营资产所需的资金，具体包括：

（1）资本预算。

（2）预测现金付款预算。

（3）预测现金收款预算。

（4）现金预算。

（5）模拟（预算）资产负债表。

（6）模拟现金流量表。

具体的财务预算编制流转顺序见图 7 - 2。

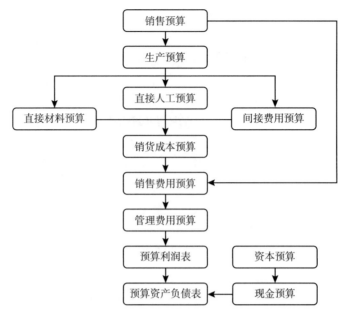

图 7-2　财务预算编制流转顺序

二、营业预算

（一）销售预算

（1）销售预算（sales budget），是营业预算的基本驱动因素，是预算的第一步，为其他预算的编制奠定了基础。

（2）编制销售预算通常需要考虑以下因素：历史销售趋势、经济和产业状况以及相关指标、竞争者的行为、不断上升的成本、定价和信用提供政策、广告与市场营销支出额、未履行的订单数量、销售渠道中的销售机会。

（3）预测技术。统计分析技术如回归分析和时间序列分析等；还依赖销售经理对所在市场和客户需求的准确了解。

（4）销售预算的两个关键要素：

①下一期间的预计销售数量。

②预计的销售价格。

表 7-10 是 ABC 公司的销售预算示例。

表 7-10　　　　　　　　　ABC 公司的销售预算示例

项目	7 月	8 月	9 月	第三季度
销售数量（个）	70 000	72 000	77 000	219 000
单位价格（美元）	11 080	11 080	11 200	价格有变化
总销售额（美元）	775 600 000	797 760 000	862 400 000	2 435 760 000

（二）生产预算

（1）完成销售预算后，制造企业进入第二个重要环节即生产预算（production budgets）。

（2）生产预算（制造型企业）建立在销售数量的基础上（非金额）加上或减去期望的存货水平的变化，基本公式如下：

> 预算产量＝预算销售量＋预期期末存货－期初存货

表7－11是ABC公司的生产预算示例。

表 7 – 11　　　　　　　　　ABC 公司的生产预算示例　　　　　单位：个

项目	7月	8月	9月	第三季度
预算销售数量	70 000	72 000	77 000	219 000
加：预期期末产品存货	10 000	11 000	12 000	12 000
需要生产的数量	80 000	83 000	89 000	231 000
减：期初成品存货	8 000	10 000	11 000	8 000
预算生产量	72 000	73 000	78 000	223 000

（3）生产预算一旦完成后，可以用于下一步三种额外的预算：

①直接材料预算。

②直接人工预算。

③间接制造费用。

【例题】一个企业预算下两期的销售分别是50 000个和55 000个。这个公司的政策是期末存货是下期预测销售量的20%。这个政策是被满足的。一期的预算生产量是（　　）个。

A. 51 000　　　　　　　　　　B. 49 000

C. 50 000　　　　　　　　　　D. 61 000

【解析】正确答案为A。一期的期末存货＝55 000×20%＝11 000个；一期的期初存货＝50 000 000×20%＝10 000个；一期的预算生产量＝50 000＋11 000－10 000＝51 000个。

【例题】公司从事微波炉的塑料转盘的生产。公司明年的四个季度的销量分别预计为65 000个、72 000个、84 000个和66 000个单位。公司在每个季度末的产品库存量要保持为下一个季度销量的50%。请问第二季度应该生产（　　）个单位。

A. 72 000　　　　　　　　　　B. 75 000

C. 78 000　　　　　　　　　　D. 84 000

【解析】正确答案为C。第二季度初（第一季度末）的存货＝72 000×50%＝36 000个；第二季度末存货＝84 000 000×50%＝

42 000 个；第二季度生产 = 72 000 + 42 000 - 36 000 = 78 000 个。

（三）直接材料预算

（1）直接材料预算用来确定生产中所需耗用的材料及材料的成本，必须采购的数量和采购的成本。

（2）基本公式为：

$$\text{所需采购的直接材料} = \text{生产中耗用的直接材料} + \text{预期的期末直接材料存货} - \text{期初直接材料存货}$$

【例题】公司制造汽车所需的电子元件。每个元件需要两种原料，原料 G 和原料 C。每件成品元件需要的两种原料标准耗用量以及当前库存量如表 7 - 12 所示。

表 7 - 12 库存量

原料	标准单耗（磅）	价格（美元）	当前库存量（磅）
原料 G	2	15	5 000
原料 C	1.5	10	7 500

公司预计以后的两个生产期的销量为 20 000 件。同时公司政策还要求期末原料库存量要维持在生产下期销量所需的原料用量的 25%。基于以上资料，下一期预算的直接材料采购成本将是（　　）。

A. 原料 G 450 000 美元，原料 C 450 000 美元

B. 原料 G 675 000 美元，原料 C 300 000 美元

C. 原料 G 675 000 美元，原料 C 400 000 美元

D. 原料 G 825 000 美元，原料 C 450 000 美元

【解析】正确答案为 B。原料 G 采购量 = 20 000 × 2 + 20 000 × 2 × 25% - 5 000 = 45 000 美元。成本 = 45 000 × 15 = 675 000 美元。

原料 C 采购量 = 20 000 × 1.5 + 20 000 × 1.5 × 25% - 7 500 = 30 000 美元。

成本 = 30 000 × 10 = 300 000 美元。

（四）直接人工预算

直接人工预算用来确定为满足生产要求，所需的直接人工工时数及成本。基本公式如下：

$$\text{生产中所需的直接}\atop\text{人工工时数} = \text{预期产量} \times {\text{单位产品所需的}\atop\text{直接人工工时数}}$$

$$\text{直接人工成本的}\atop\text{预算额} = {\text{生产中所需的直接}\atop\text{人工工时数}} \times {\text{直接人工工时的}\atop\text{单位成本}}$$

【**例题**】公司来年预算资料如下：

产成品期初存货	10 000 美元
产品销货成本	400 000 美元
生产耗用直接材料	100 000 美元
产成品期末存货	25 000 美元
在产品期初、期末存货	0 美元

预计制造费用相当于直接人工金额的 2 倍。请问来年的直接人工预算额应该是（　　）美元。

A. 315 000　　　　　　　　B. 210 000

C. 157 500　　　　　　　　D. 105 000

【**解析**】正确答案为 D。本期生产产品 = 销货成本 + 期末存货 − 期初存货 = 400 000 + 25 000 − 10 000 = 415 000 美元。

本期生产产品（415 000 美元） = 直接材料（100 000 美元） + 制造费用 + 直接人工，由于制造费用 = 2 倍直接人工，计算可得直接人工 = 105 000 美元。

（五）间接费用预算

对未划入直接材料预算和直接人工成本预算中的生产成本，均予以编制间接费用（overhead）预算，包括了变动间接费用预算和固定间接费用预算。

1. 变动间接费用

变动间接费用通常随产量变动而变动，通常包括间接材料，间接人工和一些间接的变动工厂运营费用，如电力。预算管理人员需要根据直接人工预算（人工工时/机器工时）估计变动项目的成本。表 7−13 列了某公司的变动成本预算（变动间接费用在完工成本的分摊基础是直接人工）。

表 7−13　　　　　　　　　变动成本预算

变动间接费用	4 月	5 月	6 月	第二季度合计
预测的直接人工工时合计（小时）	2 040	2 520	3 640	

变动间接费用	4 月	5 月	6 月	第二季度合计
单位直接人工工时的变动间接费用分摊率（美元）	2	2	2	
预测的变动间接费用（美元）	4 080	5 040	7 280	16 400

2. 固定间接费用

预算不随产量变动而变动，如折旧费用，管理人员工资、保险、财产税等。具体如表 7-14 所示。

表 7-14 固定间接费用

固定间接费用	4 月	5 月	6 月	第二季度合计
预测的固定间接费用（美元）	9 000	9 000	9 000	27 000
预测的产量（个）	1 020	1 260	1 820	
每单位固定间接费用（美元）	8.82	7.14	4.95	

（六）期末完工产品存货预算

（1）完工产品的存货的主要构成（直接材料、直接人工、变动间接费用、固定间接费用）预测完成以后，就可以编制期末完工产品成本的存货预算。

（2）完成产品预算的最后结果对模拟的资产负债表有直接的影响。如果越多的成本在完工产品中资本化，模拟的资产负债表的资产就更高。

（3）表 7-15 是单位成本计算的示例，假设采用先进先出法（FIFO）。

表 7-15 单位成本计算示例

项目	数量（个）	成本（美元）	每单位完工产品成本（美元）
直接材料——A 材料	3	12.00	36.00
直接材料——B 材料	2	8.00	16.00
直接人工	2	24.00	48.00
变动间接费用	2	2.00	4.00
固定间接费用	1	4.95	4.95
完工产品成本	—	—	108.95

预测期末存货的成本=FIFO下的完工单位成本（108.95美元）×预测数量（假设200个）=21 790美元。

（七）销货成本预算

（1）销货成本预算通常在生产预算、直接材料预算、直接人工预算和间接费用预算完成后开始编制，通过区分固定成本和变动成本计算企业的边际贡献。

（2）基本公式。

> 销货成本=期初产成品库存+本期生产成品-期末产成品库存

（3）表7-16销货成本预算示例。

表7-16　　　　　　　　销货成本预算示例　　　　　　单位：美元

项目		金额
期初完工产品存货		16 200
生产成本		
直接材料——A材料	174 960	
直接材料——B材料	74 720	
直接人工	196 794	
变动间接费用	16 400	
固定间接费用	27 000	
产品的生产成本		489 874
可供出售产品成本		506 074
期末产品存货		(21 790)
销货成本		484 284

（4）销货成本计算出来以后，可以计算出产品的毛利等，如表7-17所示。

表7-17　　　　　　　　产品毛利计算示例　　　　　　单位：美元

项目	金额
销售收入	1 564 000（来自销售预算）
减：销货成本	(484 284)
毛利	1 079 716

（八）销管费用（S&A）预算

非制造费用通常归入单独预算，称为"销管费用预算"或"非制造成本预算"，也可以进一步划分为变动成本和固定成本。

销售费用，包括销售部门的工资与佣金、差旅费、广告支出、客户服务费用等与销售环节相关费用。

管理费用，包括研发费用、管理人员工资、法律与专业服务费、保险费等与管理相关的费用。

表7-18为销售和管理费用预算示例。

表7-18　　　　　销售和管理费用预算示例

项目	4月	5月	6月	第二季度合计
变动的销管费用				
预测的销售数量（个）	1 000	1 200	1 800	
变动销管费用（美元）	×3	×3	×3	
变动的销管费用小计（美元）	3 000	3 600	5 400	12 000
固定的销管费用				
研究与开发（美元）	8 000	8 000	8 000	24 000
设计（美元）	4 000	4 000	4 000	12 000
市场（美元）	7 000	7 000	7 000	21 000
分销（美元）	10 000	10 000	10 000	30 000
客户服务（美元）	11 000	11 000	11 000	33 000
管理费用（美元）	50 000	50 000	50 000	150 000
固定销管费用小计（美元）	90 000	90 000	90 000	270 000
总的销管费用合计（美元）	93 000	93 000	93 000	282 000

（九）模拟经营利润表

在前面各项经营预算的基础上，可以编制模拟利润表（pro forma operating income），表7-19为模拟预算利润表示例。

表7-19　　　　　模拟预算利润表　　　　　单位：美元

项目	金额
销售收入	1 564 000
销货成本	(484 284)
毛利	1 079 716
销管费用（S&A）	(282 000)
经营利润	797 716

三、财务预算

编制经营预算后，可以编制财务预算，相关的编制流程如图 7 - 3 所示。

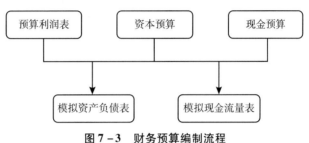

图 7 - 3 财务预算编制流程

（一）资本预算（capital budget）

（1）资本性项目的特点是涉及的期限长、金额大。资本性支出预算通常需要董事会的批准。

（2）由于每个公司的资源有限，因此对资本性项目根据其风险与回报对其评价很重要。

（3）资本预算对资本项目的划分可以按项目类型（如机器、设备）、按融资额度划分（融资时间先后）、投资项目的理由划分（流程改进、取代过时的设备）。

（4）资本预算对现金预算和模拟财务报表都有直接的影响：项目的资本融资对现金流有影响，同时债务对资产负债表的负债有影响。

（二）现金预算（cash budget）

（1）现金预算按照收付实现制编制，是财务预算循环中的一部分，与所有的营业预算的时间都有密切的关系。

（2）现金预算对任何一家企业来说都非常重要，即使对于规模很大的企业，如果出现现金流的临时短缺也可能会陷入破产。因此，通常需要制定合适的现金流预算（如制定年度、季度、月度甚至每周的现金预算），防止企业陷入财务困境。

（3）所有其他预算的编制都会影响现金流预测。此外，也需要考虑收款政策，坏账的估计，采购的信用政策等。

（4）现金预算编制的主要步骤如表 7 - 20 所示。

表 7 - 20　　　　　　　　　现金预算编制的主要步骤

主要内容	解释说明
现金收入	当期全部现金收款，包括当期和前期销售的回款
现金支出	当期的所有现金支出，如材料、费用、资本性支出、分红等
现金结余/短缺	现金收入 - 现金支出
融资安排	流动性水平低于设定水平时，寻找现金来源；高于设定水平时用于暂时性投资，获取更高的收益

【案题】ABC 公司现金预算政策为每个月不低于 50 000 美元。公司编制 9 月的现金预算：假设公司有 80 000 美元的期初余额，1 063 000 美元的本期现金收款，1 185 000 美元的本期现金支付，以及 95 000 美元的信用借款，利息在下个月支付。这一预算将使公司在 9 月末的现金余额为 53 000 美元，高于公司的最低现金水平要求。计算过程如下：

期初现金余额	80 000
+ 本期现金收款	1 063 000
本期可用现金	1 143 000
- 本期现金支付	(1 185 000)
期末现金余额（融资前）	(42 000)
本期借款	95 000
利息支付	0
本期还款	0
期末现金余额	53 000

本章小结

本章全面探讨了预算的概念、编制方法、组成部分以及其在企业财务管理中的应用。本章首先介绍了预算的基础知识，包括预算的定义、术语、周期和作用，强调了预算作为企业营运计划和控制工具的重要性。

在预算编制方法方面，本章详细讨论了不同类型的预算，例如，总预算、项目预算、作业基础预算法、零基预算法、增量预算法、连续性（滚动）预算法和弹性预算法。每种方法都有其特定的应用场景和优缺点，企业可以根据自身的需求和环境选择最适合的预算编制方法。

本章还深入分析了年度运营计划和预算编制的具体步骤，包括销售预算、生产预算、直接材料预算、直接人工预算、间接制造费用预算、销货成本预算、销售管理费用预算等。这些预算共同构成了企业的营业预算，它们相互关联，共同支持企业的财务规划和控制。

财务预算部分，本章介绍了资本预算、现金预算、预算利润表、模拟资产负债表和模拟现金流量表等，这些预算有助于企业管理和控制资金流动，确保企业的财务健康。

最后，本章通过多个例题和解析，帮助读者更好地理解和掌握预算编制的关键概念和技巧，为实际工作中的预算编制提供了实用的指导。通过这些内容，读者可以了解到预算不仅是财务规划的工具，也是企业战略实施和绩效评估的重要组成部分。

本章习题

1. 预算编制在整体规划中的作用是什么？（　　）

A. 仅作为记录实际业绩的文档

B. 作为制定短期目标和规划及控制营运状况以达到这些目标的工具

C. 作为分配资源的唯一标准

D. 作为衡量员工绩效的唯一指标

2. 预算在监督和控制费用方面的作用是什么？（　　）

A. 预算不涉及费用的监督和控制

B. 预算提供了一个基准，用于监控和控制费用，确保费用在预定的限额内

C. 预算只用于监控销售和收入，不涉及费用

D. 预算用于控制所有类型的成本，包括不可控成本

3. 成功的预算编制过程的特点包括哪些？（　　）

A. 只有财务部门参与

B. 缺乏高层的支持和参与

C. 预算过程不透明，缺乏沟通

D. 跨部门合作，高层支持，透明的过程

4. 在编制预算中，可控成本的概念是什么？（　　）

A. 可控成本是指无论管理层如何行动都不会改变的成本

B. 可控成本是指管理层的决策和行动可以直接影响的成本

C. 可控成本是指与生产量无关的成本

D. 可控成本是指固定成本

5. 预算松弛对目标一致性的影响是什么？（　　）

A. 预算松弛增强了目标一致性

B. 预算松弛可能导致目标不一致性，因为它可能鼓励管理层设置过于宽松的目标

C. 预算松弛对目标一致性没有影响

D. 预算松弛总是负面的，因为它意味着预算过程的失败

6. 年度预算的目的是什么？（　　）

A. 为整个组织提供一年的财务计划

B. 为特定项目提供详细的财务计划

C. 为整个组织提供一个月的财务计划

D. 为整个组织提供整个季度的财务计划

7. 项目预算编制的适当用途是什么？（　　）

A. 为整个组织提供一年的财务计划

B. 为特定项目提供详细的财务计划

C. 为整个组织提供一个月的财务计划

D. 为整个组织提供整个季度的财务计划

8. 零基预算编制的定义是什么？（　　）

A. 一种预算方法，其中预算基于前一年的支出

B. 一种预算方法，其中预算从零开始，不考虑前一年的支出

C. 一种预算方法，其中预算基于固定成本

D. 一种预算方法，其中预算基于变动成本

9. 连续（滚动）预算的主要优点是什么？（　　）

A. 它提供了一个固定的年度财务计划

B. 它允许灵活地适应变化，因为它定期更新

C. 它只关注当前年度的财务计划

D. 它只关注特定项目的财务计划

10. 弹性预算编制的目的是什么？（　　）

A. 为整个组织提供一年的财务计划

B. 为特定项目提供详细的财务计划

C. 为不同的业务量水平提供灵活的预算

D. 为整个组织提供一个月的财务计划

11. 销售预算在制订年度运营计划中起什么作用？（　　）

A. 它决定了公司的长期战略方向

B. 它提供了未来销售活动的财务预测

C. 它管理公司的现金流量

D. 它控制公司的资本支出

12. 在编制销售预算时应考虑的因素包括哪些？（　　）

A. 市场趋势和季节性因素

B. 竞争对手的活动

C. 产品定价策略

D. 所有上述因素

13. 销售预算的组成部分包括哪些？（　　）

A. 销售量和销售价格

B. 销售折扣和销售退货

C. 销售促销和广告费用

D. 所有上述因素

14. 销售预算和生产预算之间的关系是什么？（　　）

A. 销售预算不影响生产预算

B. 生产预算是基于销售预算的销售预测

C. 生产预算决定了销售预算

D. 两者是独立的，没有直接关系

15. 存货水平在编制生产预算中起什么作用？（　　）

A. 存货水平不影响生产预算

B. 存货水平决定了生产预算

C. 存货水平需要考虑以避免过度库存或缺货

D. 存货水平只影响采购决策

16. 直接材料预算受哪些因素的影响？（　　）

A. 销售预算和生产预算

B. 存货水平和采购政策

C. 直接材料的价格和可用性

D. 所有上述因素

17. 成本分离为固定和变动两个组成部分的目的是什么？（　　）

A. 为了更好地控制成本

B. 为了更准确地预测成本

C. 为了更有效地管理预算

D. 所有上述因素

18. 固定间接费用预算的组成部分包括哪些？（　　）

A. 租金、保险和折旧

B. 销售佣金和广告费用

C. 工资和员工奖金

D. 所有上述因素

19. 业务（营业）预算的组成部分包括哪些？（　　）

A. 销售预算、生产预算和直接材料预算

B. 销售预算、生产预算和间接费用预算

C. 销售预算、生产预算和销售与管理费用预算

D. 所有上述因素

20. 现金预算的目的是什么？（　　）

A. 预测未来的现金流量

B. 控制公司的资本支出

C. 管理公司的长期投资

D. 记录公司的固定资产

参考答案

1. 答案：B

解析：预算编制是整体规划的重要组成部分，它帮助企业制定短期目标，规划和控制营运活动，以确保达成这些目标。

2. 答案：B

解析：预算通过提供一个基准，帮助管理层监控和控制费用，确保费用支出符合预期目标。

3. 答案：D

解析：成功的预算编制过程通常包括跨部门合作，得到高层的支持和参与，以及一个透明和沟通充分的过程。

4. 答案：B

解析：可控成本是指那些管理层的决策和行动可以直接影响的

成本，这些成本可以通过管理努力在短期内被控制或改变。

5. 答案：B

解析： 预算松弛是指在预算编制过程中故意设置低于实际预期的目标，这可能导致目标不一致性，因为它可能鼓励管理层设置过于宽松的目标，从而影响组织的整体绩效。

6. 答案：A

解析： 年度预算的目的是为整个组织提供一年的财务计划，它涵盖了企业在一年内预期的收入和支出。

7. 答案：B

解析： 项目预算编制的适当用途是为特定项目提供详细的财务计划，它专注于特定项目的成本和收益。

8. 答案：B

解析： 零基预算编制是一种预算方法，其中预算从零开始，不考虑前一年的支出，而是根据当前的需要和优先级来确定预算。

9. 答案：B

解析： 连续（滚动）预算的主要优点是它允许灵活地适应变化，因为它定期更新，通常每季度或每月更新一次，以反映最新的信息和预测。

10. 答案：C

解析： 弹性预算编制的目的是为不同的业务量水平提供灵活的预算，它允许企业根据实际业务量调整预算，以更好地反映预期的成本和收入。

11. 答案：B

解析： 销售预算是年度运营计划的重要组成部分，它提供了未来销售活动的财务预测，包括预期的销售量和销售收入。

12. 答案：D

解析： 编制销售预算时，应考虑多种因素，包括市场趋势、季节性因素、竞争对手的活动、产品定价策略等。

13. 答案：D

解析： 销售预算的组成部分包括销售量和销售价格、销售折扣和销售退货、销售促销和广告费用等。

14. 答案：B

解析： 生产预算是基于销售预算的销售预测来编制的，以确保生产活动能够满足预期的销售需求。

15. 答案：C

解析： 在编制生产预算时，需要考虑存货水平，以确保生产活动能够满足销售需求，同时避免过度库存或缺货。

16. 答案：D

解析： 直接材料预算受多种因素的影响，包括销售预算和生产预算、存货水平和采购政策、直接材料的价格和可用性。

17. 答案：D

解析： 成本分离为固定和变动两个组成部分有助于更好地控制成本、更准确地预测成本以及更有效地管理预算。

18. 答案：A

解析： 固定间接费用预算通常包括固定成本，如租金、保险和折旧等。

19. 答案：C

解析： 业务（营业）预算通常包括销售预算、生产预算和销售与管理费用预算。

20. 答案：A

解析： 现金预算的目的是预测未来的现金流量，以确保公司有足够的流动性来满足其短期财务需求。

第四部分

成本管理和绩效指标

在瞬息万变的商业环境中，管理会计人员必须理解成本核算与管理的基本原理及方法，同时精通绩效管理之道。本部分内容旨在深入剖析成本管理的核心概念，并揭示如何运用绩效指标来精准评估与优化企业的整体运营效能。

本部分内容包括：成本计量的概念、变动和固定间接费用、成本与差异核算以及绩效考核。

考试大纲概览

1. 成本计量概念

考生应能：

（1）计算固定、变动和混合成本，并理解每种成本在长期和短期内的习性。

（2）识别并定义成本核算方法，诸如实际成本法、正常成本法和标准成本法。

（3）识别变动（直接）成本法和吸收（全部）成本法的区别。

（4）定义分批成本法。

（5）定义作业成本法。

（6）定义分步成本法。

2. 变动和固定间接费用

（1）识别变动间接费用的组成部分。

（2）识别固定间接费用的组成部分。

（3）理解公司间接费用和部门间接费用的区别。

（4）使用适当的间接费用率计算公司间接费用和部门间接费用。

（5）根据特定指标分摊间接费用到产品，以计算分配给产品的间接费用成本。

3. 成本与差异核算

考生应能：

（1）计算预算的有利和不利差异，并对差异作出说明。

（2）比较实际结果与弹性预算，计算弹性预算差异。

（3）定义标准成本制度，并识别采用标准成本制度的理由。

（4）理解价格（费率）差异，并计算直接材料价格差异和直接人工价格差异。

（5）理解效率（用量）差异，并计算直接材料效率差异和直接人工效率差异。

4. 绩效考核

考生应能:

(1) 计算产品线的获利能力、经营单位获利能力和顾客获利能力。

(2) 定义并计算投资回报率（ROI）。

(3) 分析并解释投资回报率的计算。

(4) 定义剩余收益（RI）。

5. 用于决策的成本信息

考生应能:

(1) 理解本量利（CVP）分析（保本分析），并计算保本销售量。

(2) 识别并定义相关成本（增量成本、边际成本或差量成本）、沉没成本、可避免成本、显性成本和隐性成本。

(3) 解释为什么沉没成本与决策过程不相关。

(4) 理解并计算机会成本。

(5) 在给定数据的情况下，计算相关成本。

(6) 定义并计算边际成本和边际收入。

第八章

成本计量概念

本章将学习成本会计的基础知识，包括成本的定义、成本对象的识别、成本归集与分配的过程。我们将学习如何通过不同的成本核算方法，如实际成本法、正常成本法和标准成本法，来计算产品或服务的成本。此外，本章还将介绍分批成本法、分步成本法和作业成本法等成本归集制度，以及它们在现代企业中的应用。通过这些内容，你将能够更好地理解成本管理的复杂性和重要性，以及如何利用成本信息进行有效的决策。让我们开始探索成本计量的世界，为你的财务分析和决策提供坚实的基础。

第一节

成本会计相关术语解释

一、成本的概念

成本是企业在生产、提供服务或进行其他经营活动中所发生的各种费用的总和。它通常用来衡量为了达到某个特定目的或生产某个特定产品所需要付出的经济资源的价值。

二、成本对象

成本对象（cost object）是指企业需要计量成本的对象，它可以是一件产品、一项服务、一个顾客、一个批次、一个合同、一个项目或者是一个部门等。成本对象是成本归集和分配的基本单位，通过对成本对象的单独测定，企业可以更准确地计算出各个对象的总成本和单位成本，从而为成本控制、预算编制和业绩评估提供依据。

在管理会计中，成本对象的定义与应用尤为重要。管理会计侧重于为企业内部提供决策支持信息，而成本对象正是这些信息的重要载体。例如，通过将成本分配到特定的产品、服务或项目上，管理层可以更好地理解各个业务领域的成本结构和盈利能力。

成本对象的确定是成本核算的关键步骤，它决定了成本的归集和分配方式。在不同的生产类型和企业管理模式下，成本对象的确定方法也会有所不同。例如：在批量生产的企业中，成本对象可能是每种产品；而在单件生产的企业中，成本对象可能是每批产品。

成本对象的多样性和层次性意味着企业可以根据不同的需求和策略，选择不同级别的成本对象进行成本控制和管理。例如，企业可以针对不同的产品线、服务项目或市场区域设定成本对象，以便更精确地进行成本分析和决策。

【案例】假设 ABC 公司为汽车生产商，具有多个产品线，生产轿车、SUV 和卡车等，其成本对象如表 8-1 所示。

表 8-1　　　　　　　　成本对象描述示例

成本对象	描述或示例
产品维度	轿车、SUV 和卡车等不同产品线的成本
服务维度	不同产品线服务客户的成本
项目维度	研发一款新车的项目周期成本
部门维度	生产部门或质量安全部门的成本

三、成本归集

成本归集（cost accumulation），是指将企业在生产过程中所发生的各种费用，按照一定的对象（如产品、服务、项目、客户等）进行分类和汇总的过程。这一过程的目的是确定各个成本对象的成本总额，为计算完工产品成本提供依据。

例如，如果一家制造企业生产多种产品，成本归集会涉及将原材料、直接人工、制造费用等直接成本直接分配给相应的产品。同时，也会将水电费、厂房折旧、管理费用等间接成本，按照一定的标准（如直接工时、机器工时、材料消耗量等）分配到各个产品上。

四、成本分配

成本分配（cost assignment），是指将企业在生产和运营过程中发生的共同成本（也称为间接费用）分配到各个成本对象上的过程。这些成本对象可以是产品、服务、部门、项目等。成本分配的目的是更准确地计算出各个成本对象的总成本，从而为成本控制、定价和财务报告提供依据。

成本分配通常涉及到一些分配基础或分配率，这些基础或分配率用于确定如何将共同成本分摊到各个成本对象上。分配基础可以是直接劳动小时、机器小时、材料消耗量、产品重量、产品数量等（见图8-1）。

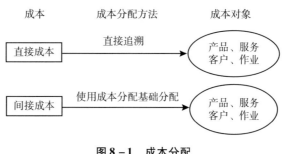

图8-1　成本分配

例如，一家生产多种型号电视机的工厂，其生产线上的折旧费用、维护费用和管理人员工资是共同成本。这些成本可以通过直接劳动小时或机器小时来分配到不同的电视机型号上。

第二节

成本的分类

一、生产成本和非生产成本

（一）生产成本

生产成本（manufacturing cost），也称为制造成本，产品的制造成本通常可以分成以下三类：第一，直接材料。第二，直接人工。第三，间接生产成本（manufacturing overhead）。包括间接材料、间接人工以及工厂运营成本，如工厂相关的折旧、房产税、保险费等。

生产成本又通常可以分成两种类型成本：

（1）主要成本（prime cost）。主要成本等于直接材料加上直接人工成本，即可以直接归属于产品的成本。主要成本是相对于间接成本而言的。

（2）转换成本（conversion cost）。转换成本等于直接人工成本加上间接生产成本，即将直接材料转化为产成品所需要的成本。转换成本是相对于材料成本而言的。

（二）非生产成本

非生产成本，也称非制造成本（nonmanufacturing），主要包括：

（1）销售（市场）费用（selling expense）。将产品从工厂到消费者环节发生的费用，主要包括销售人员工资，广告费用等。

（2）管理费用（administrative expense）。公司发生与生产成本以及销售费用无关的费用，例如，总部房地产的折旧、行政管理人员的工资等。

二、产品成本和期间成本

（一）产品成本

产品成本（product costs），产品成本是指可确认为生产的产品或为再出售而购买的产品的成本（产品成本最初是资本化的产成品成本的一部分，也称为"存货成本"，出售时以销货成本的形式变为费用）。

（二）期间成本

期间成本（period cost），期间成本是指在当期不经过存货阶段即作为费用的成本（费用化成本），期间成本与非生产过程的价值链（研究、设计、市场、运输和客户服务）相联系，不在财务报表中作为存货体现。

（三）产品成本与期间成本的区别

区分产品成本和期间成本是很重要的，因为按照美国通用会计准则（U S GAAP）要求的对外的财务报告需要专门列示生产成本。

（1）对于对外财务报告，所有生产成本（直接材料、直接人工，变动生产间接费用和固定间接生产费用）都作为产品成本；所有的销售费用和管理费用（S&A）作为期间成本。这种方法通常称为吸收成本法或完全成本法。

（2）对于内部管理会计报告，为获得更多相关的信息，存货成本仅包括变动制造（生产）成本，不包括固定制造成本，变动成本法将固定制造成本作为成本发生期间的费用（期间费用）。这种方法称为变动成本法或直接成本法。

三、变动成本、固定成本和混合成本

按照成本性态（cost behavior），成本可以划分为变动成本、固定成本与混合成本：

（一）变动成本（variable cost）

（1）单位变动成本在相关范围内（业务量范围，通常是短期内）保持固定，不随产量（或作业、数量和其他成本动因）的变化而变化。

（2）总的变动成本总额在相关范围内，与产量成正比变化。

（二）固定成本（fixed cost）

（1）单位固定成本随着产量（或作业、数量和其他成本动因）的上升而下降，两者是反方向关系。

（2）总的固定成本在相关范围内（短期）保持不变。

两者的对比如图 8 - 2 所示。

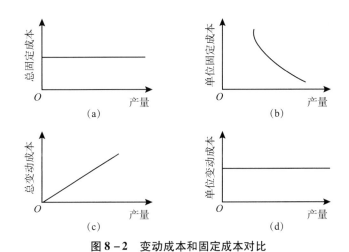

图 8 - 2　变动成本和固定成本对比

（三）混合成本（mixed cost）

（1）混合成本又称为半变动成本，具有变动成本和固定成本两者的特征（见图 8 - 3）。例如，公司租赁的汽车成本包括一部分固定成本和一部分与驾驶的公里数相关的变动成本。

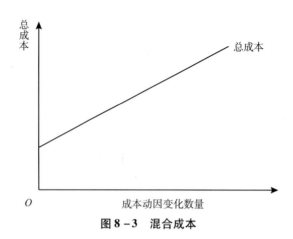

图 8 - 3　混合成本

【案例】ABC 公司为提高生产效率，租赁一台机器用于生产。租金是 150 000 美元，同时每单位产品的生产需要 1 美元的成本。则成本结构如表 8 - 2 所示。

表 8 - 2　　　　　　　　　　　　ABC 公司成本结构

产出数量 （个）	机器的固定成本 （美元）	机器的变动成本 （美元）	总成本 （美元）
0	150 000	0	150 000
100	150 000	100	150 100
1 000	150 000	1 000	151 000
5 000	150 000	5 000	155 000
10 000	150 000	10 000	160 000

（2）估计混合成本的两种方法：

①线性回归法或散点图法，由于较为复杂，FMAA 考试中不会涉及相关内容。

②高低点法（the high-low method）。相对于回归法，高低点法精确性较低，但方便计算。计算过程如下：假设混合成本函数为 $y = a + b \times x$，即总成本 = 固定成本 + 变动成本。

第一步：先单独计算变动成本的比例部分，即参数 b。b =（最高点作业水平的成本 - 最低点作业水平的成本）÷（最高点作业水平的成本动因 - 最低点作业水平的成本动因）。

第二步：计算固定成本比例部分，即参数 a。用最高点或最低点的总成本减去变动成本可以得到固定成本。

【例题】ABC 公司相关的成本数据如表 8 - 3 所示。

表 8 – 3　　　　　　　　ABC 公司相关的成本数据表

月份	机器工时（时）	机器维护成本（美元）
4	1 000	2 275
5	1 600	3 400
6	1 200	2 650
7	800	1 900
8	1 200	2 650
9	1 000	2 275

根据表 8 – 3 中资料，计算机器工时为 1 300 时的总成本。

【解析】

第一步：计算变动成本比例参数。

$b = (3\ 400\ 美元 - 1\ 900\ 美元) \div (1\ 600 - 800) = 1.875\ 美元/每机器工时$

第二步：计算固定成本比例参数。

$a = 1\ 900\ 美元 - (800 \times 1.875\ 美元/每机器工时) = 400\ 美元$。

所以，成本函数为：$y = 400 + 1.875 \times x$。

当机器工时为 1 300 时的成本 $= 400$ 美元 $+ 1.875$ 美元 $\times 1\ 300 = 2837.50$ 美元。

第三节

变动成本法与完全（吸收）成本法

在企业成本会计中，变动成本法和完全（吸收）成本法是两种主要的产品成本计算方法。它们各自有不同的特点和适用场景，对企业的成本控制和决策有着重要影响。

一、变动成本法

变动成本法（variable costing method）是一种将成本分为固定成本和变动成本的方法。在该方法下，只要变动成本被计入产品成本，固定成本就被视为期间费用，在发生的当期全部计入损益表。

（一）变动成本法的特点

（1）边际贡献。变动成本法强调边际贡献（marginal contribution），即销售收入减去变动成本后的差额，它反映了每增加 1 个单位产品对企业利润的贡献。

（2）库存成本。在变动成本法下，只有变动成本被计入库存，因此，库存水平的变化不会影响当期利润。

（3）决策应用。变动成本法更适用于内部管理决策，如定价策略、成本控制、短期利润规划等。

（二）计算公式

> 边际贡献 = 销售收入 − 变动成本
> 单位边际贡献 = 销售价格 − 单位变动成本

（三）适用场景

（1）当企业需要评估产品或服务的盈利能力时。

（2）当企业需要对产品进行短期定价决策时。

（3）当企业面临快速变化的市场环境，需要灵活调整成本结构时。

二、完全（吸收）成本法

完全（吸收）成本法（full costing method or absorption costing method）是一种将固定成本和变动成本都计入产品成本的方法。在该方法下，产品成本包括直接材料、直接人工、变动制造费用以及固定制造费用。

（一）完全成本法的特点

（1）库存成本。完全成本法将固定成本分摊到每个产品上，因此库存水平的变化会影响当期利润。

（2）符合会计准则。在许多国家和地区，完全成本法更符合公认的会计准则，尤其是在编制外部财务报告时。

（3）长期决策。完全成本法更适用于长期战略规划和决策，如长期投资决策、产品定价等。

（二）计算公式

$$单位产品成本 = \frac{直接材料 + 直接人工 + 变动制造费用 + 固定制造费用}{生产量}$$

（三）适用场景

（1）当企业需要符合外部财务报告要求时。

（2）当企业需要进行长期规划和决策时。

三、变动成本法与完全（吸收）成本法比较

变动成本法与完全成本法都将成本发生期间的非制造成本（固定和变动的）作为费用，只在如何处理固定制造成本上不同。图8-4和图8-5总结了变动成本法与完全成本法的主要区别。

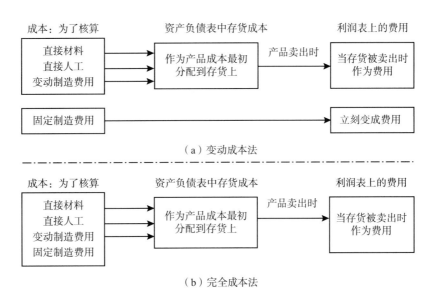

图 8-4　变动成本法与完全成本法的主要区别

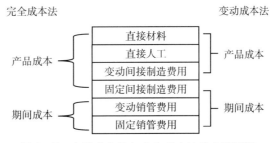

图 8-5　变动成本法与完全成本法的主要区别

四、存货对吸收成本法和变动成本法的影响

（1）当生产数量大于销售数量时（产生存货），吸收成本法会得到更高的利润（高出部分为存货增加部分中的固定成本金额），因

为制造成本已经全部吸收到存货中，而变动成本法的利润更低，因为固定的制造成本全部计入当期费用。

（2）当生产数量小于销售数量时（存货减少），则相反，原先"吸收"的成本递延到未来期间，将"释放"出原先的固定制造成本。

（3）当没有存货时，两种方法下的利润表没有差别。

（4）随着及时生产制和存货削减方法变得日益重要，两者之间的差异也会越来越小。

（5）采用吸收成本法与变动成本法的利润差＝生产数量与销售数量差额×单位固定制造成本。

【例题】某企业当年的产品生产数量为700个单位，销售数量为500个单位，单位变动制造成本为30美元，单位变动销售成本为20美元，单位固定制造成本为25美元，固定销售成本为14 000美元，如果采用吸收成本法和变动成本法，两者之间的差异是（　　）。

A. 没有差异

B. 吸收成本法下的利润比变动成本法下高5 000美元

C. 吸收成本法下的利润比变动成本法下低5 000美元

D. 吸收成本法下的利润比变动成本法下高7 000美元

【解析】正确答案为B。由于产量大于销量，存货部分吸收了固定制造成本，因此利润比变动成本法下高，高出金额＝200（存货）×25＝5 000美元。

第四节

成本的核算与计量方法

在成本管理和绩效指标中，成本核算方法的选择和应用至关重要。常见的计量方法包括实际成本法、正常成本法和标准成本法，这三种成本核算方法各有特点，适用于不同的情境。

一、实际成本法

实际成本法是指根据实际发生的成本来计算产品或服务的成本。它直接反映了生产或提供服务过程中的实际资源消耗。其特征包括：

（1）准确性高（优点）。实际成本法能够准确反映产品或服务的真实成本，因为它直接依据实际发生的成本来计算，成本信息真实可靠。

（2）计算复杂（缺点）。由于需要记录每一项实际发生的成本，因此在实际操作中可能较为复杂和烦琐。

（3）信息滞后性（缺点）。实际成本法的核算需要全部的成本明细和实际发生数，信息较为滞后，满足不了快速决策的要求。

二、正常成本法

正常成本法是指在正常生产条件下，根据预定的间接成本分摊率和实际发生的直接成本来计算产品或服务的成本。它结合了实际成本法和标准成本法的特点，适用于生产定制性强、人工和材料成本波动大但制造费用相对稳定的企业。正常成本法的特点包括：

（1）结合实际与预定。正常成本法对工作、流程或其他成本对象的直接材料和直接人工采用实际成本，而间接成本的分摊则采用预定的间接成本分摊率。

（2）简化计算。通过预定间接成本分摊率，可以在一定程度上简化计算过程，提高核算效率。

（3）适应性强。正常成本法能够较好地适应生产定制性强、成本波动大的企业环境。

三、标准成本法

标准成本法是指根据预先设定的标准成本来计算产品或服务的成本。标准成本的选择可以是理想标准或当期可实现标准，标准的设定取决于企业的政策、作业分析、历史数据、行业标准和预期的生产效率等因素确定。

标准成本采用预定（标准）成本分配率分配所有产品成本（包括直接材料、直接人工和间接成本）：

（1）直接材料标准。直接材料标准，是指生产一个合格产成品所期望消耗的直接材料成本；通常产成品都有一个原材料清单（bill of materials，BOM）。

（2）直接人工标准。主要取决于每生产一个产成品需要的人工小时数以及招聘的人工的平均成本

（3）标准制造费用成本。按预定（标准）的分摊率进行分摊。

标准成本法的优点是标准成本中剔除了过去的无效率，标准成本可以作为新数据，揭示预算期内的各种差异与预期变化。标准成本法的缺点是可能会设定不合理的标准，比如标准的设定过程过于专断或隐秘，或缺乏沟通。此外，刚性标准或过于强调利润的标准也很可能失败。

标准成本法还可以用于以下方面：

（1）成本控制。标准成本法有助于企业进行成本控制和预算管理，因为它为每一项成本设定了明确的标准。

（2）差异分析。通过比较实际成本与标准成本，企业可以识别和分析成本差异，进而采取措施进行改进。

（3）决策支持。标准成本法提供的成本信息有助于企业进行产品定价、生产决策和绩效评估等。

四、实际成本法、正常成本法与标准成本法的比较总结

实际成本法、正常成本法与标准成本法有各自的优缺点，相关总结如表8-4所示。

表8-4　实际成本法、正常成本法与标准成本法的比较总结

类别	直接成本	间接成本	优点	缺点	备注
实际成本法	实际成本		准确可靠	信息滞后	受固定成本影响，不同期间每期单位产品成本各不相同
正常成本法	实际成本	预算间接成本分摊率	保持成本的现时性，避免间接成本的波动	实际间接成本不易及时获得	分摊过度或分摊不足，调整产品销售成本或按比例分配至半成品、产成品及销售成本
标准成本法	标准成本		及时核算；不受过去无效率的影响；揭示期望的改进	设定标准可能不合理	重点是标准设定的信息来源

【例题】若某企业更看重数据的可靠性而不是获取数据的速度，以下哪种成本核算方法更合适？（　　）

A. 变动成本法

B. 标准成本法

C. 正常成本法

D. 实际成本法

【解析】正确答案为D。实际成本法采用实际成本，相对于其他成本计量方法更加准确可靠。

第五节

成本核算方法

成本制度用于归集成本并将成本分配给特定的成本对象，如产品或服务。一个完整的成本体系通常包括成本归集制度、成本计量方法和成本分配方法。常见的成本归集制度又通常包括分批成本法、分步成本法、作业成本法等。

一、分批成本法

分批成本法（job-order cost）是由于每件或每批产品要求的技术投入不同，把成本分配给具体的工作（单个产品、批次、单批产品或单批服务），适用独特、定制化产品，如航天、建筑、船舶等。在这种方法中，成本是按照每个单独的生产订单或工作订单来归集和计算的。

（一）分批成本法核算的主要步骤

分批法可用实际成本法、正常成本法和标准成本法来计量，主要步骤如下：

（1）确认批次。特定的批次通常用独一无二的代码或用级别索引加日期的方式来识别。

（2）追溯该批次的直接成本，直接归集直接材料（通常来源于领料单）、直接人工（通常来源于工时卡）。

（3）确认和批次相关的间接成本归集库（间接费用）。

（4）选择成本分摊基础（成本动因），以便将间接成本的归集库分摊到该批次中。

（5）计算各分摊基础的单位分摊率。

$$实际间接成本分摊率 = \frac{间接成本归集库中的实际总成本}{成本动因的实际总数量}$$

（6）汇总所有的直接成本和间接成本以得到成本对象的总成本。

（二）分批成本法核算示例

【案例】ABC 公司为机械零件公司，公司 2024 年的记录和日记账的某一批次相关交易如表 8 - 5 所示。

表 8 - 5　　　　　　　　　　　ABC 公司交易表　　　　　　　单位：美元

项目	设计	装配	总计
购买的直接材料	—	—	1 900 000
用于生产的直接材料	1 000 000	890 000	1 890 000
发生的直接人工	200 000	190 000	390 000
发生的制造费用	290 000	102 000	392 000
分摊的制造费用	280 000	95 000	375 000

续表

项目	设计	装配	总计
完工并转至产成品的产品成本			2 500 000
销售收益			4 000 000
销售成本			2 480 000

ABC公司2024年末的记录如下：直接材料110 000美元；在产品0美元；产成品12 000美元。图8-6概括了该案例的分批成本核算系统成本流转过程（单位：1 000美元）。

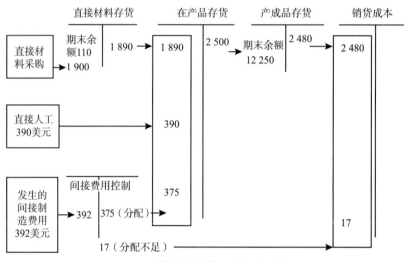

图8-6 分批成本核算系统成本流转过程

（三）分批成本法的优缺点

1. 优点

（1）对于特定批次提供了有用的各类成本分析，是特定批次理想的成本计算方法。

（2）融合了多种成本核算方法，可以灵活应用（如实际成本法、正常成本法、标准成本法）。

2. 缺点

分批成本法通常不适用于大规模的生产。

二、分步成本法

分步成本法（process costing）适用于那些生产过程可以划分为

一系列步骤或阶段的连续生产流程。在这种方法中，成本是按照生产步骤来归集的。

（一）分步成本法主要特征

（1）分步成本法适用于有大量同质或近似产品的生产流程，适用于高度自动化的流程或重复流程。

（2）分步成本法是将其产品数量和成本额归集到部门（与分批法不同，不是追溯到项目）的生产成本报告。通常每个部门都有产品存货账户。

（3）分步成本法并不对单个产品进行区分，而是由某一期间累计成本除以当期生产数量得到范围较广的平均单位成本。

（4）在高度自动化生产造成人工成本已不再是重要成本重要组成部分时，有些公司在确定约当产量时，将直接人工和间接成本合并计算，合起来称作"加工（转换）成本"（conversion cost）。

（5）分步成本法的战略价值在于，由于采用了约当产量进行计算，公司在持续经营的同时仍能在每一期间获得及时、准确和相对廉价的成本信息。分步成本法也使用生产成本报告，报告中具有内置式检查，如检查预计产量与实际产量是否相符。

（二）分步成本法的成本流转图

具体分步成本法的成本流转如图 8 – 7 所示。

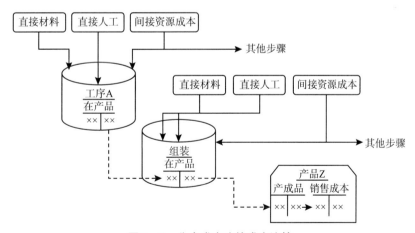

图 8 – 7　分步成本法的成本流转

（三）分步成本法核算示例

假设 ABC 公司是一家生产塑料瓶的制造企业，采用分步成本法核算产品成本。这家企业的生产流程可以分为三个主要步骤：吹塑、组装和包装。每个步骤都对应着不同的成本。公司的生产步骤描述如表8-6所示。

表8-6　　　　　　　　**公司的生产步骤描述**

主要步骤	描述
吹塑	将塑料原料加热并吹塑成瓶子的形状
组装	将瓶盖和瓶子组装在一起
包装	将组装好的瓶子装入纸箱，准备发货

分步成本核算主要步骤如下：

（1）确定成本流。首先，公司需要确定成本是如何随着产品在不同生产步骤中流动的。

（2）归集直接成本。直接材料和直接人工成本可以直接追溯到特定的生产步骤。具体如表8-7所示。

表8-7　　　　　　　　**生产步骤的直接成本**

主要步骤	成本项
吹塑	塑料原料成本、操作吹塑机器的直接人工成本
组装	瓶盖成本、组装线上的直接人工成本
包装	包装材料成本、包装线上的直接人工成本

（3）归集间接成本。制造费用需要按照一定的分配基础分配到各个步骤。具体如表8-8所示。

表8-8　　　　　　　　**生产步骤的间接成本**

主要步骤	成本项
吹塑	厂房折旧、机器维护费用、工厂管理人员工资等
组装	厂房折旧、设备维护费用、组装线管理人员工资等
包装	厂房折旧、包装设备维护费用、包装线管理人员工资等

（4）成本在步骤间流转。产品在每个步骤结束时，会将累积的成本（包括直接成本和分配的间接成本）转移到下一个步骤。

（5）计算在产品成本。在每个步骤结束时，我们需要计算在产品的成本，即该步骤结束时尚未完成的产品成本。具体核算过程：

月初在产品成本：假设在月初，吹塑步骤中有价值5 000美元的在产品。

步骤 1：吹塑，具体如表 8 - 9 所示。

表 8 - 9	步骤 1 的产品成本
步骤 1 成本	金额（美元）
直接材料成本	20 000
直接人工成本	3 000
制造费用（分配）	4 000

步骤 1 总成本：5 000（月初在产品）+ 20 000 + 3 000 + 4 000 = 32 000 美元

步骤 2：组装，具体如表 8 - 10 所示。

表 8 - 10	步骤 2 的产品成本
步骤 2 成本	金额（美元）
直接材料成本（瓶盖）	8 000
直接人工成本	2 000
制造费用（分配）	3 000

步骤 2 总成本：32 000 + 8 000 + 2 000 + 3 000 = 45 000 美元

步骤 3：包装，具体如表 8 - 11 所示。

表 8 - 11	步骤 3 的产品成本
步骤 3 成本	金额（美元）
直接材料成本（包装）	2 000
直接人工成本	1 500
制造费用（分配）	2 500

步骤 3 总成本：45 000 + 2 000 + 1 500 + 2 500 = 50 500 美元

月末在产品成本：假设在月末，包装步骤中有价值 2 000 美元的在产品。

完工产品成本：50 500 美元（步骤 3 总成本）- 2 000 美元（月末在产品成本）= 48 500 美元。

这个例子展示了分步成本法中成本是如何随着产品在不同生产步骤中流动并被计算的。通过这种方法，企业可以准确地追踪每个步骤的成本，并为每个步骤的产品成本提供详细的信息。

三、作业成本法

20 世纪之前的传统成本核算法通常用单一的成本库核算所有的

间接生产成本，以人工成本或人工工时为成本分配的基础平均分摊到成本对象，适用于相对简单的生产过程，相对不精确。

随着企业不断成长，技术的进步，间接成本比例越来越大。作业越复杂，越需要改进传统成本核算系统，通常把间接成本累积到几个成本库，每个部门一个。例如，组装部门的资源集中在机器上，而成品部门却拥有大量的员工，公司就有可能在组装部门以机时作为分配基础，成品部门以人工工时作为分配基础。

如果情况变得更复杂，一个企业生产成百上千的产品，同时间接成本占了很大比重，不同产品消耗资源也不同，就需要更为严密的成本核算系统，一套比较流行的方法就是作业成本法（activity-based costing，ABC）。在作业成本法下，间接成本先分配给作业，再合理分配给最终的产品。

（一）作业成本法的定义

作业成本法是一种成本核算方法，它通过识别和分析企业中的各种活动来分配成本。这种方法将成本分配到引起这些成本的作业上，然后再将作业成本分配到产品或服务上。作业成本法的核心思想是"成本对象消耗作业，作业消耗资源"。以下是理解作业成本法的一些关键概念：

（1）作业，是实体完成的任何一种行为、工作或活动。

（2）作业中心，是作业、行为、活动或一系列工作具有逻辑的组合。

（3）资源成本动因，是用来衡量一项作业消耗的资源量，如生产一批网球的资源动因可能是需要的橡胶数量。

（4）作业成本动因，是用来衡量成本对象需要的作业量，作业成本动因将成本库中的成本分配给成本对象，如为生产特定产品，机器安装调试所需要的人工工时数便是一个作业成本动因。

（5）作业成本法特别适合于生产多种产品和/或产品生产中耗用的资源数量经常变化以及间接费用比例较高的公司。

（二）作业成本法的特征

1. 作业成本法原理

作业成本法的基本原理是作业消耗资源；作业用于生产产品或服务。作业成本法采用二阶段法来分摊成本。

阶段1：用合适的资源成本动因将间接成本分配给作业池或作业中心。

阶段 2：用合适的作业成本动因将作业成本分配给成本对象。

2. 作业成本法的优势

作业成本法是一种现代成本核算方法，与传统成本核算方法相比，具有以下优势：

（1）更准确的成本计算。作业成本法通过将间接成本更合理地分配到各个产品或服务上，提高了成本信息的准确性。

（2）成本控制与成本管理的改进。作业成本法使管理人员能够了解成本发生的真正原因，从而更有效地控制成本。

（3）提供战略管理信息支持。作业成本法与价值链分析概念一致，能够为成本领先战略等提供信息支持。

（4）细化成本分配。作业成本法通过识别和分析企业中的各种活动，将成本分配到引起这些成本的活动上，然后再将活动成本分配到产品或服务上，从而提供更详细的成本信息。

（5）提高资源使用效率。通过识别非增值作业，企业可以优化作业流程，提高资源使用效率。

（6）支持更好的定价策略。准确的成本信息使得企业能够制定更合适的定价策略，提高竞争力。

（7）改进客户盈利能力分析。作业成本法可以追踪到特定客户群体的成本，帮助企业评估不同客户群体的盈利能力。

（8）促进持续改进。作业成本法鼓励企业持续审视和改进作业流程，以降低成本和增加价值。

（9）适应多样化产品生产：对于产品品种繁多、生产过程复杂的企业，作业成本法能够提供更准确的成本分配，适应现代制造环境的需求。

【案例】假设 ABC 公司同时生产 A 和 B 两种产品的企业，一个月内生产了 A 产品 500 件，生产了 B 产品 1 000 件，这一个月产生了 15 000 美元的期间费用（假设是机器启动费）。

传统的分摊方式是根据产品的数量或生产各个产品所用的时间来分配成本。假设 ABC 公司按照产品的数量分摊费用，则 A 产品分摊的费用为 15 000 × 500/（500 + 1 000）= 5 000（美元），B 产品分摊的费用为 10 000 美元。

与传统成本法不同，作业成本法关注这个费用发生的原因，即成本动因。在本例中，假设生产 A 产品时只启动了一次机器，而生产 B 产品时启动了四次，则成本动因是"一次"，A 产品需要分摊 15 000 美元/（1 + 4）= 3 000（美元），B 产品需要分摊 12 000 美元。

通过本例，我们可以看到作业成本法提供了一种更为精细化和准确的成本核算方式，它能够更好地反映产品的真实成本，从而帮助企业做出更合理的经营决策。

3. 作业成本法的基本流程图

作业成本法涉及资源按资源动因分配给作业，作业成本按作业动因分配给具体的产品的过程，图 8-8 是作业成本法成本分配的过程示例。

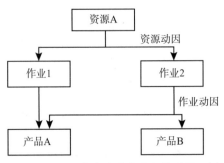

图 8-8 作业成本法成本分配的过程示例

（三）作业成本法的主要步骤

1. 步骤 1

确认组织的作业和资源成本。确定为每一项作业履行的工作，来确认实施特定作业所耗用资源成本。作业成本团队可以制定作业列表，并按以下层次将作业列表划分成若干作业中心（见表 8-12）。

表 8-12 作业成本法的主要步骤 1

层次	来源内容
产品级作业	如直接材料或直接人工工时，这些作业以产量为基础或以产品为基础
批次级作业	为生产一个批次产品的作业，如生产前的机器调试、采购订单、分批检查、生产调度等
生产存续作业	为支持生产流程而实施的作业，如产品设计、产品加速完成和实施工程改变
设施存续作业	为生产而对这个设施实施的作业，如安全性检查、工厂管理、财产税和保险
客户级作业	为满足客户需要而发生的作业，如客户服务、电话用户或客户定制订单

2. 步骤 2

将资源成本分配到作业（使用资源动因分配到各项作业中，动因与作业之间要有明确的因果关系）。企业常用的资源成本和相关作业如表 8 - 13 所示。

表 8 - 13　　　　　　　　　作业成本法的主要步骤 2

资源成本动因	作业
雇员数量	人事作业
工作时间	人事作业
安装小时	安装或机器作业
搬运的次数或距离	搬运作业

3. 步骤 3

将作业成本分配到成本对象（作业成本动因同成本的上升和下降应具有直接的因果关系）。典型的作业动因如采购订单份数、验收单份数、检验报告数或时数、零部件储存数、支付次数等。

作业成本分摊率 = 成本归集库 ÷ 作业成本动因

（四）基于间接成本的间接成本分配流程示例

基于间接成本的间接成本分配流程示例，如图 8 - 9 所示。

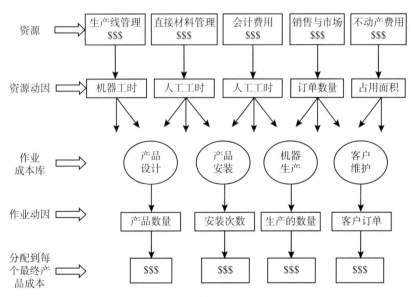

图 8 - 9　基于间接成本的间接成本分配流程示例

（五）作业成本法的优点和局限性

作业成本法的优点和局限性，如表 8 - 14 所示。

表 8 – 14   作业成本法的优点和缺点

类别	内容项
优点	减少由传统成本分配造成的失真。作业成本法可以准确地计算不同成本对象，如不同产品和客户的成本，有利于盈利分析、客户及产品去留、定价、新客户和新产品的决策等
	作业成本法计量作业成本动因的成本，允许管理层在改变产品设计和作业设计的同时，了解这些改变对总成本和价值的影响
	进行详尽、深刻的流程分析，可以发现和确定那些不增值的流程，为进行流程改进和成本控制提供了很好的基础，这又被称为作业基础管理（ABM）
	形成准确的部门成本预算，明确因果关系的成本动因，为预算审核、减少预算松弛、成本控制提供了很好的帮助，这又被称为作业基础预算（ABB）
缺点	复杂、难度大、耗费资源大；贯彻时一定要掌握成本收益原则
	并不是所有间接成本都和特定成本动因相关联，有时可能需要随意分配间接成本
	可能缺乏相应的会计系统支持以及部门之间协调，会影响作业成本法实施
	作业成本法下产生大量的信息，过多的信息可能误导经理将精力集中在不必要的数据上
	作业成本法只能内部使用，不受美国通用会计准则的认可

本章小结

本章深入探讨了成本计量的概念、成本分类、成本核算与计量方法，以及作业成本法等多个方面，为企业提供了全面的成本管理工具和方法。

在成本计量概念部分，本章首先介绍了成本的基本概念和成本对象，阐明了成本归集和成本分配的重要性。成本对象是成本分配的基本单元，它可以是产品、服务、项目等。成本归集是将生产活动中发生的费用进行分类和汇总的过程，而成本分配是将共同成本分摊到各个成本对象上。

在成本分类部分，本章详细区分了生产成本和非生产成本，以及产品成本和期间成本。生产成本包括直接材料、直接人工和间接生产成本，而非生产成本包括销售费用和管理费用。产品成本是指可以确认为生产的产品或为再出售而购买的产品的成本，而期间成本是指在当前期间不经过存货阶段即作为费用的成本。

在成本核算与计量方法部分，本章介绍了实际成本法、正常成本法和标准成本法三种成本核算方法。实际成本法根据实际发生的成本计算产品或服务的成本，而正常成本法结合实际成本和预定分摊率来计算成本。标准成本法则是根据预先设定的标准成本来计算产品或服务的成本，它有助于成本控制、差异分析和决策支持。

在作业成本法部分，本章详细介绍了作业成本法的定义、特征、优势以及基本流程。作业成本法通过识别和分析企业中的各种活动来分配成本，它将成本分配到引起这些成本的作业上，然后再将作业成本分配到产品或服务上。这种方法特别适合于生产多种产品和/或产品生产中耗用的资源数量经常变化以及间接费用比例较高的公司。

本章通过多个例题和解析，帮助考生更好地理解和掌握成本计量的关键概念和技巧，为实际工作中的成本管理提供了实用的指导。通过这些内容，考生可以了解到成本计量不仅关乎企业的成本控制，也是企业战略决策和绩效评估的重要依据。

本章习题

1. 成本归集是指将企业在生产过程中所发生的各种费用，按照一定的对象进行分类和汇总的过程。这个过程的目的是确定（　　　）。

A. 各个成本对象的成本总额

B. 企业总成本

C. 单个产品成本

D. 部门成本

2. 成本分配是指将企业在生产和运营过程中发生的共同成本分配到各个成本对象上的过程。这些成本对象可以是（　　　）。

A. 产品

B. 服务

C. 部门

D. 所有以上选项

3. 生产成本包括（　　　）。

A. 直接材料

B. 直接人工

C. 间接生产成本

D. 所有以上选项

4. 变动成本法与完全成本法的主要区别在于如何处理固定制造成本。在变动成本法下，固定制造成本被视为（　　　）。

A. 产品成本的一部分

B. 期间费用

C. 销售成本

D. 管理费用

5. 如果一家公司的总成本由 10 000 美元的固定成本和每个单位 5 美元的变动成本组成，当生产数量为 2 000 个单位时，总成本为（　　）美元。

A. 10 000

B. 15 000

C. 20 000

D. 25 000

6. 作业成本法的核心思想是"成本对象消耗作业，作业消耗资源"。在作业成本法中，成本分配的第一阶段是将间接成本分配给（　　）。

A. 成本对象

B. 作业

C. 资源

D. 部门

参考答案

1. 答案：A

解析： 成本归集的目的是确定各个成本对象的成本总额。

2. 答案：D

解析： 成本分配涉及将共同成本分配到各个成本对象上，这些成本对象可以是产品、服务、部门、项目等。

3. 答案：D

解析： 生产成本包括直接材料、直接人工和间接生产成本。

4. 答案：B

解析： 在变动成本法下，固定制造成本被视为期间费用，在发生的当期全部计入利润表。

5. 答案：C

解析： 总成本 = 固定成本 +（变动成本/单位 × 生产数量）= 10 000 +（5 × 2 000）= 10 000 + 10 000 = 20 000 美元。

6. 答案：B

解析： 在作业成本法中，成本分配的第一阶段是将间接成本分配给作业。

第九章

变动和固定间接费用

本章将探讨间接费用的分类、特征及其对企业成本管理的影响。考生将学习到如何识别和区分变动间接费用和固定间接费用，并理解它们在生产和运营中的作用。通过分析固定间接费用的分摊率和变动间接费用的分摊率，本章将指导考生如何有效地管理和控制这些费用。此外，我们将讨论公司和部门间接费用的分配方法，包括全厂统一间接成本分配率法、部门间接分配率法和作业成本法，以及它们在实际应用中的优缺点。

第一节

间接费用的分类

间接费用是指在生产过程中无法直接归属于特定产品的成本，它们通常与企业的整体运营或特定部门的活动相关。与直接材料和直接人工不同，间接费用通常包括变动间接费用和固定间接费用，因此估计的年度间接成本通常通过两个间接成本库归集（一个变动，另一个固定），各自用合适的分摊基础进行分摊。

例如，在劳动密集型行业，用直接人工作为分摊基础较为合适；在资本密集型行业，用机器工时作为分摊基础较为合适。间接费用通常不以产出数量直接作为分摊基础，因为缺乏明显的因果关系。

一、固定间接费用

（一）固定间接费用的特征

固定间接费用在实际产量没有超出相关范围的条件下，成本在会计期间内将保持不变，固定间接费用包括资产折旧、租金、租赁成本、保险费和间接人工成本等。

（二）固定间接费用的分摊率

（1）确定适当的会计期间。以年为基础通常会比月度为基础合适，可以平滑季度性或月度的因素。

（2）确定固定间接成本的分摊基础（成本动因）：公司可以使用数量基础成本动因和作业基础成本动因。

（3）确定与成本分摊基础（成本动因）相关的固定间接成本。在将固定间接成本归入若干成本归集库时，成本归集库的划分应以各个成本分摊基础为依据。

（4）计算成本分摊基础的单位分摊率。

$$固定间接费用分摊率 = \frac{固定间接成本集库中的总成本}{分摊基础的总数量}$$

（三）固定间接费用举例

某网球制造商使用机器工时数作为固定间接费用成本动因，为生产 200 000 罐网球，公司预算每年需耗用 40 000 机器工时。所有固定间接制造成本均同分摊基础"机器工时数"相关，年度总的固定间接成本总计 1 000 000 美元。则分摊基础的单位分摊率可计算如下：

固定间接成本分摊率 = 1 000 000 美元 ÷ 40 000 机器工时 = 25 美元/机器工时。假设公司在 1 月实际生产 1 000 罐网球，则 1 月分摊的固定间接费用为 25 000 美元。

（四）固定间接费用的管理

为有效地规划固定间接费用和固定间接费用分摊率，管理者必须努力消除不能给产品或服务带来增值的活动。公司可以通过加强预算控制，外部非核心业务，提高资产的运营效率等措施控制固定间接费用。

二、变动间接费用

（一）变动间接费用的特征

变动间接费用随产量或特定成本动因变化（数量或作业）而呈

比例变化，如间接材料、间接人工、电费、水费、污水处理费、机器维修等。这些费用通常与企业的生产活动直接相关，随着产量的增加，其总额也会相应增加。

（二）变动间接费用分摊率

变动间接费用分摊率的计算如下：

$$变动间接费用分摊率 = \frac{变动间接费用集库中的总成本}{分摊基础的总数量}$$

（三）变动间接费用举例

假设有一家生产两种型号自行车的制造企业，分别为山地自行车（型号 A）和公路自行车（型号 B）。企业在一个月内生产了 500 辆山地自行车和 300 辆公路自行车。在这个月中，企业的变动间接费用包括间接劳动力成本和能源费用，总计为 50 000 美元。

变动间接费用分摊步骤：

（1）确定分摊基础：首先，需要确定一个合理的分摊基础。在这个例子中，可以选择生产每辆自行车所需的劳动力小时数作为分摊基础。

（2）计算总间接劳动力小时数。

• 山地自行车每辆需要 4 小时的劳动力。

• 公路自行车每辆需要 3 小时的劳动力。

• 总劳动力小时数 =（500 辆 × 4 小时/辆）+（300 辆 × 3 小时/辆）= 2 000 小时 + 900 小时 = 2 900 小时。

（3）计算每小时的变动间接费用。

• 总变动间接费用 = 50 000 美元。

• 每小时的变动间接费用 = 总变动间接费用/总间接劳动力小时数 = 50 000 美元/2 900 小时 ≈ 17.24 美元/小时。

（4）计算每种自行车的变动间接费用。

• 山地自行车的变动间接费用 = 500 辆 × 4 小时/辆 × 17.24 美元/小时 ≈ 34 480 美元。

• 公路自行车的变动间接费用 = 300 辆 × 3 小时/辆 × 17.24 美元/小时 ≈ 15 510 美元。

（5）计算每种自行车的单位变动间接费用。

• 山地自行车的单位变动间接费用 = 34 480 美元/500 辆 ≈ 68.96 美元/辆。

• 公路自行车的单位变动间接费用 = 15 510 美元/300 辆 ≈ 51.70

美元/辆。

通过这种方式，企业能够将变动间接费用分摊到每个产品上，从而更准确地计算出每种自行车的总成本和单位成本。这对于产品定价、成本控制和财务报告都是非常重要的。

此外，这种分摊方法有助于企业识别哪些产品或生产线对变动间接费用的贡献更大，从而可以针对性地采取措施来降低成本，提高效率。

第二节

公司和部门间接费用

一、公司间接费用

公司间接费用，是指那些不直接对应于特定的产品或服务，而是与公司整体运营和管理相关的费用。这些费用通常跨越多个部门或业务单元，是公司为了维持其日常运营、管理和支持各项活动所发生的支出。公司层面间接费用包括但不限于行政管理费用、市场营销费用、研发费用、财务费用等，它们对于公司的整体运营和长期发展至关重要。以下是关于公司层面间接费用举例：

（1）行政管理费用。行政管理费用，是指公司行政管理部门为组织和管理生产经营活动而发生的各项费用，如CEO的薪酬、办公费、差旅费、会议费、通信费等。这些费用不直接对应于特定的产品或服务，但却是公司整体运营不可或缺的一部分。

（2）市场营销费用。市场营销费用，包括市场调研费、广告宣传费、促销费用、销售佣金等。这些费用用于推广公司产品和服务，增强品牌影响力，虽然不直接计入产品成本，但对产品销售和市场份额的扩大至关重要。

（3）研发费用。对于科技型企业或持续进行产品创新的公司来说，研发费用是一笔重要的间接支出。它涵盖了新产品设计、技术开发、试验测试等阶段的费用，旨在提升企业的技术实力和产品竞争力。

（4）财务费用。财务费用包括利息支出、汇兑损失、手续费等，这些费用与公司的资金运作相关，不直接对应具体的生产活动，但影响公司的财务成本和资金流动性。

在公司层面上，间接费用通常被归集到"制造费用"或期间费用相关科目中。尽管从会计准则的角度，这些成本不一定计入产品成本，但从管理会计的角度，可以按照一定的标准（如生产各种产品所耗的工时）分配到相关产品的生产成本中。例如，销售部门费用如果按照会计准则，应该计入销售费用，但基于管理的需要，公司可以将销售费用分配至具体的产品，这种分配过程有助于更准确地反映每种产品的实际成本。

二、部门间接费用

部门的间接费用，则是指那些与特定部门相关，但不直接对应于该部门所生产的产品或提供的服务的费用。这些费用是部门为了支持其日常运营、管理和完成工作任务所发生的支出。部门层面间接费用因部门而异，以下是一些部门层面间接费用举例：

（1）生产部门间接费用。如生产设备的维护费、生产线改造费、生产安全管理费、质量控制费用等。这些费用虽然与生产活动紧密相关，但不直接对应于特定的产品，而是作为生产部门整体运营的成本。

（2）人力资源部门间接费用。人力资源部门间接费用，包括员工招聘费、培训费、员工福利费、绩效考核费用等。人力资源部门作为公司人才管理的核心，其费用支出对于提升员工素质、优化人力资源配置具有重要意义。

（3）信息技术部门间接费用。如软件许可费、硬件维护费、网络安全费用、信息系统开发费等。在数字化时代，信息技术部门的支持对于提高公司运营效率、保障信息安全至关重要。

（4）物流部门间接费用。物流部门间接费用，包括仓储费、运输保险费、装卸搬运费、物流信息系统维护费等。物流部门负责公司的物资流动，其间接费用直接影响到产品的流通效率和成本控制。

在部门层面上，间接费用可能涉及多个生产单位或辅助部门。例如，人力资源部或信息技术部等服务部门的成本，虽然不直接参与经营活动，但作为生产部门、客户和员工的辅助部门，它们的成本也需要被合理分摊到各个受益部门或产品中。

第三节

间接费用的分配

一、间接费用分配的方法

间接费用的分配是一个复杂的过程，它涉及多种分配方法和成本动因的选择。有两个或两个以上生产部门的公司将工厂间接费用分摊给批次或产品时，以下是一些常用的分配方法：

（1）全厂统一间接成本分配率法：使用全厂单一分摊比率，将所有间接费用分摊到所有产品上。这种方法简单易行，但可能导致成本分配不准确，适合全公司简单的单一成本动因分配情形。

（2）部门间接分配率法：为特定部门设定单一的间接费用分摊率，将间接费用仅分摊到该部门的产品上。这种方法比全厂费率法更准确，但需要对不同部门进行详细的成本核算，适合较复杂的动因，如特定部门的单一间接费用分摊，不同部门成本动因不同情形。

（3）作业成本法下的间接费用分配。使用多个成本库和多种成本动因，将间接成本先分配到各项作业中，再分配给产品或服务。这种方法能够更准确地反映产品或服务的实际成本，但需要大量的数据和计算工作，适合复杂的成本动因。

在选择分配方法和成本动因时，管理层需要根据企业的实际情况和运营需求进行合理判断。例如，对于变动间接费用，常用的分配基础包括机器工时、人工工时、人工费用等；而对于固定间接费用，虽然整体层面不发生变化，但仍需按产生的价值按比例分摊到各个成本池中。

二、全厂统一间接成本分配率示例

【案例】假设 ABC 公司生产 A、B 两种产品，本月共发生间接费用 100 000 美元。该企业决定采用全厂统一分配率的方法进行分配，以直接人工工时作为分配基础。本月产品 A 耗用直接人工工时 2 000 小时，产品 B 耗用直接人工工时 3 000 小时，总工时为 5 000 小时。间接费用分配到产品 A 和产品 B 的计算过程如下：

间接费用分配率 = 总间接费用/总工时 = 100 000 美元/5 000 小时 = 20 美元/小时。

A 产品应分配的间接费用 = A 产品工时 × 分配率 = 2 000 小时 × 20 美元/小时 = 40 000 美元。

B 产品应分配的间接费用 = B 产品工时 × 分配率 = 3 000 小时 × 20 美元/小时 = 60 000 美元。

这种方法简单易行，适用于规模较小、产品品种较少的企业。然而，如果企业产品的各品种之间的成本动因差别很大，使用这种方法可能会歪曲产品或服务的成本。

三、部门间接费用分配率法示例

【案例】假设 ABC 公司设有生产部门、采购部门和工程部门，本月共发生间接费用 150 000 美元。其中，生产部门发生间接费用 80 000 美元，采购部门发生间接费用 30 000 美元，工程部门发生间接费用 40 000 美元。该企业决定采用部门分配率的方法进行分配。计算过程如下：

$$生产部门分配率 = \frac{生产部门间接费用}{生产部门分配基础（如产量、工时等）}$$

假设生产部门以产量为分配基础，本月产量为 1 000 件，则生产部门分配率 = 80 000 美元/1 000 件 = 80 美元/件。

采购部门和工程部门同样根据各自的分配基础和间接费用计算分配率。

然后，根据各部门分配率，将间接费用分配到各产品或服务上。这种方法考虑了不同部门的成本特性，分配结果相对更为准确。

四、作业成本法下的间接成本分摊

（1）当全厂统一间接费用分摊率和部门间接费用分摊率都不够准确时，应考虑采用作业成本法分摊间接成本。

（2）作业成本法下的间接费用分摊是使用多个成本归集库和多种成本动因，将工厂间接费用分摊给产品或服务，成本动因的选择以因果关系为依据，可以采用作业成本动因和数量成本动因。

（3）作业成本法下间接费用分摊率计算公式如下：

$$分摊率 = \frac{部门总间接成本}{所有作业的成本动因数量}$$

（4）优点：采用作业成本法分摊间接成本的好处在于可以帮助管理者识别出无效的产品、部门和活动，从而管理者有助于消除不能给产品和服务带来增值的活动。

（5）表 9-1 为成本集库，成本动因和预设的成本动因分摊率示例。

表 9-1　　　　　成本动因和预设的成本动因分摊率示例

成本库	预算间接成本（美元）	成本动因	成本动因数量	预设的成本动因分摊率
公共事业	100 000	机器工时	10 000	10 美元/机器工时
材料处理	120 000	材料重量	40 000	3 美元/磅
安装	90 000	安装次数	300	300 美元/安装
合计	310 000			

【例题】某家颇具盈利能力的公司有五个部门，从事相当多样化的业务，但采用全厂统一的制造费用分配率。公司正在着手改革，要么改成按部门的分配率，要么采用作业成本法。请问哪种方法可

能会大大增加分配基数和提供更准确的成本计算结果？（　　）

	大大增加分配基数	更加准确的成本计算结果
A.	部门分配率	部门分配率
B.	部门分配率	作业成本法
C.	作业成本法	部门分配率
D.	作业成本法	作业成本法

【解析】正确答案为 D。作业成本法会大大增加分配基数，但可以提供更准确的成本计算结果。

本章小结

本章深入探讨了变动和固定间接费用的分类、特征、分摊方法及其在企业成本核算中的应用。本章首先介绍了间接费用的概念，区分了固定间接费用和变动间接费用，并讨论了它们在企业成本结构中的作用。

在固定间接费用部分，本章详细解释了固定间接费用的特征，即在相关产量范围内保持不变，以及如何进行分摊。固定间接费用的分摊涉及确定分摊基础，如机器工时或人工工时，并计算单位分摊率。本章通过实例展示了如何根据固定间接费用集库中的总成本和分摊基础的总数量来计算分摊率，并举例说明了固定间接费用的管理，包括如何通过预算控制和提高资产运营效率来控制固定间接费用。

变动间接费用部分，本章讨论了变动间接费用的特征，即随产量或特定成本动因变化而成比例变化，并介绍了变动间接费用分摊率的计算方法。通过一个自行车制造企业的例子，本章展示了如何计算变动间接费用，并将这些费用分摊到具体的产品上。

此外，本章还探讨了公司间接费用和部门间接费用的概念，以及它们如何影响企业的成本结构。公司间接费用涉及公司整体运营和管理相关的费用，而部门间接费用则与特定部门相关，但不直接对应于该部门所生产的产品或服务。

在间接费用的分配部分，本章介绍了不同的间接费用分配方法，包括全厂统一间接成本分配率法、部门间接分配率法和作业成本法。这些方法帮助企业更准确地分配间接成本，从而更真实地反映产品或服务的成本。

最后，本章通过多个例题和解析，帮助考生更好地理解和掌握间接费用分配的关键概念和技巧，为实际工作中的成本管理提供了实用的指导。通过这些内容，考生可以了解到间接费用分配不仅关乎企业的成本控制，也是企业战略决策和绩效评估的重要依据。

本章习题

1. 变动间接费用随产量变化而呈比例变化，以下哪项不是变动间接费用的例子？（　　）
   A. 间接材料
   B. 间接人工
   C. 租金
   D. 电费

2. 固定间接费用的分摊率是通过以下哪个公式计算的？（　　）
   A. 固定间接成本/分摊基础的总数量
   B. 固定间接成本/总产量
   C. 总产量/固定间接成本
   D. 分摊基础的总数量/固定间接成本

3. 全厂统一间接成本分配率法的特点是（　　）。
   A. 适用于产品品种单一的企业
   B. 适用于产品品种多、规模大的企业
   C. 分配结果非常准确
   D. 分配基础是机器工时

4. 假设一家公司有生产部门和销售部门，本月共发生间接费用120 000 美元。其中，生产部门发生间接费用80 000 美元，销售部门发生间接费用40 000 美元。生产部门以产量为分配基础，本月产量为1 000 件，销售部门以销售额为分配基础，本月销售额为500 000美元。生产部门和销售部门的分配率分别为（　　）。
   A. 生产部门分配率 = 80 美元/件，销售部门分配率 = 8%
   B. 生产部门分配率 = 80 美元/件，销售部门分配率 = 12%
   C. 生产部门分配率 = 80 美元/件，销售部门分配率 = 4%
   D. 生产部门分配率 = 80 美元/件，销售部门分配率 = 2%

5. 请问在成本分配的准确性方面，最重要的条件是（　　）。
   A. 采用单一的分配方法
   B. 分配固定、变动成本采用一样的分配基础
   C. 采用同质性的成本库
   D. 采用每一成本库采用多种动因

参考答案

1. 答案：C

解析： 租金是固定间接费用，不是变动间接费用。

2. 答案：A

解析： 固定间接费用分摊率的计算公式是固定间接成本/分摊基础的总数量。

3. 答案：A

解析： 全厂统一间接成本分配率法适用于产品品种单一的企业，因为它简单易行。

4. 答案：A

解析： 生产部门分配率＝80 000 美元/1 000 件＝80 美元/件。销售部门分配率＝40 000 美元/500 000 美元＝8%。

5. 答案：C

解析： 考查成本分配知识，在成本分配的准确性方面，最重要的条件是采用同质性的成本库。

第十章

成本与差异核算

本章将深入探讨标准成本制度的构建和运用，包括如何设定直接材料、直接人工和制造费用的标准成本，以及如何通过比较实际成本与标准成本来计算和分析成本差异。考生将了解到成本差异对企业绩效评估的影响，以及如何运用差异分析来优化成本控制和提高决策质量。此外，本章还将介绍静态预算和弹性预算在绩效分析中的应用，以及如何通过这些工具来更准确地衡量和管理企业的财务表现。通过学习本章内容，考生将掌握成本核算的核心概念和方法，为进一步的财务分析和成本管理打下坚实基础。

第一节

标准成本制度

一、标准成本制度概述

标准成本制度是一种成本管理制度，通过预先设定标准成本来与实际成本进行比较，从而评估成本控制的效果。采用标准成本制度的理由包括：

（1）便于成本控制。通过设定标准成本，企业可以更加明确地了解成本控制的目标和方向。

（2）提高决策准确性。标准成本可以作为企业制定销售价格、进行生产决策等的重要依据。

（3）促进绩效考核。将实际成本与标准成本进行比较，可以评估各部门和员工的工作绩效。

二、标准成本制度的核心要素

（1）标准成本的设定。包括直接材料标准成本、直接人工标准成本和制造费用标准成本等。

（2）成本差异的计算与分析。通过计算实际成本与标准成本之间的差异，找出成本控制中的问题和薄弱环节。

（3）确定营运的绩效如何，必须实施标准成本法，标准成本法与弹性预算差异分析结合，才能用于判断实际营运行为的绩效。标准成本是经过仔细研究设定确定的应该达到的单位成本。

三、标准成本的设定

（1）预期标准（expected standards）。预期标准是最可能实行的成本。有些公司认为标准成本等同于预期成本，有些公司认为标准有意将其标准成本定得高于或低于预期成本，以产生预期的激励效果。

（2）最优/理想标准（ideal standards）。在最好的条件下，使用现有的规范和设备所能达到的最有效率的业绩水平（不允许有浪费、损失及机器失灵等情况）。使用这种标准情况下，不利差异将会不断提醒人们在各个经营方面都需要持续改进。但在实务中没有广泛使用，因为对员工激励可能有负面作用。

（3）当前可达到标准（currently attainable standards）。当前可达到标准，是指通过现实努力可以达到的业绩水平，它允许出现正常的次品、毁损、浪费及非生产性时间（员工付出正常的努力和勤奋就有可能达到标准）。这种标准认为是对未来可能发生的事情的预测。当前可达到标准的另外一种解释是设定近期可达到的标准，这个标准在最优标准和现实努力的标准之间，也就是员工只要高效率运作就能达到标准。采用当前可达到标准可能获得持续改进并与激励系统相结合。

第二节

差异分析概况

一、实际结果与预算的差异

（1）差异分析是任何使用预算的绩效评估体系的基础。差异分析是指预算金额与实际金额之间的差异。

①从成本角度，当实际成本小于标准（预算）成本时，为有利差异；当实际成本大于标准（预算）成本时，为不利差异。

②从收入角度，当实际收入小于标准（预算）收入时，为不利

差异；当实际收入大于标准（预算）收入时，为有利差异。

③收入、成本和利润的有利差异与不利差异总结如表 10 – 1 所示。

表 10 – 1　　　收入、成本和利润的有利差异与不利差异总结

项目	利润	收入	成本
实际大于预期	有利差异	有利差异	不利差异
实际小于预期	不利差异	不利差异	有利差异

要确定运营的绩效，必须实施标准成本法，标准成本法只有与差异分析相结合，才能用于判断实际运营的绩效。

（2）有利差异与不利差异本身并不必然是结果好坏的判断标准，只是揭示了公司的营运是否与计划相符。

（3）差异分析的意义不仅在于差异的金额，也在于差异的方向，频率和趋势。

①持续的差异可能意味着标准需要重新评估。这也往往表明营运中存在系统性缺陷，这时有必要修正该缺陷以提高营运效率。

②差异分析是管理会计的重要分析工具，可用于例外管理（management by exception）。例外管理在实务中可以使得管理层将有限的精力集中在与期望的重要偏差（可以设定重要性）上。

二、差异分析主要思路

差异分析的核心是对预算预期与实际业绩之间的差异进行比较，深入探究造成这些差异的原因，并在此基础上实施针对性的异常管理措施（参考图 10 – 1）。

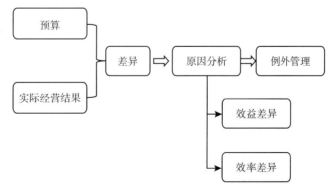

图 10 – 1　差异分析主要思路

第三节

使用静态预算进行绩效分析

一、预算的类型

（1）静态（固定）预算。基于一种预期作业水平的预算，静态预算在年初编制且各项预算数据在全年均不发生改变。

（2）弹性（变动）预算。适合不同作业水平的预算，会改变预算额度以反映实际产出水平。

二、静态预算差异分析

（1）静态预算差异是差异分析的起点。

（2）静态预算差异度量的是静态预算金额与实际结果之间的差额，也是需要解释的总差额（见图 10 - 2）。

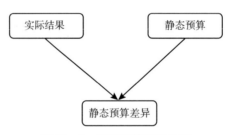

图 10 - 2　静态预算差异分析

（3）根据静态预算给出的差异结果具有误导性，并不能揭示任何效益或效率的质量。以表 10 - 2 静态差异分析为例。

表 10 - 2　　　　　　　　　　静态差异分析

项目	实际成果	静态预算	差异（实际成果 – 静态预算）	差异方向
销售数量（个）	24 000	30 000	6 000	不利
销售收入（美元）	3 000 000	3 600 000	600 000	不利
变动成本				
直接材料（美元）	1 491 840	1 800 000	308 160	有利
直接制造人工（美元）	475 200	480 000	4 800	有利

续表

项目	实际成果	静态预算	差异 (实际成果 – 静态预算)	差异方向
变动制造费用（美元）	313 200	360 000	46 800	有利
变动成本总计（美元）	2 280 240	2 640 000	359 760	有利
边际贡献（美元）	719 760	960 000	240 240	不利
固定成本（美元）	684 000	690 000	6 000	有利
营业利润（美元）	35 760	270 000	234 240	不利

（4）在表10-2的静态预算差异分析中，企业的实际营业利润小于静态预算营业利润，是不利差异，但是相关的变动成本却由于小于预算成本，判断为有利的差异。因为变动成本小于预算是因为实际的变动成本是根据实际的销售数量来确定的，而静态预算的变动成本是根据预算的销售数量来确定的，两者缺乏对比的统一标准，因此结果具有误导性，并非是真正有利的差异。

第四节

使用弹性预算进行绩效分析

一、使用弹性预算进行绩效分析

（1）为克服静态预算的缺点，有利于管理人员进行直接比较，需要在静态预算的基础上编制弹性预算。

（2）弹性预算与静态预算的共同点：最初都是以同样方式编制预算，都是计划。

（3）与静态预算不同点：静态预算不可改变，弹性预算就是"给定任何一个你选择的作业水平（销售量水平），将提供这一特定水平的预算"。

（4）因此，静态预算差异可以进一步分解为：

①弹性预算差异（flexible budget variance）。用实际结果减去弹性预算结果（弹性预算结果按照实际产出加以调整），就是实际结果和弹性预算数据之差，弹性预算差异很好地估计了变动成本。

②销售量差异（sales volume variance）。弹性预算结果减去静态预算结果，揭示了预算销售量与实际销售量的差异对营业利润的影响（见图10-3）。

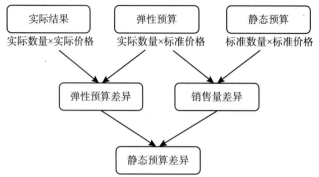

图 10 – 3　静态预算差异分解分析

注：在标准成本法下，预算产出为标准产出，预算价格为标准价格。

二、弹性预算的编制步骤

（1）先编制静态总预算：确定预算销售单价、预算单位变动成本、预算固定成本等数据。

（2）明确实际产出数量：产量是变动成本的成本动因。

（3）计算弹性预算中的总销售收入：

> 总销售收入 = 实际销售量×预算销售单价

（4）计算弹性预算中的成本：

> 总成本 = 总变动成本 + 固定成本
> 总变动成本 = 实际销售数量×预算的单位价格

固定成本不随产量的变化而变化。

三、弹性预算编制示例

弹性预算编制示例（见表 10 – 3）。

表 10 – 3　　　　　　　　　　弹性预算编制示例

项目	预算单价	80%产出水平	静态预算（100%）	110%产生水平
销售数量（个）		24 000	30 000	33 000
销售收入（美元）	120	2 880 000	3 600 000	3 960 000
变动成本				
直接材料（美元）	60	1 440 000	1 800 000	1 980 000
直接制造人工（美元）	16	384 000	480 000	528 000
变动制造费用（美元）	12	288 000	360 000	396 000

续表

项目	预算单价	80%产出水平	静态预算（100%）	110%产生水平
变动成本总计（美元）		2 112 000	2 640 000	2 904 000
边际贡献（美元）		768 000	960 000	1 056 000
固定成本（美元）		690 000	690 000	690 000
营业利润（美元）		78 000	270 000	366 000

四、弹性预算差异的计算与分析

弹性预算差异 = 实际结果 – 弹性预算结果
销售量差异 = 弹性预算结果 – 静态预算结果

弹性预算差异分析如表 10 – 4 所示。

表 10 – 4 弹性预算差异分析

项目	实际结果	弹性预算	弹性预算差异	静态预算	销售量差异
销售数量（个）	24 000	24 000	0	30 000	6 000（U）
销售收入（美元）	3 000 000	2 880 000	120 000（F）	3 600 000	720 000（U）
变动成本					
直接材料（美元）	1 491 840	1 440 000	51 840（U）	1 800 000	360 000（F）
直接制造人工（美元）	475 200	384 000	91 200（U）	480 000	96 000（F）
变动制造费用（美元）	313 200	288 000	25 200（U）	360 000	72 000（F）
变动成本总计（美元）	2 280 240	2 112 000	168 240（U）	2 640 000	528 000（F）
边际贡献（美元）	719 760	768 000	48 240（U）	960 000	192 000（U）
固定成本（美元）	684 000	690 000	6 000（F）	690 000	0
营业利润（美元）	35 760	78 000	42 240（U）	270 000	192 000（U）

其中：静态预算差异 = 270 000 – 35 760 = 234 240 美元（不利差异）。静态预算差异可以分解为：弹性预算差异 = 78 000 – 35 760 = 42 240 美元（不利差异）；销售量差异 = 270 000 – 78 000 = 192 000 美元（不利差异）。

五、弹性预算差异的进一步分解

（1）弹性预算差异可以进一步分解为直接材料差异，直接人工差异和制造费用差异（见图 10 – 4）。

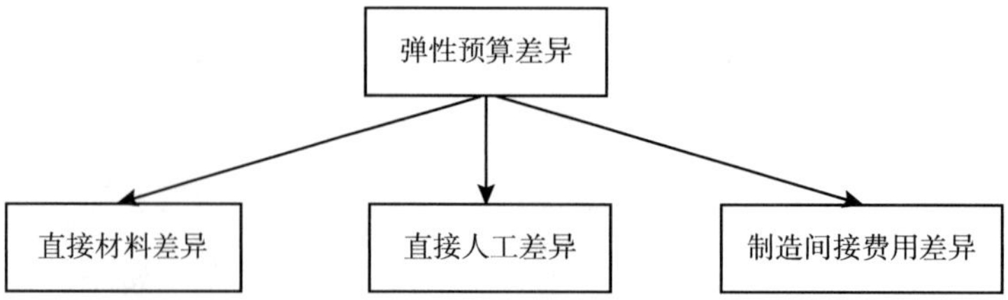

图 10 - 4　弹性预算差异分解

（2）直接材料差异又可以分解为：

①价格差异。

②数量差异（又称为用量差异或效率差异），当产品中有两种以上组成部分的材料能互相替代时，可以进一步分解为：直接材料的混合差异（mix variance）和直接材料的产量差异（yield variance）。

（3）直接人工差异又可以分解为：

①工资率差异（价格差异）。

②效率差异（efficiency variance），当产品中有两种以上人工成本能够互相替代时，可以进一步分解为：直接人工的混合差异（mix variance）；直接人工的产量差异（yield variance）。

（4）制造费用预算差异。制造费用分为变动制造费用和固定制造费用，可以分解为：

①变动制造费用的开支差异（spending variance）。

②变动制造费用的效率差异（efficiency variance）。

③固定制造费的开支差异（spending variance）。

④固定制造费用的数量/产量差异（production-volume variance）。

第五节

直接材料差异

直接材料差异包括价格差异与效率差异。引起直接差异的部分原因是实际使用的材料数量与标准（预算）的数量差异引起的（效率差异）；还有部分原因是实际发生的直接材料成本与标准（预算）的差异引起的（价格差异），这两种差异需要单独考虑。

一、直接材料价格差异

计算公式：

直接材料价格差异＝直接材料实际数量×（实际价格－标准价格）

（1）如果直接材料的采购量与耗用量不等，那么在直接材料价格差异的计算中应使用采购量。

（2）如果实际的直接材料价格大于标准的价格，则为不利差异。

（3）直接材料价格差异原因分析：

①有利的直接材料价格差异可能由数量折扣、谈判压价、不可预计的价格下降或运输成本降低等因素引起。如果只是由于价格下降的因素引起的，应该及时更新成本标准。

②不利的直接材料价格差异意味着直接材料支付的价格高于标准价格。如果是购买材料的成本太高，则采购部门（非生产部门）可能需要对不利的差异负责。但是，如果只是简单的由于价格上升导致的，则需更新成本标准。

③不管是有利差异还是不利差异，均需探讨其影响。例如，大批量采购带来的有利材料价格差异可能会导致存货持有成本的增加；由于降低材料的质量使得更低的价格形成有利差异，可能会导致更低的产品质量或生产所需数量的增加。这些情况下，可能需要采购部门负责。

二、直接材料的数量差异（效率差异/用量差异）

计算公式：

> 直接材料效率（数量）差异＝标准价格×（实际投入量－标准投入量）

（1）由于是单独考虑在没有价格差异的情况下差异的影响，因此忽略材料的实际成本。

（2）材料的有利差异可能意味着工人效率的提高（如减少正常损耗），但也可能意味着以牺牲产品质量为代价采用了低于标准数量的材料。

（3）材料的不利差异可能意味着生产部门使用过多的材料，也可能是材料被盗窃或其他浪费和损耗。但是，使用过多的材料也可能是因为使用低质量的材料（采购部门为降低价格采购低质量材料）。材料的不利差异的另外一种解释是由于使用不熟练的工人导致的。因此，有利的工资率差异可能会导致不利的材料数量差异。

三、关于直接材料差异的分析举例

【例题】ABC 公司当期预算的产量是 18 000 个单位。然而，实际产量为 16 500 个单位。每单位产品的标准直接材料用量是 7.5，但实际用量是 6.5。标准价格是 6.75 美元，但实际价格是 7.00 美元。直接材料差异的情况如表 10－5 所示。

表 10 - 5   直接材料差异的计算示例

直接材料差异	产量（个）	每单位材料	数量	价格（美元）	合计（美元）
静态预算	18 000	7.5	135 000	6.75	911 250
弹性预算	16 500	7.5	123 750	6.75	835 313
实际材料	16 500	6.5	107 250	7.00	750 750

价格差异：$107\ 250 \times (7.00 - 6.75) = 26\ 813$ 美元（不利差异）。

数量差异：$6.75 \times (107\ 250 - 123\ 750) = 11\ 375$ 美元（有利差异）。

总差异：26 813 美元（不利差异）＋111 375 美元（有利差异）＝ 84 562 美元（有利差异）。

第六节

直接人工差异

直接人工差异与直接材料差异类似，包括工资率（价格）差异和效率（数量）差异。

一、直接人工工资率差异

（一）计算公式

直接人工工资率差异＝直接人工实际投入量×（实际价格－标准价格）

（二）直接人工工资率差异原因分析

（1）有利的直接人工工资率差异通常是由于使用了更低技能的员工引起的。这种情形下，如果他们能够胜任工作是有利的，但有利的差异也可能被不利的效率差异或低质量的产品所抵消。

（2）不利的直接人工工资率差异通常是由于使用了更加熟练的员工引起的，而标准成本的计算则可能假定更低技能的员工就可以完成工作。但熟练员工更高的效率也可能导致有利的直接人工效率差异抵消掉不利的直接人工工资率差异。

（3）不利的直接人工工资率差异也可能是由于工会联盟导致更高的工资引起的，这种情况下，应及时更新标准。

二、直接人工效率差异

（一）计算公式

> 直接人工效率差异 = 标准价格 × （实际投入量 – 标准投入量）

（二）直接人工效率差异原因分析

（1）有利的直接人工效率差异意味着员工有效率地完成工作并且比预期完成生产的时间要短，通常是生产部门有效率。

（2）不利的直接人工效率差异意味着员工在生产环节花费太多的时间，但也可能是由于使用了比预期中更加不熟练的员工引起的，尽管直接人工的工资率差异是有利的。

三、直接人工差异举例

【例题】ABC 公司当期预算的产量是 18 000 个单位。然而，实际产量为 16 500 个单位。每单位产品的标准直接人工是 3 小时，但实际是 3.25 小时。标准价格是 5.50 美元，但实际价格是 6.00 美元。直接人工差异的情况如表 10 – 6 所示。

表 10 – 6　　　　　　　　　直接人工差异计算表

直接人工差异	产量（个）	每单位工时（小时）	数量（个）	价格（美元）	合计（美元）
静态预算	18 000	3	54 000	5.50	297 000
弹性预算	16 500	3	49 500	5.50	272 250
实际人工	16 500	3.25	53 625	6.00	321 750

价格差异：53 625 × (6.00 – 5.50) = 26 813 美元（不利差异）。

数量差异：5.50 × (53 625 – 49 500) = 22 688 美元（不利差异）。

总人工差异：26 813（不利差异）+ 22 688（不利差异）= 49 501 美元（不利差异）。

四、直接成本差异的总结

直接成本（直接材料、直接人工）的价格差异和效率差异可以用图 10 – 5 的方式进行总结，辅助 FMAA 考生考试记忆。

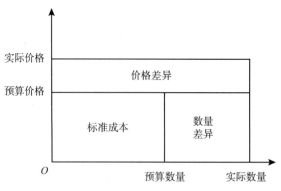

图 10 – 5　直接成本差异总结

对价格差异和效率差异进一步理解，包括：

（1）将弹性预算差异分解为价格差异和数量差异，有助于评估管理人员在可控差异管理上的表现。例如，用数量差异来评价生产经营管理人员；用价格差异来评价采购经理（但也可能是外部市场力量而非采购经理能控制）。

（2）仔细考虑这些反馈信息产生的动机很重要。例如，只关注材料价格差异，就会和适时制系统和全面质量管理目标抵触，采购经理可能会加大购买批量或购买低质量材料增加次品。

（3）根据使用差异来确定个人责任经常会发现管理者采取欺骗和破坏行为来逃避责任（职业道德问题）。

（4）有利的材料价格差异可能会导致不利的材料用量差异或人工超额。

【例题】公司采用标准成本制度。6 月 4 日产品的原材料信息如下：

每磅原材料的标准价格	1.60 美元
每磅原材料的实际采购价格	1.55 美元
实际采购的原材料数量	2 000 磅
实际耗用的原材料数量	1 900 磅
实际生产中允许的原材料标准耗用量	1 800 磅

公司的材料采购价格差异？（　　　）

A. 90 美元（有利差异）

B. 90 美元（不利差异）

C. 100 美元（有利差异）

D. 100 美元（不利差异）

【解析】正确答案为 C。材料价格采购差异 = 2 000 × (1.55 – 1.60) = 100 美元，有利差异。

【例题】亚克斯（Akers）是一家建筑承包商 SBL 公司的首席执行官。刚刚送达的财务报表显示在新体育馆项目上亏损 3 000 美元，而本来的预算是盈利 6 000 美元。下面是有关这个项目的材料的实际和预算资料：

	实际	预算
砖——捆数	3 000	2 850
砖——单捆成本（美元）	7.90	8.00

关于 SBL 公司的体育馆项目，下述哪一项表述是正确的？（　　）

A. 价差 285 美元，有利差异

B. 价差 300 美元，有利差异

C. 效率差异 1 185 美元，不利差异

D. 弹性预算差异 1 000 美元，不利差异

【解析】正确答案为 B。材料价格采购差异 = 3 000 × (7.90 − 8.00) = 300 美元，有利差异。

本章小结

本章全面探讨了标准成本制度及其在成本控制和差异核算中的应用，并介绍了标准成本制度的定义和目的，强调了通过设定标准成本与实际成本进行比较的重要性，以及如何利用这些信息进行有效的成本控制和决策。

在标准成本的设定部分，本章讨论了不同类型的标准成本，包括预期标准、最优（理想）标准和当前可达到标准，并解释了每种标准的适用场景和优缺点。这有助于企业在制定标准成本时做出更合适的选择，以更好地反映实际生产情况和激励员工。

差异分析概况部分，本章解释了实际结果与预算之间的差异，并区分了有利差异和不利差异。通过差异分析，企业可以识别成本控制中的问题和薄弱环节，从而采取相应措施进行改进。

使用静态预算进行绩效分析部分，本章讨论了静态预算的概念及其在绩效评估中的局限性，指出静态预算不能反映实际产出水平的变化，因此可能导致误解。

使用弹性预算进行绩效分析部分，本章介绍了弹性预算的概念和编制步骤，并展示了如何通过弹性预算差异和销售量差异来更准确地评估绩效。弹性预算能够根据实际产出水平调整预算额度，从而提供更准确的成本控制和绩效评估。

直接材料差异部分，本章详细分析了直接材料价格差异和数量差异的原因及其对成本控制的影响。通过计算和分析这些差异，企业可以更好地管理材料成本，提高材料使用效率。

直接人工差异部分，本章同样详细分析了直接人工工资率差异和效率差异的原因及其对成本控制的影响。这有助于企业评估员工的工作效率和成本效率，从而采取相应措施提高生产效率。

本章习题

1. 在预算分析时，如果实际成本大于标准（预算）成本，这种差异被称为（   ）。
   A. 有利差异
   B. 不利差异
   C. 中性差异
   D. 零差异

2. 弹性预算与静态预算的主要区别是（   ）。
   A. 弹性预算不可改变
   B. 静态预算适合不同作业水平
   C. 弹性预算会改变预算额度以反映实际产出水平
   D. 静态预算和弹性预算都是不可改变的

3. 人工工资率差异的计算公式是（   ）。
   A. 直接人工实际投入量×（实际价格－标准价格）
   B. 直接人工实际投入量×（标准价格－实际价格）
   C. 直接人工实际投入量×实际价格
   D. 直接人工实际投入量×标准价格

4. 以下哪项不是直接人工效率差异的原因？（   ）
   A. 员工技能提升
   B. 使用了更不熟练的员工
   C. 机器故障减少
   D. 材料质量下降

5. L制造公司采用标准成本法，并按直接人工小时分配制造费用。5月份生产5 000件产品的制造成本预算如下：

直接人工（10 000×15美元/小时）　　　　150 000美元
变动制造费用　　　　　　　　　　　　　 30 000美元
固定制造费用　　　　　　　　　　　　　 80 000美元

5月份，生产了6 000件，且直接人工效率不利差异为1 500美元。根据上述资料，5月份实际发生的直接人工小时是多少？（   ）

A. 9 900 小时

B. 10 100 小时

C. 11 900 小时

D. 12 100 小时

6. 某公司产品的人工标准如下所示：

单位产出的标准人工工时数　　5.0 人工工时

标准人工工资率　　18.25 美元／人工工时

7 月产品的相关数据如下所示：

实际耗用的人工工时数　　9 800 人工工时

实际总人工成本　　176 400 美元

实际产出　　1 900 单位

则 7 月的人工效率差异是多少？（　　）

A. 3 000 美元，不利差异

B. 5 400 美元，有利差异

C. 3 025 美元，有利差异

D. 5 475 美元，不利差异

参考答案

1. 答案：B

解析： 当实际的成本大于标准（预算）的成本时，为不利差异。

2. 答案：C

解析： 预算与静态预算的主要区别在于弹性预算会改变预算额度以反映实际产生水平。

3. 答案：A

解析： 直接人工工资率差异的计算公式是直接人工实际投入量 ×（实际价格 – 标准价格）。

4. 答案：D

解析： 直接人工效率差异的原因包括员工技能提升、使用了更不熟练的员工、机器故障减少，但不包括材料质量下降。

5. 答案：D

解析： 人工效率不利差异，故人工大于 10 000 小时，排除 A，

效率差异 = 15 × (实际工时 − 6 000 × 10 000/5 000) = 1 500，可计算工时为 12 100 小时。

6. 答案：D

解析：效率差异 = 18. 25 × (9 800 − 1 900 × 5) = 5 475 美元，不利差异。

第十一章

绩效考核

本章主要内容包括责任中心的概念、类型以及绩效考核的原则，包括可控性原则和目标一致原则。考生将学习如何通过责任中心将成本和收入分配给特定的部门或项目，以及如何评估管理者的绩效。此外，本章还涉及多维度盈利能力分析，包括产品获利能力分析、经营单位分析指标和客户获利能力分析，帮助企业从不同角度评估盈利能力，为决策提供支持。最后，本章介绍了投资回报率（ROI）和剩余收益（RI）作为绩效评估的工具，以及它们的优缺点和应用场景。通过本章的学习，考生将能够更全面地理解和应用绩效考核工具，为企业管理和决策提供坚实的基础。

第一节

责任中心与报告分部

责任中心（responsibility center）是一个组织单元，它负责特定的成本和收入，并且对其成本和收入的控制负有责任。责任中心的概念是绩效评估和管理会计中的一个重要组成部分，它有助于企业将成本和收入分配给特定的部门或项目，从而更好地控制和管理企业的财务表现。

一、责任中心类型

责任会计是组织中界定所属分部或业务单位的一种方法，各个责任中心的划分以这些分部或业务单位的自治水平及管理者所承担的责任为依据，责任中心的绩效评估也在此基础上进行。责任中心通常可以划分为表 11-1 中的四种类型。

表11-1　　　　　　　　　　　　责任中心类型

类型	解释	绩效评估
收入中心	负责销售，不负责与已销售产品相关的制造成本（如销售部门）	以其提供贡献的能力为依据
成本中心	产生很少或不产生任何收入，负责控制部门的成本（如财务，行政部门）	负责直接成本的效率差异
利润中心	负责成本和收入无需负责投资	实际利润/预期利润
投资中心	负责本部门的投资、成本和收入	利润的绝对水平、相对水平、战略一致性、投资回报等

【例题】以下哪种责任中心通常让经理负责所有财务决策？（　　）

A. 营收中心

B. 成本中心

C. 投资中心

D. 利润中心

【解析】正确答案为 C。投资中心对收入、成本和投资负责，所以通常让经理负责所有财务决策。

二、绩效考核的原则

（一）可控性原则（controllability）

对经理层的绩效计量应该尽可能在经理层的直接影响下。

（1）"可控制"因素通常被认为是经理层在一定的期间可以影响的因素。例如，有些总部的管理费用，就难以追溯到特定的责任中心或业务活动中。

（2）可控制成本并不等同于变动成本。这种区分通常是针对组织的特定层级的。例如，固定成本中的折旧对收入中心的经理来说可能是不可控制成本，但对于该经理的上级部门总经理来说可能是可控制成本。

（二）目标一致原则（goal congruence）

一个好的管理控制系统必须注重使经理层努力的目标与组织的总体目标保持一致。

第二节

多维度盈利能力分析

多维度盈利能力分析是一种分析方法，它从多个角度评估企业的盈利能力。获利能力分析可以分为：产品获利能力分析、战略业务单位获利能力分析和客户获利能力分析等多维度的分析，多维度盈利能力分析的意义在于可以为企业决策提供有用的支持信息。

一、产品获利能力分析

（一）产品获利能力分析能够提供以下相关决策支持

（1）哪些产品的盈利性最强？

（2）哪些产品需要重新评估其成本和价格？

（3）哪些产品需要提供最大力度的营销投入和支持？

（4）哪些可以作为工资和奖金发放的依据？

（5）如果一个产品长期亏损，是否应该关闭该产品线？

（二）产品获利能力分析示例

假设 ABC 公司生产网球和美式壁球两种产品，两种产品获利能力分析如表 11 - 2 所示。

表 11 - 2　　　　　　　　产品获利能力分析　　　　　　　单位：美元

项目	网球	美式壁球	合计
销售额	780 000	195 000	975 000
相关成本			
变动成本	585 000	175 500	760 500
边际贡献	195 000	19 500	214 500
其他可追溯相关成本			
广告费	19 500	26 000	45 500
剩余贡献	175 500	（6 500）	169 000
不可追溯成本			
固定成本			100 000
净利润			69 000

在本例中，尽管公司总体是盈利的，但是从具体两个产品来看，美式壁球在扣除分摊的费用后是亏损的。因此，是否关闭美式壁球就可能成为管理层的决策，而产品获利能力分析能够帮助管理层的相关决策。

（三）产品获利能力分析考虑的非财务因素

（1）放弃本产品线将在多大程度上影响公司的士气？

（2）如果放弃，相关产品线的销售额将会受到怎么样的影响？

（3）产品线是另外一条更具盈利性的产品线的组成部分吗？

（4）如果在营销上投入更大的资源，产品的盈利性会增大吗？

（5）长期来看，本条产品线会变得更具盈利性吗？

（6）提高产品价格将能提高盈利能力还是使销售额变得更低？

二、经营单位分析指标

（一）经营单位

经营单位（business unit，BU），是规模更大的组织中的一个实体或营运部门，拥有自己的业务战略和目标，获利能力分析通常采用以下指标：

（1）边际贡献。销售收入减去变动成本为边际贡献。由于边际贡献的计算中不包括不受管理者控制的固定费用，因此边际贡献指标也可用于评估管理人员绩效。但缺点是并非所有固定费用都是不可控，因此强调边际贡献会导致管理者忽略可能的成本削减机会。

（2）直接/可控利润。边际贡献减去该部门可控的固定成本为直接/可控利润。直接利润的计算未减去公司层面发生的共同成本。使用直接利润评估管理者的绩效，缺点是可能会导致管理者仅满足较低的目标（因为未覆盖公司总部层面的共同成本）。直接利润可用来评估战略性业务部门（SBU）的绩效。

（3）税前利润。使用税前所得作为绩效评估，优点是业务部门经理可以真实地审视本部门需要达到的盈利水平，以确保本部门能为整个公司的成功做出贡献；容易与竞争对手的获利能力进行比较；能够制定更好的长期决策，比如产品组合决策和市场营销决策；缺点是业务部门需要为不在其控制范围内的成本负责。

（4）净利润。使用净利润作为绩效评估的优点与缺点与税前利润一样。除此之外，净利润指标还有其他缺陷，比如，各领域面临的税率不同，往往是公司出于避税目的而进行操纵的结果，税务相关的决策均在公司层面制定，而非战略性业务部门层面或部门经理控制范围。

（二）经营单位绩效报表分析示例

经营单位绩效报表分析示例（见表 11 - 3）。

表 11 - 3　　　　　　　　　　经营单位绩效报表示例　　　　　　单位：美元

项目	金额
销售额	780 000
变动成本	585 000
边际贡献	195 000
该利润中心的可控固定费用	19 500
直接/可控利润	175 500
分配给该战略业务部门的公司费用	52 500
税前所得	123 000
税金	49 200
净利润	73 800

三、客户获利能力分析

客户获利能力分析的主要目的包括度量客户的盈利性，分配市场资源、识别有效与无效客户的相关活动和服务等，以下是关于客户盈利能力分析的一个具体案例。

假设 ABC 咖啡连锁店在全国有多家分店，公司希望评估不同客户群体的获利能力，以便更有效地分配营销资源并提高整体利润。

以下是公司关于客户盈利能力分析的主要步骤：

（一）客户细分

ABC 公司将客户分为几个群体：忠诚会员、普通顾客、企业客户和游客，每个群体都有不同的购买习惯和消费模式。

（二）收集数据

忠诚会员：年均消费 500 美元，平均购买频率为每周一次，会员数量为 10 000 人。

普通顾客：年均消费 200 美元，平均购买频率为每月一次，顾客数量为 20 000 人。

企业客户：年均消费 1 000 美元，平均购买频率为每月四次，客户数量为 500 家。

游客：年均消费 50 美元，平均购买频率为每季度一次，游客数量为 50 000 人。

（三）计算各客户群体的总收入

忠诚会员收入：500 美元/人 × 10 000 人 = 500 万美元。

普通顾客收入：200 美元/人 × 20 000 人 = 400 万美元。

企业客户收入：1 000 美元/家 × 500 家 = 50 万美元。

游客收入：50 美元/人 × 50 000 人 = 250 万美元。

（四）计算各客户群体的总成本

各客户群体的成本包括直接成本（如咖啡豆、牛奶、包装）和间接成本（如租金、工资、营销费用）。假设每个群体的变动成本占销售额的 50%，固定成本假设每年 200 000 美元，每种类型的客户变动成本为：

忠诚会员：500 美元/人 × 50% = 250 美元/人。

普通顾客：200 美元/人 × 50% = 100 美元/人。

企业客户：1 000 美元/家 × 50% = 500 美元/家。

游客：50 美元/人 × 50% = 25 美元/人。

（五）计算各客户群体的边际贡献

（1）首先，我们计算每个群体客户的总变动成本：

忠诚会员：250 美元/人 × 10 000 人 = 250 万美元。

普通顾客：100 美元/人 × 20 000 人 = 200 万美元。

企业客户：500 美元/家 × 500 家 = 25 万美元。

游客：25 美元/人 × 50 000 人 = 125 万美元。

（2）接下来，我们可以计算各客户群体的边际贡献：

忠诚会员边际贡献：500 − 250 = 250 万美元。

普通顾客边际贡献：400 − 200 = 200 万美元。

企业客户边际贡献：50 − 25 = 25 万美元。

游客边际贡献：250 − 125 = 125 万美元。

（六）分析结果

（1）忠诚会员虽然人数较少，但由于购买频率高，对总收入和总利润的贡献最大。

（2）普通顾客虽然人数多，但购买频率低，对利润的贡献不如忠诚会员。

（3）企业客户虽然数量少，但每次购买量大，也带来了可观的利润。

（4）游客购买频率最低，虽然人数多，但对总利润的贡献最小。

（七）结论和建议

（1）根据分析结果，ABC公司应该更加关注忠诚会员的维护和增值服务，因为他们为公司带来了最大的利润。

（2）对于普通顾客，公司可以通过提高购买频率或增加单次购买额来提高利润。

（3）企业客户需要更多的个性化服务和关系维护，以确保他们的持续合作。

（4）对于游客，公司可以通过提高品牌知名度和吸引力来增加他们的购买频率。

通过ABC公司案例，我们可以看到客户获利能力分析如何帮助企业识别不同客户群体的价值，并据此制定更有效的市场策略。

第三节

绩效评估：投资回报率与剩余所得

一、投资回报率

（1）投资回报率（return on investment，ROI）度量业务单位的获利能力，投资回报率的计算是用业务部门的净利润除以与该笔净利润相关的资产投资额。投资回报率也称为会计回报率或应计会计回报率。

（2）ROI通常用来度量投资中心的绩效，以度量组织投资资本的盈利能力。

（3）计算公式：

> 投资回报率（ROI）＝业务单位的净利润÷业务单位的平均资产额
> ＝销售净利率×资产周转率

①未特别说明的情况下，公式中的利润指的是营业利润。

②投资回报率不同的教材可能有不同的口径，FMAA考试中以该公式优先。

③计算得到的投资回报率代表的是股东每投资 1 美元的回报。例如，投资回报率为 25% 是指公司每投资 1 美元的资产，股东的回报是 25 美分。组织可以将投资回报率与资本成本（或股东要求的必要报酬率）进行对比，可以确定业务单位是否应该继续经营下去，还是应该终止经营。

（4）业务单位提高 ROI 的途径。

①通过降低费用提高利润率。

②通过降低投资提高周转率，例如，通过及时制（JIT）生产系统降低公司的存货。

（5）采用 ROI 作为绩效评估指标的缺点。

尽管 ROI 是一个有用的绩效评估工具，但它也有局限性，比如可能忽视了非财务因素的影响，以及在比较不同项目时可能需要调整以反映不同的风险水平。因此，在使用 ROI 时，最好将其与其他绩效指标和定性分析结合起来，以获得更全面的绩效评估。

此外，将 ROI 做主要绩效工具时，如果业务单位当前的投资回报率较高，业务单位经理可能会拒绝一些资本项目，因为这些项目虽然能够给公司带来效益，但不能进一步改善本业务单位的投资回报率。

（6）采用 ROI 作为绩效评估指标的优点。

ROI 提供了一个统一的衡量标准，可以用来比较不同规模、不同类型和不同时间段的投资项目，可以激励管理层和员工关注投资效益，推动他们寻找提高效率和降低成本的方法。

（7）投资回报率（ROI）的进一步拓展。

> 资产回报率（ROA）= 业务单位的净利润 ÷ 平均总资产
> 权益回报率（ROE）= 业务单位的净利润 ÷ 平均净资产

【例题】某公司对部门经理的绩效评估以各个部门获得的投资回报率为依据。绩效评估和薪酬计划中使用的目标投资回报率为 15%（等于资本成本），实际投资回报率每超出 15% 一个百分比，部门经理能获得 5% 的奖金。大卫（David）是消费产品部的经理，他对部门来年的营运和财务状况做了预测，预测结果表明投资回报率将为 24%。此外，部门还确立了若干个新的短期项目，预计投资回报率为：A 项目 13%、B 项目 19%、C 项目 22%、D 项目 31%。假定没有预算限制，能够给公司带来价值增值的新项目组合是（　　）。

A. 项目 A、项目 B、项目 C、项目 D

B. 仅项目 B、项目 C、项目 D

C. 仅项目 C、项目 D

D. 仅项目 D

【解析】正确答案为 B。只要项目投资回报率大于目标回报率 15%，公司就会投资。

【例题】公司的 N 分部近几年的剩余收益一直保持为正值。N 分部目前正考虑投资于一个新项目，该项目会降低分部的整体投资回报率，但却能增加其剩余收益。请问新项目的预期投资回报率、公司的资本成本，以及该分部目前的投资回报率之间是什么关系？（   ）

A. 新项目的预期投资回报率高于该分部目前的投资回报率，但却低于公司的资本成本

B. 公司的资本成本高于新项目的预期回报率，但却低于该分部目前的投资回报率

C. 该分部目前的投资回报率高于新项目的投资回报率，但却低于公司的资本成本

D. 新项目的预期投资回报率高于公司的资本成本，但却低于该分部目前的投资回报率

【解析】正确答案为 D。该项目会降低分部的整体投资回报率，但却能增加其剩余收益，说明新项目的预期投资回报率高于公司的资本成本，但却低于该分部目前的投资回报率。

二、剩余收益

（1）剩余收益（residual income，RI）是从所得额中减去投资的规定回报，它假定投资的成本等于必要的报酬率。

（2）计算公式

> 剩余收益（RI）= 业务单位的净利润 − 业务单位的资产 × 必要报酬率

剩余收益是指超过必要报酬率的那部分超额回报。剩余收益为正，意味着业务单位实现的收益率高于公司要求的必要回报率，因而，应该继续经营下去。剩余收益为负，并不是指公司不盈利，它只是说明业务单位实现的收益率低于公司要求的必要报酬率。

（3）剩余收益的优点：

①考虑了业务单位的机会成本；

②是一个用于衡量项目能够给企业带来绝对投资收益的指标。

（4）剩余收益的缺点：不能衡量业务单位的投资效率（绝对值指标的缺点）。

三、剩余收益与投资回报率对比

（1）投资回报率与剩余收益的共同缺陷：无论采用 ROI 还是 RI，都会使得最大化收入，最小化投资。可能会导致各战略业务单位削减酌量性成本，包括研发成本、质量控制成本、维护成本、人力资源开发成本、广告与促销成本等，削减这些成本短期内能够提

高 ROI 或 RI，长期内会带来负面影响。

（2）在 ROI 与 RI 互相矛盾的时候，通常优先考虑 RI 指标，因为 RI 是个绝对值指标，衡量的是绝对投资收益的增加。

（3）会计收入和费用确认政策可能会降低业务单位之间的可比性。例如，在物价上涨时，在存货计量采用后进先出法的企业比使用先进先出法的企业，通常会有更高的成本，更低的存货，导致采用后进先出法的公司比采用先进先出法的公司有更低的投资回报率。因此，在比较公司和业务单位之间的 ROI 或 RI 的时候，确保采用相同的会计政策很重要。GAAP 规定的其他会计方法也可能扭曲报告的利润，例如，折旧的计提方法、研发支出和其他一些可能增加价值但会减少会计利润的项目。

（4）共用资产分配政策以及总资产计量方法对投资基数计量可能造成的影响。与收入和费用确认政策可能扭曲计算结果一样，投入的资产也可能并不是资产真正的经济价值。

【案例】体育产品公司网球部门的营业利润为 100 000 美元，平均资本为 400 000 美元，设置的必要报酬率为 10%。现在考虑是否购置一台新机器，购置成本为 100 000 美元，预期能够产生 20 000 美元的营业利润，即投资回报率为 20%。

公司目前投资回报率（ROI）= 100 000 ÷ 400 000 = 25%

剩余所得 = 100 000 − （400 000 × 10%）= 600 000 美元

如果购买新的设备：

ROI =（100 000 + 20 000）÷（400 000 + 100 000）= 24%

由于会降低目前回报率（假设购买新设备后的投资回报率 24% 小于目前的投资回报率 25%），如果用 ROI 考核，会拒绝购买新设备。

剩余所得 = 120 000 − （500 000 × 10%）= 70 000 美元

如果用剩余收益考核，可以增加剩余收获率，应该购买新设备。所以两种绩效评估的指标会产生矛盾。

本章小结

本章探讨了不同责任中心的绩效考核，包括责任中心的类型、绩效考核的原则、多维度盈利能力分析，以及投资回报率与剩余收益的应用。

在责任中心部分，本章介绍了收入中心、成本中心、利润中心和投资中心的概念，并解释了每种中心的绩效评估方法。责任中心的划分有助于企业明确各部门的责任和权限，从而更有效地进行成本控制和管理。

绩效考核的原则部分，本章讨论了可控性原则和目标一致原则，强调了在绩效评估中应确保经理层能够控制的因素，并确保经理层努力的目标与组织的总体目标一致。

多维度盈利能力分析部分，本章介绍了产品获利能力分析、经营单位分析指标和客户获利能力分析，这些分析方法有助于企业从不同角度评估盈利能力，为决策提供支持信息。

投资回报率（ROI）和剩余收益（RI）部分，本章详细解释了这两种绩效评估指标的计算方法和应用，以及它们在不同情况下的优缺点。ROI 和 RI 是衡量业务单位绩效的重要工具，它们可以帮助企业评估投资效益和超额回报。

本章习题

1. 在绩效考核中，计算产品线获利能力时主要关注的是（　　）。
A. 产品线的市场份额
B. 产品线的总成本与总收入之差
C. 产品线的广告宣传费用
D. 产品线的研发投入

2. 在计算顾客获利能力时，以下哪一项是关键因素？（　　）
A. 顾客的购买频率
B. 顾客的年龄分布
C. 顾客的性别比例
D. 顾客的地理位置

3. 分析投资回报率时，以下哪一项是不需要考虑的因素？（　　）
A. 投资项目的初始成本
B. 投资项目的年度收益
C. 市场利率的变化
D. 投资项目的社会影响力

4. 剩余收益（RI）的定义是（　　）。
A. 净利润除以投资成本
B. 净利润减去投资成本
C. 净利润减去投资成本乘以必要报酬率
D. 总销售量除以总生产量

5. 奥克蒙尼（Oakmont）公司有两个部门，分别是家用电器部和建筑设备部。利用投资回报率评价家用电器部经理，利用剩余收益评价建筑设备部经理。公司资本成本为 12%，两部门当前投资回报率都为 16%。两位经理都在考虑一个投资回报率 14% 的项目。根据目前对两位经理的评价体系，哪位经理有动力实行这一项目？（　　）

　　A. 两位经理都有动力实行这一项目

　　B. 两位经理都没有动力实行这一项目

　　C. 家用电器部经理有动力实行这一项目，而建筑设备部经理没有

　　D. 建筑设备部经理有动力实行这一项目，而家用电器部经理没有

参考答案

1. 答案：B。

解析： 产品线获利能力是指产品线通过销售产生的总收入扣除相关成本后的净利润。因此，正确答案是关注产品线的总成本与总收入之差。

2. 答案：A。

解析： 顾客获利能力是指从单个顾客或顾客群体中获得的净利润。在计算时，顾客的购买频率是关键因素，因为它直接影响顾客的总体消费额和企业的收益。虽然年龄、性别和地理位置也是重要的市场细分指标，但它们不直接决定顾客的获利能力。

3. 答案：D。

解析： 分析投资回报率时，主要关注的是经济因素，如投资项目的初始成本、年度收益以及市场利率的变化，以评估投资的财务效益。社会影响力虽然重要，但不是投资回报率分析的直接内容。

4. 答案：C

解析： 剩余收益（RI）是衡量投资中心绩效的指标，定义为净利润减去投资成本乘以必要报酬率。它反映了投资中心在满足资本成本后为股东创造的价值。

5. 答案：D

解析： 只要预期收益高于资本成本，建筑设备部经理就会接手该项目。因为项目预期投资回报率 14% 低于当前部门投资回报率 16%，所以以投资回报率作为判断标准的家用电器部经理将拒绝该项目。

第十二章

用于决策的成本信息

本章主要学习本量利分析（CVP 分析），这是一种关键的财务工具，用于评估成本、销量和利润之间的关系，帮助企业做出更明智的经营决策。考生将学习如何确定盈亏平衡点，即企业必须销售的最低单位数量以覆盖所有成本。此外，本章还将介绍边际分析，包括边际收入和边际成本，以及它们如何影响利润最大化。通过这些分析，企业可以更好地理解成本结构，制定有效的定价策略，优化产品组合，以及评估特殊订单的接受与否。

第一节

本量利分析概述

本量利分析（cost-volume-profit analysis，CVP）是一种财务分析方法，用于确定企业在特定时期内必须销售多少单位的产品或服务，以覆盖其固定成本和变动成本，从而实现盈亏平衡。

一、本量利分析的用途

本量利分析是一个强大的方法，可以帮助企业在竞争激烈的市场中做出更明智的决策。以下是本量利分析的一些主要用途：

（1）确定盈亏平衡点。帮助企业计算出必须销售的最低数量，以覆盖所有成本，包括固定成本和变动成本。

（2）成本控制。通过分析固定成本和变动成本，企业可以更好地理解成本结构，并采取措施降低成本。

（3）定价策略。企业可以利用本量利分析来确定产品或服务的最低售价，以确保至少能够覆盖成本。

（4）销售预测。帮助企业预测在不同的销售水平下的利润情况，从而制定更准确的销售目标。

（5）风险评估。通过本量利分析，企业可以评估在不同销售水平下的风险，以及在市场变化时的应对策略。

（6）资源分配。企业可以根据盈亏平衡点来决定资源的分配，确保资源被有效地用于生产和销售。

（7）产品组合决策。对于多产品企业，本量利分析可以帮助确定哪些产品是盈利的，哪些产品可能需要改进或淘汰。

（8）预算规划。在预算规划过程中，本量利分析可以提供关于预期收入和成本的重要信息。

（9）业绩评估。企业可以使用本量利分析来评估实际业绩与盈亏平衡点之间的差异，从而识别业绩改进的机会。

（10）市场策略。了解盈亏平衡点后，企业可以制定更有针对性的市场策略，如促销活动，以推动销售超过盈亏平衡点。

二、本量利分析相关术语

（1）本量利分析。也称为盈亏平衡点分析（breakeven analysis），是用于度量和理解收入与变动成本以及固定成本之间关系的工具。通过本量利分析，管理层可以识别销售量、销售价格以及产品组合的变化所产生的可能影响。

（2）固定成本（fixed cost）是指在相关范围内，无论产出量如何变化，固定成本总额都保持不变的成本。固定成本可以是约束性的（committed）与设施相关的成本，例如，由先前的管理决策导致的租金与折旧；也可以是酌量性（管理或预算）的固定成本，例如，由管理层在年度预算编制过程中设定的广告费、间接人工或销售管理人员的薪水。单位固定成本随着产出量的增加而减少。

（3）变动成本（variable cost）是指在相关范围内，变动成本总额随产出量变化呈正比例变动的成本。变动成本包括直接材料、直接人工、变动间接费用（如能源动力费用和低值易耗品）、变动销售成本（如运费和销售佣金），以及变动管理成本（如支付的特许使用费）。单位变动成本通常不会随产出量的变化而变化。

（4）相关范围（relevant range），是指变动成本和固定成本函数成立的产出量范围。

（5）总成本。由变动成本和固定成本组成，即总成本=变动成本+固定成本。

（6）营业利润（operating income）。营运收入减去营运总成本。

> 营运利润=营运总收入-营运发生的总成本

【**注意**】出于分析的目的，公司通常会将融资成本从营运收入中剔除，因为融资成本与运营无关。此外，这里的营业利润是指税前的营业利润。

（7）净营业利润。是指某一期间的税后营业利润，计算公式如下：

> 净营运利润＝营运利润×（1－所得税率）

三、本量利分析的基本假设

（1）线性（linearity）。在相关范围内，收入与成本之间的关系是可预测的和线性的。

（2）确定性（certainty）。假设各参数（价格、变动成本等）均已知或能被合理估计。

（3）单一产品或明确界定的产品组合。明确界定的产品组合使得分析人员能够考察假设的加权平均产品。

（4）产量等于销量。假设产出量等于销售量，或者存货的金额可以忽略。这是一项限定性的假设，因为传统的会计原则采用吸收成本法，如果产量与销量不相等，会产生存货问题。采用变动成本法来确定营业利润，放松了对这项假设的需要。

【**例题**】以下选项，除了哪一项以外都是关于本量利分析的假设？（　　　）

A. 总固定成本并不随着产量的改变而改变

B. 收入随着产量变化而相应的变化

C. 单位变动成本随着产量变化而相应变化

D. 多种产品情况下，销售组合不随着产量的改变而发生变化

【**解析**】正确答案为 C。单位变动成本不会随着产量的变化而变化。

第二节

盈亏平衡分析

盈亏平衡点，也称作营运盈亏平衡点，是指总收入等于总成本时的产出水平，即营业利润为零。高于盈亏平衡点，存在正的营业利润；低于盈亏平衡点，则会发生营业损失。

一、单一产品的盈亏平衡点计算

（一）计算盈亏平衡点的基本公式

$$营业利润（OI）=收入-变动成本-固定成本$$
$$=单位售价（P）\times 销售数量（Q）-单位变动成本（V）$$
$$\times 销售数量（Q）-固定成本（F）$$
$$=(P-V)\times Q-F$$

其中：

$$变动成本=变动产品成本+变动销售和管理费用$$
$$固定成本=固定产品成本+固定销售和管理费用$$

在盈亏平衡点，经营利润为零，则盈亏平衡点计算如下：

$$盈亏平衡点数量=固定成本\div（单位价格-单位变动成本）$$
$$=固定成本\div 单位边际贡献（UCM）$$

其中，边际贡献表示销售收入减去变动成本后的金额，单位边际贡献（unit contribution margin，UCM）表示单位价格减去变动成本后的金额。

（二）边际贡献率与变动成本率

（1）边际贡献率（contribution margin ratio）。边际贡献率也称为边际贡献百分比，通过百分比而不是产品边际贡献的金额来表示，计算公式如下：

$$边际贡献率=单位边际贡献（UCM）\div 销售价格$$

（2）变动成本率。变动成本率也称为变动成本百分比，计算公式如下：

$$变动成本率=变动成本\div 销售价格$$

（3）边际贡献率与变动成本率互为补数，两者之和为 1。即边际贡献率 + 变动成本率 =1。

（三）安全边际与安全边际率

安全边际是指组织当期的销售水平超过盈亏平衡点的程度，可以表示为安全边际量（件数）、安全边际金额或安全边际率的形式（见图 12-1）。相关公式如下：

> 安全边际额 = 正常（或计划）销售额 - 盈亏临界点的销售额
> 安全边际率 = 安全边际额 ÷ 计划销售额

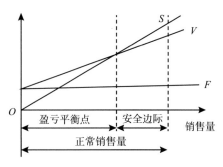

图 12-1 安全边际与安全边际率示例

（四）使用盈亏平衡分析计算目标利润

根据前面相关公式的定义，可以对营业利润进一步分解：

> 营业利润(OI) = 销售收入 - 总成本
> = (单价 - 单位变动成本) × 销售数量 - 固定成本
> = 边际贡献 - 固定成本
> = 单位边际贡献 × 销售量 - 固定成本
> = 边际贡献率 × 销售额 - 固定成本
> = 边际贡献率 × 销售额 - 边际贡献率 × 盈亏平衡点销售额
> = 边际贡献率 × 安全边际额

（五）目标销售量的计算

如果公司希望是盈利的，希望了解目标销售量是多少时，可以计算目标销售量，具体公式如下：

> 目标销售量(产量) = (固定成本 + 目标营业利润) ÷ 单位边际贡献

在 FMAA 的考试中，如告知目标营业利润为税后利润，则需先还原为税前利润：

> 目标销售量(产量) = [固定成本 + 目标税后营业利润 ÷ (1 - T)]
> ÷ 单位边际贡献

【案例】W 公司某产品单位售价为 30 美元，边际收益率为 45%，固定成本为每月 10 000 美元。如果本月卖出 3 000 单位产品，则：

经营利润 = 边际贡献（3 000 × 30 × 45%） – 固定成本（10 000） = 30 500 美元。

单位变动成本 = 30 × （1% ~ 45%） = 16.5 美元。

盈亏平衡点 = 固定成本（10 000 美元）÷ 单位边际贡献（30 美元 – 16.5 美元） = 741（单位产品）。

安全边际额 = 正常销售额（3 000 × 30 美元） – 盈亏平衡点销售额（741 × 30） = 67 770 美元。

安全边际率 = 67 770 美元 ÷ 3 000 × 30 美元 = 75.30%。

【例题】 以下哪个选项不能正确描述盈亏平衡点？（   ）

A. 营业利润为 0

B. 总收入等于总成本

C. 盈亏平衡点以上表示盈利，以下表示亏损

D. 盈亏平衡点以下表示盈利，以上表示亏损

【解析】 正确答案为 D。盈亏平衡点以上表示盈利。

【例题】 R 公司预期的税后销售收益率为 6%。公司的有效所得税税率为 40%，边际收益率为 30%。如果 R 公司的固定成本为 240 000 美元，那么，能够获得期望收益的销售收入为（   ）美元。

A. 375 000

B. 400 000

C. 1 000 000

D. 1 200 000

【解析】 正确答案为 D。假定销售收入为 S，则 S × 6%/（1% ~ 40%） = S × 30% – 240 000，可得 S = 1 200 000。

【例题】 C 公司只生产一种产品，并且基于以下信息编制明年的预算。

单位产品售价：100 美元

单位变动成本：75 美元

固定成本：250 000 美元

有效税率：35%

如果 C 公司明年想要获得 1 300 000 美元的净利润，那么，它必须销售（   ）个单位。

A. 62 000

B. 70 200

C. 80 000

D. 90 000

【解析】 正确答案为 D。假定销量为 Q，则 1 300 000/（1% ~ 35%） = （100 – 75） × Q – 250 000，Q = 90 000。

二、多产品的盈亏平衡点分析

销售组合（或收入组合）是指出售的产品或服务的相对比例关系，在实务中，大部分企业有多种产品或服务，企业通常努力追求在资源有限的情况下能产生最大盈利的销售组合。如果产品或服务组合中较高边际贡献的项目比例较大，则利润也会较高。

多产品组合的盈亏平衡点计算公式如下：

> 多产品的盈亏平衡点 = 固定成本 ÷ 各产品的加权平均单位边际贡献

【例题】蛋糕公司生产两种蛋糕，一种 2 磅的圆形蛋糕和一种 3 磅的心形蛋糕。公司的总的固定成本为 94 000 美元。两种蛋糕的变动成本和销售数据如下：

	2 磅圆形蛋糕	3 磅心形蛋糕
单位售价	12 美元	20 美元
单位变动成本	8 美元	15 美元
目前销售量（按单位计）	10 000	15 000

如果销售组合的变动是每 1 个圆形蛋糕抵 3 个心形蛋糕，那么，这两种蛋糕的盈亏平衡点销量分别为多少？（　　）

A. 8 174 个圆形蛋糕，12 261 个心形蛋糕

B. 12 261 个圆形蛋糕，8 174 个心形蛋糕

C. 4 947 个圆形蛋糕，14 842 个心形蛋糕

D. 15 326 个圆形蛋糕，8 109 个心形蛋糕

【解析】正确答案为 C。

圆形蛋糕的边际贡献 = (12 − 8) = 4 美元。

心形蛋糕的边际贡献 = (20 − 15) = 5 美元。

产品组合的加权平均单位边际贡献 = 25% × 4 + 75% × 5 = 4.75 美元。

产品组合的盈亏平衡点数量 = 94 000 美元 ÷ 4.75 美元 = 19 789 个。

圆形蛋糕的数量 = 19 789 × 25% = 4 947 个。

心形蛋糕的数量 = 19 789 × 75% = 14 842 个。

第三节

边际分析与决策

边际分析（增量分析或差额分析），是一种短期决策方法，侧重于分析某项行动的增量成本和增量收益，而不是总成本和总收益。

边际决策分析可以为企业在特殊订单、外包还是自制、销售还是再加工、产品定价等决策方面提供支持。

一、边际收入与边际成本

（1）边际收入（marginal revenue）也称为增量收入（incremental revenue）是指每增加 1 个单位的产出额外增加的收入。表 12 - 1 是边际收入的具体示例。

表 12 - 1　　　　　　　　边际收入示例　　　　　　　单位：美元

产出水平	单位价格	总收入	边际收入
1	580	580	580
2	575	1 250	570
3	570	1 710	560
4	565	2 260	550
5	560	2 800	540
6	555	3 330	530
7	550	3 850	520
8	545	4 360	510
9	540	4 860	500

（2）边际成本（marginal cost）也称为增量成本（incremental cost）是指每增加 1 个单位的产出额外增加的成本。表 12 - 2 是边际成本的具体示例。

表 12 - 2　　　　　　　　边际成本示例　　　　　　　单位：美元

产出水平	单位成本	总成本	边际成本
1	570	570	570
2	405	810	240
3	340	1 020	210
4	305	1 220	200
5	287	1 435	215
6	279	1 675	240
7	279	1 995	280
8	284	2 275	320
9	295	2 655	380

（3）边际收入、边际成本与利润最大化决策的关系：在利润最

大化的产量水平上，边际收入等于边际成本（MR = MC）。这是因为：

①如果边际收入大于边际成本，企业可以通过增加产量来增加利润，因为每增加一单位的销售带来的额外收入大于额外成本。

②如果边际收入小于边际成本，企业应该减少产量，因为每增加一单位的销售带来的额外收入不足以覆盖额外成本，从而减少利润。

③当边际收入等于边际成本时，企业无法通过改变产量来增加利润，因为额外收入正好等于额外成本。

二、会计成本与经济成本

会计成本与经济成本是经济学和会计学中两个重要的概念，它们在衡量成本和决策时有着不同的侧重点和含义：

（一）会计成本

会计成本（accounting cost），只包括显性成本（explicit costs），代表实际的现金支付或承诺支付的成本，即在利润表中列示的成本，与会计成本相对应的概念是会计利润，它通常包括直接成本（如原材料、直接劳动力成本）和间接成本（如租金、折旧、管理费用等）。

会计成本主要关注的是历史成本，即企业在过去为了获取资源或生产产品实际和应当支付的货币金额。会计成本的计算通常遵循会计准则和法规，目的是编制财务报表，如利润表和资产负债表，以供外部利益相关者（如投资者、债权人、政府机构）使用。

会计成本不包括机会成本，即为了使用某项资源而放弃的最佳替代用途的潜在收益。

（二）经济成本

经济成本（economic cost）是企业在生产过程中所放弃的所有资源的价值，它包括显性成本和隐性成本（implicit costs），隐性成本代表的机会成本（opportunity costs），例如，企业自己拥有并使用的资源的成本，如自有资金的机会成本、自有场地的租金等都是隐性成本。与经济成本相对应的概念是经济利润（economic profit）。

经济成本考虑的是机会成本，即为了生产某产品或服务而放弃的其他最佳选择的潜在收益。经济成本的计算不仅包括实际和应当支付的现金成本，还包括资源的机会成本，因此它提供了一个更全面的生产成本视角。

经济成本是经济学家用来分析资源配置效率和企业决策的工具，它有助于理解在不同选择之间如何实现成本最小化和收益最大化。

（三）会计成本与经济成本的主要区别

（1）成本范围。会计成本通常只包括显性成本，而经济成本包括显性成本和隐性成本。

（2）成本计算。会计成本基于实际和应当支付的现金金额，而经济成本包括机会成本。

（3）目的。会计成本用于编制财务报表，经济成本用于经济分析和决策。

（4）时间视角。会计成本关注历史成本，经济成本关注当前和未来的成本。

（四）会计成本与经济成本示例

假设你拥有一家小型工厂，生产某种产品。会计成本可能只包括原材料费用、工人工资、租金等实际支付的费用。但如果你自己就是工厂的主人，并且你放弃了将工厂出租给他人的机会，那么这部分未收到的租金就是你的机会成本，应该计入经济成本。

三、决策中的相关成本

在进行经营决策时，管理者需要比较两个或多个备选方案，管理会计师需要使用两个标准来确定信息是否相关。企业在进行短期经营决策时只需考虑相关成本和收入，不考虑非相关成本与收入。

（一）判断是否为相关信息的标准

（1）面向未来。企业已发生或承诺的成本（沉没成本），在决策中无需考虑。例如，公司由于机器的过时考虑对生产设备升级，该设备已支付的购买金额就是沉没成本，在决策时无需考虑。

（2）它们因不同选择而不同。例如，公司的固定成本（如人员工资），不因公司的决策不同而不同，在短期决策中无需考虑。

通常，判断成本是否相关，可以有几个维度：第一，相关成本是未来的成本；第二，相关成本是现金流；第三，相关成本是增量成本（incremental cost）。决策的一个原则是"过去就过去了"，管理决策只影响将来。

（二）常见的相关成本与非相关成本

表 12 - 3 是常见的相关成本与非相关成本示例。

表 12 - 3	常见的相关成本与非相关成本
相关成本	非相关成本
可避免成本	不可避免成本
增量（减量）成本/差额成本	沉没成本/承诺成本
机会成本	
专属成本	联合成本

（1）沉没成本。是那些已经发生但无法收回的成本。因为沉没成本无法收回，因此，无论做什么决策，都不影响决策，是非相关成本。

（2）可避免成本。如果特定行为不发生，就不会发生的成本。可避免成本与决策相关，是相关成本。

（3）不可避免成本。无论特定的行为是否发生，都会发生的成本，与决策无关，是非相关成本。

（4）专属成本。指那些可以明确归属于特定产品或部门的固定成本或混合成本。这些成本与特定的产品或部门紧密相关，如果没有这些产品或部门，就不会发生这些成本。在进行方案选择时，专属成本是与决策有关的成本，必须予以考虑。

（5）联合成本。是指在关联产品生产过程中，多个产品共同产生的成本，这些成本应由所有关联产品共同负担。在短期的边际决策分析时，联合成本通常是非相关成本。

（6）机会成本。是经济学中的一个核心概念，它指的是为了获得某种资源或选择某种行动方案而放弃的其他最佳选择的潜在价值或收益。简而言之，机会成本是"选择的代价"，在决策分析时，机会成本是相关成本。

【例题】V 集团正在对以下两个方案进行选择。两个方案都将在明年 1 月 1 日开始实行。

方案 1：购买一台新的抛磨机。该机器的成本为 1 000 000 美元，有效使用时间为 5 年。在未来 5 年，每年来自劳动力成本节省得到的净税前现金流将达到 100 000 美元。由于融资和纳税，折旧费使用直线法进行计算。购买机器的另一动机在于：V 公司将从已提完折旧的机器以旧换新中获得 50 000 美元的补偿。

方案 2：将正在完成的任务外包。V 公司可以把这项任务外包给

LM 公司，并在未来 5 年内每年支付 200 000 美元。如果他们选择外包，V 公司可以将已提完折旧的机器扔掉。V 公司的有效所得税税率为 40%。加权平均资本成本为 10%。

比较这两个方案，方案 1 中 50 000 美元的以旧换新补偿应该被看作（ ）。

A. 不相关，因为它并不影响税金

B. 相关的，因为它会导致现金流出减少

C. 不相关，因为它并没有影响现金流

D. 相关的，因为它会导致现金流出增加

【解析】正确答案为 B。以旧换新的补偿是因决策不同而不同，是与决策相关的现金流，会导致现金流出减少。

【例题】2 个月之前，H 公司购买了 4 500 磅 K 产品，花费了 15 300 美元。该产品的市场需求旺盛，价格突然上升到每磅 4.05 美元。基于此种需求，H 公司可以按该价格买卖 K 产品。H 公司最近收到了一份特殊订单，需要购买 4 200 磅 K 产品。要判断是否接受该订单，管理者需要评估一系列的决定因素。除了所得税以外，以下哪一种因素组合可以正确地描绘相关和不相关的决策因素？（ ）

相关决策因素	不相关决策因素
A. 剩下的 300 磅 K 产品	每磅 4.05 美元的市场价格
B. 每磅 4.05 美元的市场价格	每磅 3.40 美元的购买价格
C. 每磅 3.40 美元的购买价格	每磅 4.05 美元的市场价格
D. 4 500 磅 K 产品	剩下的 300 磅 K 产品

【解析】正确答案为 B。公司的购买价格 15 300 ÷ 4 500 = 3.40 美元是历史成本，是与决策不相关因素；现在的价格 4.05 美元与决策相关。

【例题】对于有过剩产能的企业来说，特别订单的定价决策应（ ）。

A. 考虑可能损失的销售的机会成本

B. 比较相关成本和特别订单的价格

C. 比较单位总成本和特别订单价格

D. 评估分离点前的全部联合成本

【解析】正确答案为 B。对于有过剩产能的企业来说，特别订单的定价决策应比较相关成本和特别订单价格。

本章小结

本章详细介绍了本量利分析（CVP）的概念、用途和相关术语，以及如何通过 CVP 进行盈亏平衡分析、安全边际分析、目标利润分析，并探讨了多产品组合的盈亏平衡点。此外，本章还涉及了边际分析与决策，包括边际收入、边际成本的计算及其在决策中的应用，以及会计成本与经济成本的比较和相关成本的识别。

通过本章的学习，考生应该能够理解并应用本量利分析来确定企业的盈亏平衡点，评估不同销售水平下的风险和利润，以及进行产品组合决策。同时，考生应该能够识别和计算边际收入与边际成本，以支持特殊订单、外包、自制、销售还是再加工、产品定价等短期决策。此外，本章还强调了机会成本、沉没成本、可避免成本、不可避免成本等概念在决策中的重要性。

本章习题

1. 本量利（CVP）分析中的"保本点"是指（   ）。
A. 利润最大化的销售量
B. 销售收入等于总成本的销售量
C. 销售收入等于变动成本的销售量
D. 销售收入等于固定成本的销售量

2. 下列哪项成本是指因选择某一方案而放弃的另一方案可能带来的收益？（   ）
A. 增量成本
B. 沉没成本
C. 机会成本
D. 边际成本

3. 下列哪项成本不会因决策的改变而改变？（   ）
A. 边际成本
B. 沉没成本
C. 可避免成本
D. 增量成本

4. 在决策分析中，边际成本是指（   ）。
A. 增加一单位产量所增加的固定成本
B. 减少一单位产量所减少的总成本
C. 增加一单位产量所增加的变动成本
D. 减少一单位产量所减少的固定成本

5. 下列哪项成本是企业在决策过程中可以直接观察到的成本？
（　　）
   A. 隐性成本
   B. 沉没成本
   C. 可避免成本
   D. 显性成本

6. 为什么说沉没成本在决策过程中是不相关的？（　　）
   A. 因为它已经发生且无法改变
   B. 因为它总是大于零
   C. 因为它总是小于机会成本
   D. 因为它总是等于边际成本

7. 在给定数据的情况下，计算相关成本时，应考虑哪些成本？
（　　）
   A. 所有成本，包括沉没成本
   B. 仅变动成本
   C. 与决策相关的未来成本
   D. 仅固定成本

8. 边际收入是指（　　）。
   A. 增加一单位销售量所增加的总收入
   B. 减少一单位销售量所减少的总收入
   C. 增加一单位销售量所增加的净利润
   D. 减少一单位销售量所减少的净利润

参考答案

1. 答案：B

解析：保本点是指销售收入刚好等于总成本（包括固定成本和变动成本）的销售量，此时利润为零。

2. 答案：C

解析：机会成本是指为了得到某种东西而所要放弃另一些东西的最大价值，即因选择某一方案而放弃的另一方案可能带来的收益。

3. 答案：B

解析：沉没成本是已经发生且不可回收的成本，它不会因未来的决策改变而改变。

4. 答案：C

解析：边际成本是指增加一单位产量所增加的变动成本，它反映了产量变动对总成本的直接影响。

5. 答案：D

解析：显性成本是指企业在生产经营过程中实际发生的、可以直接观察到的成本，如材料费、人工费等。

6. 答案：A

解析：沉没成本是已经发生且无法改变的成本，因此无论未来的决策如何，它都不会受到影响，所以在决策过程中是不相关的。

7. 答案：C

解析：在决策分析中，相关成本是指与决策相关的未来成本，包括增量成本、边际成本等，而沉没成本等过去已经发生的成本则不考虑。

8. 答案：A

解析：边际收入是指增加一单位销售量所增加的总收入，它反映了销售量变动对总收入的直接影响。

第五部分

职业道德

（10% – A 和 B 级）

在商业世界中，道德和诚信是企业成功的基石。本部分内容将深入探讨商业道德的核心概念，包括道德的定义、伦理哲学理论及其在商业决策中的应用，以及与合乎道德决策相关的关键概念。本章还涵盖了商业舞弊的类型和会计从业人员在职业道德方面的注意事项，最后介绍了舞弊三角理论，帮助读者理解并识别潜在的舞弊风险。

考试大纲概览

1. 商业道德

考生应能：

（1）定义商业道德。

（2）定义公平，正直，尽职调查，信托责任，以及它们如何影响道德决策。

（3）识别并解释不同类型的商业欺诈，例如资产挪用、操纵财务报表、现金和存货盗窃、工资欺诈、虚假供应商和应收账款欺诈。

2. 会计从业人员的道德注意事项

使用美国管理会计师协会职业道德守则公告中所概括的标准，考生应能：

（1）识别并描述四项首要道德原则和四项标准。

（2）评估给定商业情景的道德意蕴。

（3）识别并描述在某一给定的商业情况下可能违反的有关标准，并解释为什么这些具体的标准是适用的。

（4）在经营环境中面对道德困境时，向管理会计或财务管理人员推荐应采取的行动。

（5）评估并建议解决道德问题（如编制欺诈性的报表，操纵分析、结果和预算）的方法。

运用舞弊三角模型，考生应能：

（1）识别三角模型的三个组成部分。

（2）运用该模型解释管理会计师和财务管理专业人员如何识别并管理舞弊风险。

第十三章

商业道德

商业道德概述

一、道德及商业道德的概念

（一）道德

道德（ethics）的概念来源于公元 4 世纪的希腊哲学家苏格拉底、柏拉图和亚里士多德。在希腊语中，哲学是道德（ethos）的意思。

（1）苏格拉底建立了美德即知识的伦理思想体系，其中心是探讨人生的目的和善德。他强调人们应该认识社会生活的普遍法则和"认识自己"，认为人们在现实生活中获得的各种有益的或有害的目的和道德规范都是相对的，只有探求普遍的、绝对的善的概念，把握概念的真知识，才是人们最高的生活目的和至善的美德。

（2）柏拉图认为有两个世界：一个是理性世界，即完美的理想世界；另一个是感官世界，即人们生活的现实世界。他一生思考物质和人的道德永恒不变的东西，并提出了知识即美德的观点，主张通过理性和哲学探寻真理与智慧。

（3）亚里士多德的伦理学以"幸福"（eudaimonia）为中心，这是他所认为的最高善。幸福在亚里士多德的定义中，不仅仅是快乐或享受，而是实现人类潜能的"德行生活"。

（二）商业道德

20 世纪 60 年代，社会和政治活动人士开始对社会质量和政府责任问题提出质疑，由此引发了有关现代商业道德的讨论。

道德规范是指已经在人们良好举止中体现出来的原则和是非标准，它源自人们的信仰体系。

在许多方面，道德和美德（virtues）已经成为同义词。商业道德已经演变为一种伦理（moral）框架的应用，以制定商业战略和决策并运营企业（见表13-1）。

表13-1　　　相关概念解释

相关概念	相关解释
伦理（moral）	来自人们的信仰体系；对与错的标准和规则
美德（virtues）	与伦理和道德原则一致良好品格与高尚行为

二、不同的伦理哲学理论与商业决策

在探讨伦理哲学理论与商业决策之间的关系时，不同的伦理哲学理论对商业决策产生了深远的影响。表13-2是一些主要的伦理哲学理论及其在商业决策中的应用。

表13-2　　　伦理哲学理论及其在商业决策中的应用

伦理哲学理论	主要特征	商业决策的影响
目的论（teleology）	用目的解释世界的哲学。他们认为与目标或任务相关时，追求和实现重要的价值观使生命有意义	用于企业战略规划，以阐明他们的目标，并通过使命宣誓定义自己的使命；通过公司提供产品或服务给公司带来价值；价值可以认为是公司的财务状况（或股票价值）
功利主义（utilitarianism）	他们认为只有幸福或快乐有内在价值，功利的核心意义就在于促进快乐，目标是传播快乐、减轻痛苦，使其自由，结果比意图更重要	决策仅仅是根据预测的结果，而更少依据如何实现结果进行
道义论（deontology）	认为人们的行为或行为准则的正当性并不是由行为的功利后果或期望后果所决定的，道德是建立在责任和义务之上的（看重动机，而不是结果）	决策完全基于规则的正确和良好的东西。如何取得成果是很重要的，而很少去关注结果是什么
美德规范论（virtue ethics）	核心是重视美德；认为道德是基于个人适用的规则，这些规则建立在指导个人行为的真实，高尚和公正的美德之上	决策是由个人根据他们自己的规则制定的；决策基于个人和他人的幸福感
相对主义（relativism）	认为道德因为文化的不同而不同，不应该做出判断，没有绝对	商业决策需要基于公司所处的文化进行，一个国家或文化中的公司决策未必适用于另外一个国家或文化
正义论（justice）	认为社会秩序是建立在以正义为中心的道德哲学基础上	例如，企业中员工的收入分配决策、制度、流程的正义以及管理层对待员工的方式等

三、与道德决策的概念

公平、正直、尽责和信托责任这些最基本的原则均对合乎道德的决策会产生深远的影响，公平促使决策者在面对利益冲突时，能够公正地权衡各方利益，做出公正的决策，从而维护企业的声誉和信誉。正直要求决策者在商业决策中坚守道德底线，不为了短期利益而损害企业的长期声誉和信誉，这有助于建立企业的道德文化。尽责帮助决策者更全面地了解市场环境和潜在风险，从而做出更加明智和负责任的决策，降低决策风险。信托责任则强调企业管理者对委托人利益的忠诚和责任感，促使他们始终将委托人的利益放在首位，避免利益冲突和不当行为。与道德决策相关的概念具体解释见表 13-3。

表 13-3　　　　　　　　与道德决策相关的概念具体解释

与道德决策相关的概念	相关解释
公平（fairness）	决策必须没有偏见；决策不会给一个群体带来优势或劣势；以正确或合理的方式决策
正直（integrity）	在决策中，个人必须诚实和真诚，坚持他们所信仰的道德与伦理原则和价值观
尽责（due diligence）	尽责意味着合理的关注和必要的谨慎，证券法称为"尽职调查"的过程，指的是在商业和法律适用中，如何进行尽职调查提供决策所需的信息（例如，在并购业务中）
信托责任（fiduciary responsibility）	管理者应该代表资产的所有者利益决策，而不是自己的利益；上市公司的股东必须信任董事会和由董事会任命的高管团队

第二节

商业欺诈

商业欺诈是指企业或个人在商业活动中采用欺骗、隐瞒或其他不正当手段，以获取不当利益的行为。以下是一些常见的商业欺诈类型及其解释：

（1）资产挪用。资产挪用是指企业或个人利用职务之便，将企业或他人的资产非法转移或占用为自己所有的行为。这种欺诈行为可能导致企业资产流失、财务状况恶化，严重损害企业和债权人的利益。

（2）操纵财务报表。操纵财务报表是指企业或个人通过虚构交易、虚增收入、隐瞒负债等手段，故意歪曲企业财务状况和经营成果的行为。这种行为旨在误导投资者、债权人和其他利益相关者，以获取不当利益。

（3）现金和存货盗窃。现金和存货盗窃是指企业或个人利用职务之便，盗窃企业或他人的现金和存货的行为。这种欺诈行为直接损害企业的经济利益，并可能导致企业运营受阻。

（4）工资欺诈。工资欺诈是指企业或个人在支付工资时，采用虚构工时、冒领工资、克扣工资等手段，骗取企业或他人的工资款项的行为。这种行为不仅损害员工的利益，也影响企业的声誉和劳动关系稳定。

（5）虚假供应商。虚假供应商是指企业或个人虚构供应商身份或交易，以获取不当利益的行为。这种欺诈行为可能导致企业采购到质量不合格的产品或服务，甚至引发供应链风险。

（6）应收账款欺诈。应收账款欺诈是指企业或个人在应收账款管理方面采用欺骗、隐瞒或其他不正当手段，以获取不当利益的行为。例如，虚构应收账款、篡改应收账款记录等。这种行为可能导致企业资产损失和财务风险增加。

这些商业欺诈行为严重损害了市场经济的公平性和透明度，破坏了企业的声誉和信誉，也影响了投资者的信心和市场的稳定。因此，企业和个人在商业活动中应遵守诚信原则，远离任何形式的欺诈行为。

第三节

会计从业人员的道德注意事项

一、IMA 职业道德行为准则

管理会计与财务管理从业人员应该按职业道德标准行事。对职业道德行为的承诺，包括遵守那些符合我们价值观的基本原则，以及指导我们行为的具体准则。

二、基本原则（principles）

（1）诚实（honesty）。诚实要求提供专业服务时有责任心，保证分析和传递信息的真实性。例如，提供真实信息，以帮助企业基于该信息的决策。

（2）公平（fairness）。公平要求坦诚，并只考虑特定情况下他人的需求并全面披露必要相关的信息。例如，选择供应商时不存在成见或偏好。

（3）客观（objectivity）。客观要求下结论之前不偏不倚、客观地评价相互冲突的观点。例如，客观表述财务和法律指南、按照信息标准披露信息。

（4）责任（responsibility）。责任要求采取真实、可靠的行动。例如，及时的传递信息、保证报告信息的准确性。

以上四个原则可以简单记忆为"HFOR"原则。

三、职业道德标准（standards）

（一）胜任能力（competence）

（1）通过不断的学习各种知识和技能，维持合适的专业水平。
（2）遵循相关的法律、法规及技术标准履行职责。
（3）提供准确、清晰、简练和及时的决策支持信息与建议。
（4）确认并报告那些可能会对一项活动的合理判断或成功执行造成妨碍的专业局限或其他约束。

（二）保密（confidentiality）

（1）对获取的信息保密，除非经过授权或法律要求进行披露。
（2）告知相关方要正确使用保密信息。监督下属的活动，以确保其遵照执行。
（3）不得利用保密信息获取不道德的或非法的利益。

（三）正直（integrity）

（1）减轻实际的利益冲突，经常与商业伙伴沟通以避免明显的利益冲突，向所有各方提示任何潜在的利益冲突。
（2）禁止从事任何对遵守职业道德履行职责不利的行为。
（3）禁止从事或支持任何可能有损于该职业声誉的活动。

（四）诚信（credibility）

（1）公允、客观地报告信息。
（2）披露那些人们有理由认为影响目标使用者对报告、分析或建议的理解的所有相关信息。

（3）遵照组织政策或适用法律披露在信息、及时性、流程或内部控制上的延误或缺陷。

诚信的深层次含义是指管理会计在做出提前计划、评估潜在风险、收集足够信息时，应充分了解全部相关事实，并及时传递不利信息。

四、职业道德困境的解决方法

在应用职业道德行为准则公告时，从业人员可能会遇到辨识不道德行为或解决道德冲突的问题。在面对职业道德问题时，从业人员应该遵循组织关于如何解决此类冲突的既定政策。如果组织的政策无法解决道德冲突，从业人员就应该考虑采取下列行动：

（1）与直接上司讨论所遇到的问题，但直接上司也涉及其中时除外。如果牵涉直接上司，就应该呈报更高级别的管理人员。

（2）如果未得到满意的答复，应该呈报更高级别的管理人员。如果直接上司是首席执行官或同等级别的管理层，则可以呈报给拥有审查、复核权限的机构，如审计委员会、执行委员会、董事会、理事会或股东等。

（3）同 IMA 的道德顾问或其他中立顾问进行保密讨论而明晰相关道德问题，从而可以更好地理解可以采取什么行动。

（4）向自己的律师咨询与职业道德冲突有关的法律义务和权利问题。

【例题】IMA 职业道德守则公告要求 IMA 会员在面临职业道德冲突时遵循组织建立的政策，如果这些政策不能解决冲突，会员应该（　　）。

　A. 直接报告董事会

　B. 与直接上司进行讨论，如果他（她）涉及冲突

　C. 与组织外的权威部门进行沟通

　D. 如果与直接上司不能解决问题，与更高的管理层进行沟通

【解析】正确答案为 D。考核职业道德冲突的解决之道。

【例题】如果会计人员的直属上司要求会计人员在管理报告中不披露重要但是不利的信息时，会计人员应该（　　）。

　A. 按照上司的要求做事，并且不告诉任何人

　B. 拒绝上司的要求，并向报告调查人员提醒该问题

　C. 向直属上司的上司报告这件事

　D. 直接向监察专员报告这件事

【解析】正确答案为 C。因为会计人员的上司有涉及职业道德的问题，因此应该向更高一级的上司报告这件事。

【例题】如果 IMA 会员在识别不道德的职业行为或解决职业道

德冲突时，通常第一步采取的措施是（　　）。

　　A. 与董事会商议

　　B. 与其直接上司进行讨论

　　C. 通知相关执法部门

　　D. 辞职

【解析】正确答案为 B。第一步采取的措施是与其直接上司进行讨论。

第四节

舞弊三角理论

一、舞弊三角模型

1. 舞弊的类型（types of fraud）

（1）财务报表虚假报告（fraudulent financial reporting）。管理层通常用于欺骗财务报表使用者。

（2）资产侵占（misappropriation asset）。通常由于雇员、盗窃、盗用、挪用公款。

2. 舞弊三角模型（fraud triangle model）

舞弊三角模型要素包括：

（1）实施舞弊的动机或压力（pressure）。动机是指驱使舞弊发生的因素。

（2）实施舞弊的机会（opportunity）。机会是指导致舞弊发生的情景，通常表现为内部控制的失效。

（3）为舞弊行为寻找合理化（rationalization）的借口。合理化是指舞弊者的思维设定，合理化有助于舞弊者将犯罪的行为化为非犯罪行为。

二、舞弊三角具体示例

（一）舞弊三角——动机或压力具体示例

（1）财务稳定性或盈利能力受到经济环境、行业状况或企业经营情况的威胁。例如，竞争激烈或市场饱和，且伴随着利润率的下降；难以应对技术变革、产品过时等因素的急剧变化；客户需求大幅下降，所在行业经营失败的情况增多；与同行业相比，具有高速增长或异常的盈利能力。

（2）管理层为满足第三方要求或预期而承受过度的压力。例如，需要进行额外的融资以保持竞争力；为了满足交易所上市要求、偿债要求；满足投资分析师、机构投资者或债权人的预期。

（3）管理层或治理层的个人财务状况受到被受雇单位财务业绩的影响。例如，在被受雇单位中拥有重大经济利益；薪酬中一部分（如奖金、股权期权）取决于企业能否实现激进的目标。

（4）管理层或经营者受到集团公司、董事会或股东会对财务或经营指标过高要求的压力。

（5）个人的生活方式（汽车、住房等）需求、成瘾的行为（如嗑药、赌博等）以及短期现金需求。

（二）舞弊三角——机会具体示例

（1）企业所在行业或业务的性质为编制虚假财务报告提供了机会。例如，从事重大、异常或高度复杂的交易；重大关联方交易；资产、负债、收入或费用建立在重大估计的基础上，涉及主观判断。

（2）组织结构复杂或不稳定。例如，高级管理人员、法律顾问或治理层频繁更换；难以确定对企业持有控制性权益的组织或个人。

（3）对管理层的监督失效。例如，管理层由一人或少数人控制，且缺乏控制；治理层对财务报告过程和内部控制实施的监督无效。

（4）内部控制的要素存在缺陷。例如，对控制的监督不充分，包括自动化控制以及针对财务报告的控制；由于会计人员、内部审计人员或信息技术人员不能胜任而频繁更换；会计系统和信息系统无效。

（三）舞弊三角——合理化的理由示例

（1）管理层态度不端或缺乏诚信。例如，管理层未有效地传递、执行、支持或贯彻企业的价值观或道德标准，或传递了不适当的价值观或道德标准；非财务管理人员过度参与或关注会计政策的选择或重大会计估计的确定；管理层过于激进。

（2）个人常用的合理化理由例子：我到期还不了款；我的老板欺骗我；这笔钱是我应得的；我只是暂借了这笔钱而已。

【例题】侵占资产最可能发生的是（　　）。

A. 公司职工

B. 客户

C. 管理层

D. 审计师

【解析】正确答案为 A。侵占资产从动机、机会的角度来说，最可能发生的是员工。

三、管理会计师如何识别并管理舞弊风险

管理会计师需要理解舞弊三角模型，并看到员工的行为问题和行为变化，以及管理层合理化这些行为的动机以帮助识别潜在的舞弊和可能的犯罪。此外，管理会计师需要意识到任何导致舞弊可能的内部控制不足。

本章小结

本章讨论了不同的伦理哲学理论如何影响商业决策，并强调了公平、正直、尽职调查和信托责任等原则在商业决策中的重要性。

此外，本章还详细介绍了商业欺诈的常见类型和会计从业人员在职业道德方面的行为准则，以及如何通过理解舞弊三角模型来识别和管理舞弊风险。通过这些内容，考生将能够更好地理解商业道德的重要性，并将其应用于实际工作中，以促进企业的长期成功和可持续发展。

本章习题

1. 商业道德可以被最佳定义为（　　）。
A. 企业为追求最大利润而采取的所有行动
B. 在商业活动中指导决策制定的一套原则和行为规范
C. 仅在法律要求时才遵守的一套规则
D. 仅限于企业内部员工之间的非正式协议

2. 尽责在商业决策中的作用是（　　）。
A. 确保企业总能获得最高利润
B. 在进行重要商业交易前，对相关信息进行全面而细致的审查
C. 仅在出现问题时才进行的审查过程
D. 主要关注企业外部形象，而非实质内容

3. 下列哪一项属于商业欺诈的例子？（　　）
A. 企业为提高效率而采用新技术

    B. 经理因个人原因迟到早退

    C. 财务人员故意夸大销售收入以提高业绩报告

    D. 公司为吸引人才提供高于市场平均水平的薪资

  4. 信托责任是指（　　　）。

    A. 企业对员工个人生活的关心和照顾

    B. 企业管理层在法律和道德上对股东、债权人等利益相关者的责任

    C. 企业追求利润最大化的义务

    D. 企业对社会公益事业的贡献

  5. 在以下哪种情况下，会计师可能违反了美国管理会计师协会职业道德守则中的"诚信"原则？（　　　）

    A. 会计师在报告中准确反映了公司的财务状况

    B. 会计师接受了客户的小额礼品作为感谢

    C. 会计师故意隐瞒了公司重大的财务问题

    D. 会计师参加了行业研讨会以提升自己的专业知识

  6. 舞弊三角模型包括哪三个组成部分？（　　　）

    A. 动机、机会、合理化

    B. 压力、机会、借口

    C. 贪婪、机会、掩盖

    D. 欲望、可能性、解释

  7. 两天前，公司员工 N 发现自己的上级存在违法行为，于是向其更高一级主管反映，但是主管并没有采取什么措施，于是员工 N 直接向自己的律师咨询。员工 N 的做法是否正确？（　　　）

    A. 如果律师告知员工 N 此行为严重违法，员工 N 可以向相关组织反映

    B. 员工 N 违反了保密协议

    C. 员工 N 的做法不正确，因为该员工在面临该违法行为时不应该向其律师咨询

    D. 员工 N 的做法正确，该员工咨询了自己的律师

参考答案

1. 答案：B

解析： 商业道德是指在商业活动中，指导企业和个人如何进行

决策的一套原则和行为规范，旨在确保公平、正直和透明。

2. 答案：B

解析：尽职调查是指在做出商业决策或进行交易前，对相关信息和事实进行全面、细致的审查和评估，以确保决策的合理性和公正性。

3. 答案：C

解析：财务人员故意夸大销售收入以提高业绩报告，属于操纵财务报表，是商业欺诈的一种形式。

4. 答案：B

解析：信托责任是指企业管理层或受托人在管理企业或资产时，对股东、债权人等利益相关者所承担的法律和道德上的责任。

5. 答案：C

解析：故意隐瞒公司重大的财务问题违反了诚信原则，因为诚信要求会计师在提供信息和报告时保持真实、完整和准确。

6. 答案：B

解析：舞弊三角模型包括三个部分：压力（或动机）、机会和借口（或合理化），这三个因素共同作用时，增加了舞弊发生的可能性。

7. 答案：C

解析：面对道德问题时，应先遵循组织关于如何解决此类冲突的既定政策，如果既定政策无法解决道德冲突，则应该参考以下措施：

（1）与直接上司讨论所遇到的问题，但直接上司也牵涉其中时除外；如果牵涉到直接上司，就应该向更高级别的人员报告。

（2）如果未得到满意的答复，就应该向更高级别的人员报告。

（3）管理会计师协会的道德顾问进行秘密讨论。

（4）就这些问题与组织之外的权威人士或个人沟通不太合适，该员工在面临这种情况时，应先查找公司关于解决此类情况的政策。

FMAA 考试样题

A 部分——普通会计和财务管理

1. 7 月 15 日，为租赁某笔特殊订单所需的机器，某公司签订了一份为期三个月的租赁协议。这台机器将于 8 月 1 日交付，租金费用应于每个租赁月的第一天支付。该事件对该公司 7 月 31 日的财务报表有何影响？（　　）

    A. 对资产、负债和收入均无影响

    B. 使资产和收入增加

    C. 使资产和负债增加

    D. 使负债增加，收入减少

2. 以下哪一项无法以资产负债表作为依据？（　　）

    A. 计算回报率

    B. 评估资本结构

    C. 评估流动性和财务弹性

    D. 确定盈利能力和评估过往业绩

3. 反映公司某一时期经营情况的财务报表是（　　）。

    A. 利润表　　　　　　　　B. 财务状况表

    C. 股东权益表　　　　　　D. 留存收益表

4. 以下哪一项不是利润表中的内容？（　　）

    A. 费用　　　　　　　　　B. 股东权益

    C. 损益　　　　　　　　　D. 收入

5. 以下哪一项是对股东权益表的正确描述？（　　）

    A. 它可以核对股东权益账户的期初和期末余额

B. 它列出了所有股东权益账户及其相应的金额

C. 它可以计算用于计算每股收益的流通股的数量

D. 它可以核对留存收益账户中的期初和期末余额

6. 以下哪一项内容可以出现在采用间接法编制的现金流量表中？（　　）

A. 支付 200 000 美元的利息费用

B. 50 000 美元的未实现持有收益变动额

C. 之前计提的诉讼和解费

D. 建筑和设备相关的折旧

7. 在现金流量表中，向公司股东派发的股利会显示为（　　）。
A. 经营活动现金流入　　　　B. 经营活动现金流出
C. 投资活动现金流　　　　　D. 融资活动现金流

8. 以下哪一项不是现金流量表中的类别？（　　）
A. 经营活动现金流　　　　　B. 权益活动现金流
C. 投资活动现金流　　　　　D. 融资活动现金流

9. 在现金流量表中，购买固定资产应被记录为（　　）。
A. 经营活动　　　　　　　　B. 投资活动
C. 融资活动　　　　　　　　D. 非现金投资和融资活动

10. 在采用间接法编制的现金流量表中，各项现金活动会按以下哪种顺序列示？（　　）
A. 融资活动现金流、投资活动现金流、经营活动现金流
B. 投资活动现金流、融资活动现金流、经营活动现金流
C. 经营活动现金流、融资活动现金流、投资活动现金流
D. 经营活动现金流、投资活动现金流、融资活动现金流

11. 某公司通过全额抵押贷款的方式购入土地。在该公司的现金流量表中，这笔交易应记录为（　　）。
A. 融资活动　　　　　　　　B. 投资活动
C. 经营活动　　　　　　　　D. 非现金投资和融资活动

12. 下列哪一项在现金流量表中应归类为经营活动？（　　）
A. 本年度应付账款的减少
B. 发行先前授权的普通股而导致的现金增加
C. 购买当前生产所需的额外设备

    D. 使用当前运营所产生的资金派发现金股利

13. 在采用间接法编制现金流量表时，以下哪一项会使现金流减少？（　　）
    A. 摊销费
                B. 应缴所得税减少
    C. 发行普通股所得款项
    D. 存货减少

14. 现金流量表无法反映以下哪一项？（　　）
    A. 公司派发股利和偿还债务的能力
    B. 公司产生未来现金流的能力
    C. 在以高效且可盈利的方式利用公司资源方面，公司的管理能力
    D. 公司在本期的现金和非现金投资及融资交易

15. 在年度期间，某公司以 5 000 美元购入一项长期生产性资产，同时从本地银行借入 10 000 美元。在该公司的现金流量表中，这些交易应报告为（　　）。
    A. 投资活动现金流出 5 000 美元；融资活动现金流入 10 000 美元
    B. 投资活动现金流入 10 000 美元；融资活动现金流出 5 000 美元
    C. 经营活动现金流出 5 000 美元；融资活动现金流入 10 000 美元
    D. 融资活动现金流出 5 000 美元；投资活动现金流入 10 000 美元

16. 三年前，Jim 公司以 100 000 美元购入 Zebra 公司的股票。在当前财年，又以 150 000 美元出售了该批股票。在 Jim 公司的当前现金流量表的投资活动部分，这笔交易金额应列示为（　　）美元。
    A. 0
                     B. 50 000
    C. 100 000
          D. 150 000

17. 只有在生产线的下一个环节有相应需求时才生产某个部件，这种生产系统称为（　　）。
    A. 适时生产系统
    B. 倒冲生产系统
    C. 帕累托生产系统
    D. 材料需求计划生产系统

18. 在评估某公司内部控制的结构政策和程序时，主要应考虑该公司是否（　　）。
    A. 预防管理层越权
    B. 顾及控制环境
    C. 反映管理层的理念和经营风格

D. 影响财报的认定

19. 在组织内部执行的以下哪一项职能违反了内部控制？（　　）

A. 邮件收发员打开邮件，将收到的支票与付款原始凭证相比对，记录支付的金额，然后每天将支票（以及现金收款清单）转交给出纳员存款

B. 邮件收发员打开邮件，将收到的支票与付款原始凭证相比对，记录支付的金额，然后每天将付款原始凭证（以及现金收款清单）转交给应收账款部门，以便记录到明细分类账中

C. 在一周结束时，出纳员为本周的所有现金收款准备存款单

D. 总账专员将从出纳员处收到的清账现金收入的汇总日记账分录与应收账款专员记录到明细账的批次总计进行比较

20. 某公司决定在其年终向股东提交的年报中加入特定财务比率。其最近财年选取的相关信息如下（单位：美元）。

现金	10 000
应收账款	20 000
预付费用	8 000
存货	42 000
应付账款	15 000
应付票据（90 天到期）	25 000
应付债券（10 年到期）	35 000
本年度净赊销额	220 000
销货成本	140 000

该公司年末的净营运资本为（　　）美元。

A. 40 000　　　　　　　　B. 37 000

C. 28 000　　　　　　　　D. 10 000

21. 在赊购商品时，以下哪一项不会受到影响？（　　）

A. 流动资产总额　　　　　B. 净营运资本

C. 流动负债总额　　　　　D. 速动比率

22. 某公司在年初用现金购买了本公司的 10 000 股普通股。这笔交易将不会影响下列哪一选项？（　　）

A. 债务对权益比率　　　　B. 每股收益

C. 净利润率　　　　　　　D. 流动比率

23. 以下哪一项不是持有现金的理由？（　　）

A. 预防动机　　　　　　　B. 交易动机

C. 盈利动机　　　　　　　D. 满足未来需求动机

24. 某公司将其赊销条款从"30 天内还清"改为"30 天内还清，如 10 天内还清可获得 2% 折扣"。此更改最不可能造成的影响是?（　　　）

   A. 销售额增加

   B. 现金转换周期缩短

   C. 短期借款增加

   D. 销售款未收回天数减少

25. 以下哪一项不属于存货持有成本?（　　　）

   A. 仓储成本　　　　　　　B. 保险成本

   C. 运输成本　　　　　　　D. 机会成本

26. 安全库存可防范风险，但在以下哪种情况除外?（　　　）

   A. 客户无法获得所需商品，因此会转向竞争对手

   B. 来自制造商的商品运输可能会延迟长达一星期

   C. 由于假期、天气、广告或每周购物习惯，每日销量的分布会存在巨大差异

   D. 公司所在市场区域可能会出现新的竞争对手

27. 财务报表报告的主要目标是为了满足（　　　）。

   A. 投资者和债权人的需求

   B. 主管和经理的需求

   C. 员工和客户的需求

   D. 官员和审计师的需求

28. 某上市公司以每股 50 美元的价格发行 10 000 股新普通股。普通股的面值为每股 5 美元。以下哪一项陈述是正确的?（　　　）

   A. 现金增加 500 000 美元，普通股增加 500 000 美元

   B. 资本公积增加 500 000 美元，其他账户不受任何影响

   C. 现金增加 500 000 美元，普通股增加 50 000 美元，资本公积增加 450 000 美元

   D. 现金增加 450 000 美元，普通股增加 50 000 美元，资本公积增加 500 000 美元

29. 某会计师正在编制公司的现金流量表，并着手评估如何对某些交易进行分类。该公司支付了股息，投资了其他公司的股票，出售了厂房和设备，并回购了本公司的部分股票。在现金流量表中，

以上哪些属于融资活动？（　　）

    A. 仅支付股息

    B. 仅对其他公司股票的投资

    C. 支付股息和回购股票

    D. 出售厂房和设备以及回购股票

30. 以下哪一项是实施适时制造系统的好处？（　　）

    A. 更多的外部供应商实现更好的控制

    B. 降低与国际供应商合作时的外汇风险

    C. 减少对缺陷产品进行返工的成本

    D. 由于更多的缓冲存货，因此对客户的响应速度更快

31. 某公司计划采用适时存货管理系统。以下哪一项不是实施该系统的优势？（　　）

    A. 存货投资降低

    B. 存货过时和其他持有成本降低

    C. 存货周转率提高

    D. 缺陷和返工减少

32. 某公司年末账户余额如下（单位：美元）。

销售额	452 000
现金	23 400
应付账款	14 300
租金费用	3 700
应收账款	9 400
销货成本	214 000
土地	104 000
预收收入	6 800
销售收益	17 500
设备	28 800
存货	2 200
应付票据	67 000

资产负债表中列报的流动资产总额是（　　）美元。

    A. 35 000　　　　　　　　B. 39 900

    C. 59 300　　　　　　　　D. 63 800

33. 以下哪一项不属于资产负债表的局限性？（　　）

A. 资产负债表是基于管理层的判断和估算编制的

B. 资产和负债通常是按历史成本列报，这可能与当前市场价值

存在巨大差异

  C. 资产负债表提供有关公司流动性和偿付能力的信息

  D. 资产负债表略去了很多无法客观列报但却对公司有经济价值的项目

34. 对于一家制造公司，以下哪一项属于现金流量表中的融资活动现金流出？（ ）

  A. 支付薪资

  B. 偿付公司债的本金

  C. 发行新股票

  D. 支付公司债的利息

35. 某公司具有以下账户余额（单位：美元）。

现金	160 000
设备	50 000
存货	35 000
应收账款	25 000
应计工资	10 000
长期负债	30 000
应付账款	5 000

该公司的净营运资本为（ ）美元。

  A. 180 000   B. 205 000

  C. 220 000   B. 225 000

36. 以投机为目的持有现金的公司是为了（ ）。

  A. 支付账单

  B. 预防应收账款无法收回

  C. 提供安全边际

  D. 利用未来的投资机会

37. 某公司可以使用以下哪一项措施来限制对其物理硬件的访问？（ ）

  A. 反间谍软件   B. 防火墙

  C. 访问卡   D. 系统验证

38. 以下哪一项会违反内部控制基本原则？（ ）

  A. 负责应付账款的职员有权访问经批准的供应商采购主文件

  B. 部门主管批准员工每周工作时间

  C. 一名记账员准备现金存款，另一记账员在日记账和分类账中

记录收款

　　D. 部门主管突击清点存货

39. 某小微企业必须将财务人员限制在三人以内。一名财务人员负责打开邮件，准备收到的支票清单，并将存款存入银行。在不影响内部控制职能的情况下，以下哪一项工作也可以分配给这个岗位的员工？（　　）

　　A. 银行账户对账　　　　　　B. 保管零用现金

　　C. 记录应收账款　　　　　　D. 维护人事记录

40. 某公司要求，为访问公司的数据中心，个人必须遵从多因素身份验证控制机制，包括采用新的生物识别凭证。这项凭证要求会（　　）。

　　A. 改善对数据处理的控制，从而确保处理过程的完整性和准确性

　　B. 发现对硬件未经授权的物理访问

　　C. 通过更好的用户验证，优化数据中心的数据加密

　　D. 加强对数据中心硬件的物理访问的控制

41. 以下哪一项属于适当的内部控制？（　　）

　　A. 由一名员工创建所有供应商账户并批准所有费用清单，因为这名员工了解所有供应商，所以不太可能会支付虚假费用清单

　　B. 由两名员工持有银行登录信息，这种双重系统访问权限可以避免银行欺诈

　　C. 由一名员工批准会计系统中的所有付款，但这名员工无法批准系统中的费用清单；这样可以降低支付欺诈的发生概率

　　D. 由一名员工按月批准每一份费用报告，由于在报告系统中创建了单一审批人档案，因此错误的费用报销申请不太可能得到支付

42. 为了建立有效的内部控制环境，以下哪一项工作应由不同的个人来执行？（　　）

　　A. 记录现金收款和支出

　　B. 准备银行对账单和纳税申报单

　　C. 创建采购单和接收商品

　　D. 准备存款单以及将存款单和支票送交银行

43. 以下哪项控制措施最能有效地保护公司的程序和数据库免遭未经授权的使用？（　　）

　　A. 安装杀毒软件，以持续扫描公司系统

　　B. 采用多级别身份验证机制，验证试图访问系统的用户的身份

　　C. 通过分离访问和处理权限，实现适当的职责分离

D. 通过要求频繁更改密码和设定最低密码长度，以强化密码

44. 在会计科目表中，资本公积的正确类别是（　　）。
A. 资产　　　　　　　　　　　B. 所有者权益
C. 费用　　　　　　　　　　　D. 负债

45. 某公司欠债权人的金额称为该公司的（　　）。
A. 资产　　　　　　　　　　　B. 所有者权益
C. 费用　　　　　　　　　　　D. 负债

46. 在会计科目表中，销货成本的正确类别是（　　）。
A. 资产　　　　　　　　　　　B. 所有者权益
C. 费用　　　　　　　　　　　D. 负债

47. 某企业应在未来 12 个月内偿还的款项称为（　　）。
A. 流动负债　　　　　　　　　B. 长期负债
C. 流动资产　　　　　　　　　D. 长期资产

48. 某家公司拥有的财产金额称为该公司的（　　）。
A. 资产　　　　　　　　　　　B. 所有者权益
C. 费用　　　　　　　　　　　D. 负债

49. 所有者对某公司资产的索取权称为该公司的（　　）。
A. 资产　　　　　　　　　　　B. 所有者权益
C. 费用　　　　　　　　　　　D. 负债

50. 某公司拥有一栋仍在抵押的建筑。该建筑的正确会计分类是什么？（　　）
A. 流动资产　　　　　　　　　B. 长期资产
C. 流动负债　　　　　　　　　D. 长期负债

51. 某公司拥有 2 000 000 美元流动资产，8 000 000 美元非流动资产，4 000 000 美元流动负债，5 000 000 美元所有者权益。为了使资产负债表达到平衡，该公司还必须拥有 1 000 000 美元（　　）。
A. 收入　　　　　　　　　　　B. 现金
C. 非流动负债　　　　　　　　D. 费用

52. 会计等式可以表示为（　　）。
A. 负债＝资产－所有者权益

B. 负债 = 资产 − 费用

C. 所有者权益 = 资产 + 负债

D. 负债 = 资产 + 所有者权益

53. 以下哪种财务报表最能反映会计等式?(　　)

A. 资产负债表

B. 利润表

C. 现金流量表

D. 审计报告

54. 1 月 1 日,XYZ 公司向 ABC 公司预付了 120 000 美元,聘请 ABC 公司立即对潜在收购交易进行为期 12 个月的研究。在 ABC 公司 2 月的账簿中,该笔交易对会计等式的影响。(　　)

A. 资产减少 10 000 美元;负债无影响;所有者权益减少 10 000 美元

B. 资产无影响;负债减少 10 000 美元;所有者权益增加 10 000 美元

C. 资产无影响;负债无影响;所有者权益无影响

D. 资产无影响;负债增加 10 000 美元;所有者权益减少 10 000 美元

55. 公司以赊购的方式购买存货。这笔交易对会计科目表有何影响?(　　)

A. 借记:资产;贷记:所有者权益

B. 借记:负债;贷记:资产

C. 借记:资产;贷记:负债

D. 借记:资产;贷记:资产

56. 试算平衡的目的是什么?(　　)

A. 确定某公司是盈利还是亏损

B. 确保借项总额等于贷项总额

C. 保证没有欺诈发生

D. 确认所有账户余额正确无误

57. 某出版公司通过杂志订阅业务产生了 7 000 美元的销售额。截至目前,在 7 000 美元的总订阅费中,该公司收到了总计 5 000 美元的付款。根据权责发生制会计规则,应在什么时候确认收入?(　　)

A. 在收到付款时

B. 在将杂志发送给订阅用户时

C. 在客户确认收到杂志时

D. 在收到 7 000 美元的总订阅费后

58. 某公司迁至新址并出售其旧办公楼。该笔出售应计入（　　　）。

A. 毛利润　　　　　　　　　B. 持续经营利润

C. 终止经营利润　　　　　　D. 非经常性损益

59. 持续经营利润是（　　　）。

A. 主要产品或服务的总销售额

B. 主要产品或服务的销售额减去所有费用

C. 主营业务的收入减去相关费用

D. 所有收入减去所有费用

60. 利润表不体现以下哪一项内容？（　　　）

A. 因上一年度产生的销售而收到的现金

B. 销售费用

C. 零售商的利息费用

D. 未必对企业主要经营活动产生影响的费用

61. 上月，某公司列报了如下收入和费用（单位：美元）。

销售额	87 923
利息收入	5 483
销货成本	52 854
薪酬和福利	12 854
水电费	4 569
利息费用	3 282
销售费用	1 629
折旧	856
所得税支出	6 077
流通股总数：	10 000

基于这些信息，该公司在此期间的毛利润是（　　　）美元。

A. 11 285　　　　　　　　　B. 15 161

C. 17 362　　　　　　　　　D. 35 069

62. 上月，某公司列报了如下收入和费用（单位：美元）：

销售额	87 923
利息收入	5 483
销货成本	52 854
薪酬和福利	12 854
水电费	4 569
利息费用	3 282
销售费用	1 629

折旧	856
所得税支出	6 077
流通股总数：	10 000

基于这些信息，该公司在此期间的营业利润是（　　）美元。

A. 11 285　　　　　　　　　B. 15 161

C. 17 362　　　　　　　　　D. 35 069

63. 某公司为购买必要的存货，从银行借入了一笔资金。因此，该公司必须每月向银行支付 5 241 美元的利息。本月，该公司显示毛利润为 17 934 美元，销售、综合及行政管理费用为 9 964 美元。该公司所得税税率为 33%。基于这些信息，该公司的税前净利润是（　　）美元。

A. 17 934　　　　　　　　　B. 7 970

C. 2 729　　　　　　　　　D. 1 829

64. 某公司拥有 1 000 000 美元资产和 300 000 美元负债。该公司的所有者权益是（　　）美元。

A. 1 300 000　　　　　　　B. 700 000

C. 300 000　　　　　　　　D. 无法判断

65. 在购买价值 10 000 美元的存货时，某公司支付了供应商 6 000 美元的现金，但仍赊欠 4 000 美元。以下哪一项正确地反映了该公司这笔交易的贷项和借项？（　　）

A. 借记：存货 6 000 美元；借记：应收账款 4 000 美元；贷记：现金 6 000 美元；贷记：应付账款 4 000 美元

B. 借记：资产 10 000 美元；贷记：负债 10 000 美元

C. 借记：存货 10 000 美元；贷记：现金 6 000 美元；贷记：应付账款 4 000 美元

D. 借记：存货 10 000 美元；贷记：现金 6 000 美元；贷记：应收账款 4 000 美元

66. 某公司每月为其制造工厂支付 1 000 美元的抵押贷款；其中 200 美元为贷款利息。记录这笔交易的正确日记账分录是？（　　）

A. 借记：现金 1 000 美元；贷记：应付债务 1 000 美元

B. 借记：应付债务 1 000 美元；贷记：现金 1 000 美元

C. 借记：建筑 1 000 美元；贷记：应付债务 1 000 美元

D. 借记：应付债务 800 美元；借记：利息费用 200 美元；贷记：现金 1 000 美元

B 部分——财务报表编制和分析

1. 当某项固定资产的售价低于其账面价值时，以下哪一项会减少？（　　）
   A. 流动资产总额　　　　　　　B. 流动比率
   C. 净利润　　　　　　　　　　D. 净营运资本

2. 某公司财务报表的部分信息如下（单位：美元）。

销售收入	600 000
销货成本	300 000
总资产	2 400 000
总权益	1 500 000
净利润	120 000

   在同比财务报表中，净利润的百分比是多少？（　　）
   A. 5%　　　　　　　　　　　　B. 8%
   C. 20%　　　　　　　　　　　 D. 40%

3. 某公司过去两年的财务报表包含下列数值（单位：美元）。

	上年度	本年度
销售收入	6 000 000	6 600 000
净利润	500 000	540 000
总资产	10 000 000	10 500 000
存货	600 000	500 000

   利用横向分析，哪个账户的百分比变化最大？（　　）
   A. 销售收入　　　　　　　　　B. 净利润
   C. 总资产　　　　　　　　　　D. 存货

4. 在分析公司的短期流动性时，很多分析师偏好使用速动比率，而非流动比率。这种偏好的主要原因是（　　）。
   A. 速动比率不包括应收账款
   B. 流动比率包括可能被错误定价的有价证券
   C. 预估现金流量报表仅侧重于现金
   D. 将存货转换为现金可靠性欠佳

5. 某行李制造商的部分财务数据如下（单位：美元）。

现金	531 000
应收账款	439 000
存货	300 000

有价证券	200 000
流动负债	500 000
长期负债	676 000

基于提供的信息，该行李制造商的速动比率是（　　）。

A. 1.25　　　　　　　　B. 1.94

C. 2.34　　　　　　　　D. 2.94

6. 某公司在赊购价值 750 000 美元的商品之前，流动资产为 7 500 000 美元，流动比率为 2.3 倍。此次采购之后，流动比率将（　　）。

A. 保持 2.3 倍不变

B. 高于 2.3 倍

C. 低于 2.3 倍

D. 正好是 2.53 倍

7. 在计算酸性测试比率时，不会使用以下哪一项数据？（　　）

A. 6 个月期国库券　　　B. 预付保险费

C. 应收账款　　　　　　D. 60 天定期存单

8. 如果某公司的流动比率为 2.1，并使用现金支付了其部分应付账款，则流动比率将（　　）。

A. 降低　　　　　　　　B. 增加

C. 保持不变　　　　　　D. 更趋近于速动比率

9. 在某公司的资本结构中使用债务，会产生以下哪种影响？（　　）

A. 提高该公司的财务杠杆

B. 提高该公司的经营杠杆

C. 降低该公司的财务杠杆

D. 降低该公司的经营杠杆

10. 以下哪一项是衡量长期债务偿付能力的最佳指标？（　　）

A. 营运资金周转率

B. 资产周转率

C. 流动比率

D. 债务对总资产比率

11. 某公司现有以下财务数据（单位：美元）。

流动资产	640 000
总资产	990 000

长期负债	130 000
流动比率	3.2 倍

该公司的负债权益比率是（　　）。

A. 0.50 　　　　　　　　　B. 0.37

C. 0.33 　　　　　　　　　D. 0.13

12. 某公司财务报表显示以下信息（单位：美元）。

第 1 年年底应收账款	320 000
第 2 年赊销账款	3 600 000
第 2 年年底应收账款	400 000

该公司的应收账款周转率为（　　）。

A. 0.1 　　　　　　　　　B. 9.0

C. 10.0 　　　　　　　　　D. 11.25

13. 某公司决定在其年终向股东提交的年报中加入特定财务比率。下面提供了与其最近一个财年相关的部分信息（单位：美元）。

现金	10 000
应收账款（年底）	20 000
应收账款（年初）	24 000
库存（年底）	30 000
库存（年初）	26 000
应付票据（90 天到期）	25 000
应付债券（10 年到期）	35 000
本年度净赊销额	220 000
销货成本	140 000

若本年度有 365 天，该公司的应收账款周转天数为（　　）。

A. 26.1 天 　　　　　　　B. 33.2 天

C. 36.5 天 　　　　　　　D. 39.8 天

14. 某公司现有以下财务数据（单位：美元）。

	年初	年末
存货	6 400	7 600
应收账款	2 140	3 060
应付账款	3 320	3 680

本年度总销售额为 85 900 美元，其中 62 400 美元为赊销。产品销售成本为 24 500 美元。该年度的存货周转率为（　　）。

A. 3.2 倍 　　　　　　　B. 3.5 倍

C. 8.2 倍 　　　　　　　D. 8.9 倍

15. 某公司在年初和年底的应收账款净额分别为 168 000 美元和 147 000 美元。该公司当年的总销售额为 1 700 000 美元,获得的净利润为 204 000 美元。现金销售额是总销售额的 6%。该公司当年的应收账款周转率为 ( )。

A. 9.51
B. 10.15
C. 10.79
D. 10.87

16. 某公司在年初和年底的应收账款净额分别为 68 000 美元和 47 000 美元。该公司的简明损益表如下所示 (单位:美元)。

销售额	900 000
销货成本	527 000
营业费用	175 000
营业利润	198 000
所得税	79 000
净利润	119 000

若所有销售均采取赊销方式,则应收账款回收天数 (假设本年度有 360 天) 为 ( )。

A. 8 天
B. 13 天
C. 19 天
D. 23 天

17. 某公司的净销售额为 3 000 000 美元;平均固定资产为 1 300 000 美元;总资产为 2 000 000 美元。该公司的固定资产周转率为 ( )。

A. 1.5 倍
B. 43.3%
C. 2.3 倍
D. 65%

18. 某公司的资产列报如下 (单位:美元):

	1 月 1 日	12 月 31 日
现金	48 000	62 000
有价证券	42 000	35 000
应收账款	68 000	47 000
存货	125 000	138 000
厂房和设备净额	325 000	424 000

在刚结束的年度,该公司销售额为 900 000 美元,其中净利润为 96 000 美元。该公司的总资产周转率是 ( )。

A. 1.27
B. 1.37
C. 1.48
D. 1.50

19. 某公司在财年期初拥有 450 000 美元资产、250 000 美元负债和 200 000 美元普通股权益。据公司的管理层预测，当前财年的净利润将达到 55 000 美元，财年末的普通权益为 210 000 美元。该公司财年末的权益回报率（ROE）是多少？（　　）

 A. 12. 2%   B. 22. 0%

 C. 26. 8%   D. 27. 5%

20. 某公司当前正在审查最近财年的经营结果，发现资产回报率与上年相比有所增加。下面哪一选项可能导致了这一增加？（　　）

 A. 销售额减少的金额与增加的费用金额相同

 B. 销售额增加的金额与费用和总资产相同

 C. 销售额保持不变，费用和总资产减少

 D. 销售额保持不变，期末存货减少

21. 在通货膨胀时期，对存货采用后进先出法通常会导致（　　）。

 A. 较低的销货成本和较低的存货价值

 B. 较低的销货成本和较高的存货价值

 C. 较高的销货成本和较高的存货价值

 D. 较高的销货成本和较低的存货价值

22. 当某公司开始采用更为保守的经营资本管理政策时，最可能发生以下哪种情况？（　　）

 A. 速动比率降低

 B. 经营周期缩短

 C. 流动资产与非流动资产的比率增加

 D. 流动资产与非流动负债的比率增加

23. 以下哪一项陈述反映了后进先出存货计价方法的缺点？（　　）

 A. 很难估算出准存货的实际流量

 B. 当期成本与当期收入不匹配

 C. 经常加剧所得税的影响

 D. 会对公司的现金流产生负面影响

24. 在通货膨胀时期，使用先进先出法而非后进先出法来计算存货成本将导致（　　）。

 A. 更好的整体现金流

 B. 流动资产减少

 C. 毛利率提高

D. 存货周转率提高

25. 某分销商销售一种产品，期初存货为 10 150 件，成本为 60 900 美元。本年度购买了 70 100 件产品，单价为 7.50 美元。若采用先进先出法，由 11 500 件产品组成的期末存货的价值是（　　）美元。

  A. 69 000   B. 71 025

  C. 84 225   D. 86 250

26. 在编制好公司的初步财务报表之后，CFO 要求会计师编制利润表的横向分析。以下哪一项是横向分析的示例？（　　）

  A. 分析毛利润的下降情况

  B. 总结营业费用的组成部分

  C. 计算所得税占收入的百分比

  D. 计算息税前利润

27. 某公司在营业第一年的销售额为 3 450 800 美元，第二年的销售额为 4 576 000 美元。该公司的工资开支第一年为 568 920 美元，第二年为 622 310 美元。工资的年增长率是（　　）。

  A. 8.58%   B. 9.38%

  C. 13.60%   D. 18.03%

28. 以下哪一项变化最有可能增加速动比率？（　　）

  A. 存货增加

  B. 应收账款减少

  C. 短期政府债券增加

  D. 现金减少

29. 下列有关利息保障倍数的陈述哪一项是正确的？（　　）

  A. 它是根据利润表信息计算得出的流动性比率

  B. 它是根据利润表信息计算得出的杠杆比率

  C. 它是根据资产负债表信息计算得出的流动性比率

  D. 它是根据资产负债表信息计算得出的杠杆比率

30. 某公司拥有 100 000 美元的总资产和 80 000 美元的总负债，其中 20 000 美元为流动负债。该公司的长期负债权益比率是（　　）。

  A. 1.0   B. 3.0

  C. 4.0   D. 5.0

31. 偿付能力与流动性有何不同？（　　）

A. 偿付能力是指破产；流动性是一种财务报告概念

B. 偿付能力是短期支付能力；流动性则关系到长期支付能力

C. 偿付能力是长期支付能力；流动性则关系到短期支付能力

D. 偿付能力不受公司资本结构的影响；流动性则基于公司的资本结构

32. 某公司的净销售额为 4 000 000 美元，营业利润为 1 200 000 美元，净利润为 1 000 000 美元。平均总资产为 9 000 000 美元，平均总权益为 7 000 000 美元。该公司的权益回报率（ROE）是多少？（　　）

A. 11%　　　　　　　　B. 13%

C. 14%　　　　　　　　D. 17%

33. 公司 Y 和公司 Z 的部分财务信息如下所示（单位：美元）。

	公司 Y	公司 Z
净销售额	3 000 000	3 000 000
销售成本	1 500 000	1 000 000
净利润	180 000	150 000
总资产	2 000 000	3 000 000

在比较这两家公司时，下面哪一项陈述是正确的？（　　）

A. 公司 Y 具有较高的毛利率和较高的净利率

B. 公司 Y 具有较低的毛利率和较低的净利率

C. 公司 Y 具有较高的毛利率和较低的净利率

D. 公司 Y 具有较低的毛利率和较高的净利率

34. 某会计师正在检查公司的毛利率、营业利率和净利率。该会计师发现销售收入应增加 400 000 美元，销货成本也应增加 400 000 美元。下面哪一项会改变？（　　）

A. 仅毛利率

B. 仅营业利率

C. 仅净利率

D. 毛利率、营业利率和净利率

35. 在通货膨胀期间，与后进先出存货会计法相比，先进先出存货会计法通常会显示（　　）。

A. 较低的销货成本和较低的存货价值

B. 较低的销货成本和较高的存货价值

C. 较高的销货成本和较高的存货价值

D. 较高的销货成本和较低的存货价值

36. 某公司上一财年的销售额为 5 000 000 美元，产品销售成本为 3 000 000 美元，销售和管理费用为 1 000 000 美元。如果该公司的所得税税率为 25%，则该公司的毛利率百分比是多少？（　　）

A. 20% 　　　　　　　　　　B. 30%

C. 40% 　　　　　　　　　　D. 50%

37. 某公司的年终资产负债表中的部分信息如下（单位：美元）。

<u>资产负债表</u>
第 1 年，截至 12 月 31 日

现金	50 000
应收账款	120 000
存货	75 000
物业、厂房和设备净额	250 000
总资产	495 000
应付账款	35 000
长期负债	100 000
总负债	135 000
普通股	300 000
留存收益	60 000
总权益	360 000
总负债和权益	495 000

根据上述信息，该公司的同比资产负债表将显示（　　）。

A. 74% 的长期债务

B. 69% 的物业、厂房和设备净额

C. 17% 的留存收益

D. 24% 的应收账款

38. 某公司资产负债表上第 1、第 2 和第 3 年期末存货的价值分别为 500 000 美元、600 000 美元和 400 000 美元。在使用第 1 年为基础年编制水平分析时，第 3 年显示的百分比变化将为（　　）。

A. 25% 　　　　　　　　　　B. 20%

C. 20% 　　　　　　　　　　D. 80%

39. 某公司的息税前利润为 100 000 美元，所得税为 30 000 美元，利息费用为 10 000 美元。该公司的利息保障倍数为（　　）。

A. 6 　　　　　　　　　　　B. 7

C. 9 　　　　　　　　　　　D. 10

40. 某公司报告以下财务数据（单位：美元）。

销售额	2 000 000
销货成本	800 000
营业费用	400 000
利息费用	200 000
所得税	300 000

该公司的营业利润率为（　　）。

A. 15%　　　　　　　　　B. 30%

C. 40%　　　　　　　　　D. 80%

41. 某活动房屋制造商的速动比率为 2.0。若其他条件不变，以下哪些操作会导致该公司的速动比率降低？（　　）

A. 通过发行股票筹集现金

B. 勾销过时的存货

C. 将短期债务转化为长期债务

D. 以 30 天为期限赊购存货

42. 一家便利店的店主 6 月 1 日以 9 美元的总价购买了 3 箱牛奶，6 月 15 日以 12 美元的总价购买了 6 箱牛奶。如果这家便利店 6 月售出了 5 箱牛奶，那么按照先进先出法，这家便利店截至 6 月 30 日的期末单位存货价值是（　　）美元。

A. 8　　　　　　　　　　B. 10

C. 12　　　　　　　　　D. 21

43. 10 月 1 日，某公司以每件 8 美元的价格购买了 50 件存货。10 月 5 日，该公司以每件 6 美元的价格又购买了 100 件存货。如果该公司 10 月 7 日售出 25 件存货，那么按照先进先出存货计量法，该公司的期末存货价值是（　　）美元。

A. 150　　　　　　　　　B. 200

C. 800　　　　　　　　　D. 850

44. 某公司发行的面值为 1 000 000 美元、利息为 7% 的 10 年期债券，并收到 1 070 000 美元的现金。记录这笔交易的正确会计分录是？（　　）

A. 借记：应付债券 1 000 000 美元；贷记：所有者权益 1 000 000 美元

B. 借记：现金 1 000 000 美元；贷记：应付债券 1 000 000 美元

C. 借记：现金 1 070 000 美元；贷记：应付债券 1 000 000 美元；贷记：债券溢价 70 000 美元

D. 借记：现金 1 000 000 美元；借记：销售债券的未确认收益 70 000 美元；贷记：应付债券 1 000 000 美元；贷记：债券溢价 70 000 美元

45. 某公司的年销售额为 350 500 美元。本年度的营业费用为 25%，产品销售成本为 40%。该公司本年度的毛利润是（　　）美元。

  A. 122 675   B. 210 300

  C. 262 875   D. 350 500

46. 某公司 7 月购入了价值为 250 000 美元的存货。7 月 1 日和 7 月 31 日的库存余额分别为 750 000 美元和 89 000 美元。该公司 7 月的销售成本是（　　）美元。

  A. 500 000   B. 661 000

  C. 911 000   D. 1 000 000

47. 某公司以 2 000 美元的单价购入五台笔记本电脑。笔记本电脑的预期寿命为 4 年，且无残值。利用年数总和折旧法，在第 1 年年末，这些电脑的账面价值是（　　）美元。

  A. 7 500   B. 6 000

  C. 1 500   D. 1 200

48. 一家租车公司最近以 1 000 000 美元的成本购入汽车。在 5 年的生命周期结束时，这些汽车将仅剩下 15 000 美元的价值。如果采用直线折旧法，在第 3 年年末的累计折旧是（　　）美元。

  A. 197 000   B. 200 000

  C. 591 000   D. 594 000

49. 3 月 31 日，X 公司宣布向所有持股人派发每股 0.52 美元的股息。该公司截至 3 月 15 日和截至 3 月 31 日的流通股份数分别为 90 000 股和 100 000 股。记录这次派息公告的正确会计分录是？（　　）

  A. 借记：股息 52 000 美元；贷记：现金 52 000 美元
  B. 借记：应付股息 52 000 美元；贷记：现金 52 000 美元
  C. 借记：股息 52 000 美元；贷记：应付股息 52 000 美元
  D. 借记：股息 46 800 美元；贷记：应付股息 46 800 美元

50. 某施工公司以 480 000 美元购入一辆新卡车。这辆卡车的预期寿命为 10 年。在卡车使用寿命结束时，该公司通过出售卡车零件可以获得 10 000 美元。如果采用余额递减折旧法，这项资产第 1 年的折旧是（　　）美元。

A. 9 400

B. 47 000

C. 48 000

D. 96 000

C 部分——规划和预算

1. 关于预算的主要目标，以下哪项说法正确？（　　）

A. 促进经营规划，提供绩效评估框架，促进组织各部门间的沟通和协作

B. 促进经营规划，辅助确定预算不达标时的问责对象，确保上下级之间目标的一致性

C. 确定责任中心，提供绩效评估框架，促进组织各部门间的沟通和协作

D. 确定责任中心，辅助确定预算不达标时的问责对象，确保上下级之间目标的一致性

2. 如果编制和管理得当，预算可以提供许多好处，除了（　　）。

A. 提供衡量绩效的框架

B. 激励管理人员和其他员工

C. 确保组织盈利

D. 促进高效的资源分配

3. 在制定下一年度的预算时，以下哪种做法最可能制定出成功的预算，产生最大的激励作用和统一目标？（　　）

A. 允许部门经理制定自己认为能产生最大利润的部门目标

B. 让高层经理制定整体目标，允许部门经理确定这些目标的实现方式

C. 让部门经理和高层经理共同制定长短期目标，同时制定公司的整体经营计划

D. 让部门经理和高层经理共同制定目标，并让部门经理制订实施计划

4. 关于预算制定方法，以下哪项陈述正确？（　　）

A. 权威性预算编制方法不利于严格遵循机构的战略目标

B. 为避免模糊不清，一旦制定了部门预算目标，即使在财年中期证明预算目标所基于的销售预测数据是错误的，也应保持预算目

标不变

C. 随着信息技术的出现，预算作为组织的一种沟通工具作用有所下降

D. 部门经理对组织经营的了解最为透彻，因此应将此类信息作为经营预算的构成要素

5. 某公司在支付生产经理年终奖时，以经理对生产部门年度预算的执行情况作为奖励标准。在过去几年，生产经理一直在通过高估费用来获取更高的年终奖。对生产经理这种行为的最佳描述是（　　）。

A. 激励员工努力　　　　　　　　B. 制造预算松弛

C. 平衡生产成本　　　　　　　　D. 设定预算绩效

6. 关于在制定年度总经营预算时应采取的预算顺序，以下哪一项描述最恰当？（　　）

A. 生产预算、直接材料预算、收入预算

B. 生产预算、收入预算、直接材料预算

C. 收入预算、生产预算、直接材料预算

D. 收入预算、直接材料预算、生产预算

7. 以下哪一项预算方法需要经理对每个预算期间的所有预算做出解释？（　　）

A. 绩效预算　　　　　　　　　　B. 项目预算

C. 零基预算　　　　　　　　　　D. 增量预算

8. 某公司的董事会要求全面深入地审核下一财年经营预算的所有预算项目。随后，该公司的总会计师告知所有业务部门主管：公司不会仅仅因为某些经营预算项目之前已经获得批准，就自动批准明年的预算项目，并且要求对下一财年的所有经营预算项目加以解释。基于这些信息，可以判断该公司最有可能使用的是以下哪种预算方法？（　　）

A. 作业基础预算　　　　　　　　B. 零基预算

C. 项目预算　　　　　　　　　　D. 弹性预算

9. 随着最近预算期间的结束而持续添加新预算期间来更新的预算类型称为（　　）。

A. 作业基础预算　　　　　　　　B. 弹性预算

C. 滚动预算　　　　　　　　　　D. 零基预算

10. 与静态预算相比，弹性预算（　　）。

A. 能让经理更现实地比较其管控的固定成本项目的预算值和实际值

B. 有助于更好地理解评估期间的产能差异

C. 鼓励经理减少使用固定成本项目，而更多地使用其管控的可变成本项目

D. 能让经理更现实地比较其管控的收入和成本项目的预算值和实际值

11. 某公司以成本价加价 30% 为其产品定价。该公司预计 7 月、8 月和 9 月的销售额分别为 715 000 美元、728 000 美元和 624 000 美元。该公司的政策是在月底备有足够覆盖下月 25% 销售额的存货。该公司 8 月预算采购存货的成本是（　　）美元。

A. 509 600　　　　　　　　B. 540 000

C. 560 000　　　　　　　　D. 680 000

12. 某公司下一财年的预算销量是 6 300 件产品，该公司计划在年末备足 590 件产品。期初存货为 470 件。该公司根据以往经验判断，所有出产的产品中有 10% 无法通过最终检测，因此必须销毁。该公司下一财年应计划生产（　　）件产品。

A. 6 890　　　　　　　　　B. 7 062

C. 7 133　　　　　　　　　D. 7 186

13. 某公司未来期间的预算信息如下（单位：件）。

计划销量	4 000
期初成品存货	900
期末成品存货	600
期初直接材料存货	4 300
期末直接材料存货	4 500

该公司的生产预算将显示要生产的产品总数是（　　）件。

A. 3 700　　　　　　　　　B. 4 000

C. 4 300　　　　　　　　　D. 4 600

14. 某公司制作男士外套，其面料的期末存货计划保持在 20 000 码。期初面料存货预计有 25 000 码。销售所需面料预计为 90 000 码。该公司需购买（　　）码面料。

A. 85 000　　　　　　　　　B. 90 000

C. 95 000　　　　　　　　　D. 135 000

15. 在制定下一季度的直接材料采购预算时，某公司工厂的总会计师掌握如下信息：

预算销售件数	2 000 件
每件产品所需的材料磅数	4 磅
每磅的材料成本	3 美元
现有的材料磅数	400 磅
现有的成品件数	250 件
期末存货的目标件数	325 件
期末材料的目标磅数	800 磅

该公司必须采购（　　）磅材料。

A. 2 475　　　　　　　　　　B. 7 900

C. 8 700　　　　　　　　　　D. 9 300

16. 某玩具公司预计明年销售 200 000 件玩偶，期初存货和期末目标存货分别为 12 000 件和 15 000 件玩偶。每件玩偶需要两只鞋子，鞋子通过外部供应商采购。鞋子的期初存货为 20 000 只，期末目标存货为 18 000 只。该公司应计划明年采购（　　）鞋子。

A. 396 000 只　　　　　　　B. 398 000 只

C. 402 000 只　　　　　　　D. 404 000 只

17. 以下哪一项不会体现在产品制造成本预测表中？（　　）

A. 期末在产品存货

B. 期初成品存货

C. 已用原材料成本

D. 已分配的制造间接费用

18. 某家具制造商正在制定明年的预算。以下哪一项不会体现在间接费用预算中？（　　）

A. 向执行生产调度的工人支付的加班费

B. 用于将桌子附件固定到桌子上的胶水的成本

C. 支付给生产主管的附加福利

D. 将原材料运送到公司所支付的运费

19. 某公司最近期间的部分信息如下所示（单位：美元）。

期初成品存货	100 000
制造成本	700 000
期末成品存货	200 000
期初在产品存货	300 000
期末在产品存货	50 000

该公司的销货成本是（　　）美元。

A. 500 000

B. 600 000

C. 800 000

D. 950 000

20. 某公司开设了 10 个办事处。上年，这些办事处的总运营成本为 1 000 000 美元，其中 140 000 美元是固定成本。在所有其他条件不变的情况下，若该公司开设 12 个办事处，则预算成本是（　　）美元。

A. 1 028 000

B. 1 032 000

C. 1 172 000

D. 1 200 000

21. 某公司采用日历年作为其财年，并为每个月制定现金预算。在制定 7 月份现金预算时，应考虑以下哪一项？（　　）

A. 从员工 6 月薪资中代扣的所得税，应在 7 月提交给政府

B. 计划于 7 月 15 日宣布派发的季度现金股利，将在 8 月 6 日支付给截至 7 月 25 日登记在案的股东

C. 上一日历年征收的财产税，计划在下一年度每季度的最后一个月支付

D. 确认 7 月账上 0.5% 的销售额无法收回货款

22. 某公司的预算流程包括来自各级管理层的意见。对其使用的标准，以下哪种描述最准确？（　　）

A. 权威性标准

B. 自由裁量标准

C. 参与性标准

D. 零基标准

23. 某公司为直接人工编制预算。首先确定所有生产员工在制造单位产品时的平均工资率。该工资率成为公司预算中直接人工标准成本的一部分。为该公司的预算编制过程提供咨询意见的某管理顾问指出，在确定预算中的直接人工标准成本时，工资率（　　）。

A. 只应在设定直接人工的数量标准后才能确定

B. 可在预算编制过程中的任何时候计算

C. 在已知所有相关成本的情况下，在预算编制过程结束时计算

D. 只能在确定预算中直接材料标准成本后进行定义

24. 根据预算期间的实际产出，使用预算价格和预算成本编制的预算为（　　）。

A. 弹性预算

B. 连续预算

C. 生命周期预算

D. 营业预算

25. 制定总预算的第一步是编制（　　）。
    A. 现金预算
    B. 销售预算
    C. 生产预算
    D. 销售和管理费用预算

26. 某公司第一年售出 12 000 件基础版产品和 8 000 件增强版产品。预计第二年基础版产品和增强版产品的销量将分别增长 25% 和 20%。基础版产品的当前售价为每件 150 美元，增强版产品的售价为每件 200 美元。第二年，两种产品的销售价格都将提高 15 美元。该公司第二年的预算销售总额是（　　）美元。
    A. 3 400 000　　　　　　　　B. 3 700 000
    C. 4 170 000　　　　　　　　D. 4 539 000

27. 某制造公司预计将于 7 月份销售 34 000 件其独有的产品 XT19，8 月份销售 32 000 件，9 月份销售 29 000 件。管理层要求月末存货应相当于下个月预期销售额的 25%。7 月 1 日的初始存货为 8 500 件。8 月份必须生产（　　）件 XT19？
    A. 29 000　　　　　　　　　B. 31 250
    C. 32 000　　　　　　　　　D. 33 500

28. 某公司预计 4 月份的销售量为 110 000 件，5 月份的销售量为 140 000 件，6 月份的销售量为 145 000 件。这 3 个月的计划产量分别为 119 000 件、141 500 件和 149 500 件。直接人工工时标准为每件 45 分钟，直接人工费率设置为每小时 18.50 美元。这 3 个月的预算直接人工总成本是多少？（　　）
    A. 5 480 625 美元　　　　　B. 5 688 750 美元
    C. 7 307 500 美元　　　　　D. 7 585 000 美元

29. 某健身器材制造商使用变动成本法，并确定其 30 磅杠铃的总制造成本为每件 27 美元。直接材料成本为每件 16 美元。分摊的管理费用为每件 6 美元。分摊的固定租金成本为每件 3 美元。如果没有其他成本，则直接人工成本为每件（　　）美元。
    A. 2　　　　　　　　　　　　B. 5
    C. 8　　　　　　　　　　　　D. 11

30. 以下哪一项是连续预算的特点？（　　）
    A. 在整个周期针对不断变化的环境因素持续进行调整的预算法
    B. 在未来一定的期间内在一个周期结束后增加一个周期的预算法

C. 在某一组织至少运营一个周期后才会创建的预算

D. 根据上一个周期的实际结果编制当前周期预算的预算法

31. 以下哪一项预算被视为总预算的基础？（　　）

A. 现金预算 　　　　　　B. 经营预算

C. 生产预算 　　　　　　D. 销售预算

32. 以下哪种情况会导致公司的生产预算下降？（　　）

A. 单位直接人工成本增加

B. 每直接人工工时生产的件数减少

C. 所需期末存货减少

D. 期初直接人工盘点增加

33. 某建筑公司为客户设计和建造定制房屋。客户可以从多个基本计划中选择，并可以对这些计划进行修改。修改程度可以是小幅度或大幅度。房屋的设计和建造通常需要 3 个月到 1 年，具体取决于定制程度。对于上述情况，最佳预算类型是什么？（　　）

A. 项目预算 　　　　　　B. 作业基础预算

C. 弹性预算 　　　　　　D. 滚动/连续预算

34. 在编制预算时，为了更轻松地满足预算目标，某公司的主计长低估了收入金额并高估了固定销售和管理费用。上述示例属于（　　）。

A. 弹性预算 　　　　　　B. 预算松弛

C. 零基预算 　　　　　　D. 预算差异

35. 以下哪一项体现在公司的现金预算中？（　　）

A. 工厂设备折旧 　　　　B. 专利成本摊销

C. 债转股 　　　　　　　D. 收回应收账款

36. 以下哪一项是零基预算的主要特点？（　　）

A. 它假设所有活动都是合理的，需要获得额外的预算以覆盖额外的成本

B. 它评估每项活动，并确定各项活动是应保持原状、减少还是消除

C. 它利用上年度的预算并基于通胀进行调整

D. 它侧重于房产、厂房及设备的计划性资本支出

37. 某公司在本月产生了 200 000 美元的制造成本，期初成品存

货为 20 000 美元，期末成品存货为 15 000 美元。假设没有在产品存货，该公司的销货成本是（　　）美元。

  A. 220 000 　　　　　　 B. 205 000

  C. 200 000 　　　　　　 D. 105 000

38. 某公司生产了 100 000 件产品，上一财年的成本信息如下所示（单位：美元）。

直接人工成本	200 000
直接材料成本	100 000
制造间接费用	200 000
销售及管理费用	150 000

除了 100 000 美元的制造间接费用和 100 000 美元的销售及管理费用之外，其他所有成本均为可变成本。如果采用弹性预算法，生产并销售 110 000 件产品的总成本是（　　）美元。

  A. 450 000 　　　　　　 B. 650 000

  C. 695 000 　　　　　　 D. 715 000

39. 某公司在其总预算中计划销售 2 000 件产品。该公司的预算销售收入为 500 000 美元；预算可变费用为 350 000 美元；预算固定费用为 45 000 美元。如果该公司在本年度仅生产并销售 1 750 件产品，其弹性预算营业利润是（　　）美元。

  A. 42 500 　　　　　　 B. 86 250

  C. 91 875 　　　　　　 D. 105 000

40. 某公司计划进行生产并以 750 000 美元的总价销售 5 600 件玩具，产生的可变费用为 400 000 美元，固定费用为 255 000 美元。截至年末，该公司生产并销售了 4 500 件玩具，总收入为 650 000 美元，产生了 375 000 美元的可变费用和 195 000 美元的固定费用。该公司该年度的营业利润差异是多少？（　　）

  A. 15 000 美元，不利差异

  B. 25 000 美元，有利差异

  C. 75 000 美元，不利差异

  D. 100 000 美元，不利差异

D 部分——成本管理和绩效指标

1. 某娱乐场设备项目中出现了 2 220 美元的有利材料差异，项目经理被要求对此做出解释。经过深入分析，该项目经理将这一材料差异分为两部分：1 700 美元的不利价格差异和 3 920 美元的有利数量差异。下面哪一项是对这种差异最恰当的解释？（   ）

A. 采购部门决定选用一家新供应商，降低了材料的采购价格

B. 生产部门进行了出色的调度，帮助采购部门降低了货运成本

C. 采购部门采购了质量较高的材料，减少了材料浪费情况

D. 人力资源部门未能聘用训练有素的员工，致使材料遭到浪费

2. 某公司在制定总预算时，基于的数据是 100 件预算销售量，每件售价为 100 美元；每件产品的可变成本为 50 美元；总固定成本为 2 000 美元。实际的销量为 70 件产品。在编制弹性预算时，营业利润为（   ）美元。

A. 1 500
B. 3 000
C. 3 500
D. 5 000

3. 有关弹性预算，下面哪一项说法正确？（   ）

A. 可变成本按每单位计量，固定成本按总数计量

B. 可变成本按总数计量，固定成本按每单位计量

C. 可变成本按总数计量，固定成本按总数计量

D. 可变成本按每单位计量，固定成本按每单位计量

4. 某公司按直接人工工时分配可变间接费用，且可变间接费用效率差异为 25 000 美元有利差异。可能导致这种差异的原因是（   ）。

A. 使用了技能更娴熟的工人

B. 电费低于预期

C. 采用的配件数量低于预期

D. 生产的成品件数减少

5. 在一段时间内，某公司的材料数量差异、直接人工效率差异和产量差异均为有利差异。以下哪项因素不会导致出现所有三项差异？（   ）

A. 采购了质量更高的材料

B. 采用了技能更低的工人

C. 购买了效率更高的机器

D. 加强了生产监管

6. 某公司的直接人工价格存在有利差异。以下哪一种情况下，该公司最需要对此类差异担心？（   ）

A. 造成这种有利差异的情况未来可能无法持续

B. 生产经理对人力资源的使用效率可能不够高

C. 造成有利差异的因素可能导致价值链中其他更大的不利差异

D. 实际产量低于预算产量

7. 年初，某公司针对直接材料制定了以下月度预算：

生产和销售件数	10 000 件
直接材料成本	15 000 美元

月末，该公司生产并销售了 12 000 件产品，直接材料成本为 20 000 美元。直接材料差异是（　　　）。

A. 2 000 美元的有利差异

B. 2 000 美元的不利差异

C. 5 000 美元的有利差异

D. 5 000 美元的不利差异

8. 某公司在某月份的材料效率（用量）存在不利差异。以下哪一项最不可能导致这种差异？（　　　）

A. 直接人工培训不足

B. 运输员工表现不佳

C. 生产流程或产品设计不佳

D. 原材料质量不佳

9. 某公司使用标准成本系统，并按直接人工工时分配工厂间接费用。如果该公司最近报告显示直接人工效率存在有利差异，那么以下哪项陈述正确？（　　　）

A. 可变间接费用开支差异必然为有利差异

B. 可变间接费用效率差异必然为有利差异

C. 产量差异必然为不利差异

D. 直接人工价格差异必然为不利差异

10. 某公司的一家工厂在其单一产品的生产中出现了材料效率方面的重大不利差异。以下哪一项最不可能导致出现这种不利差异？（　　　）

A. 购买了劣质材料

B. 实际产量低于计划产量

C. 工人技能水平低于预期

D. 更换的生产设备刚刚安装好

11. 当活动量在相关范围内降低时，以下哪种成本保持不变？（　　　）

A. 平均单位成本　　　　　　　B. 单位可变成本

C. 单位固定成本　　　　　　　D. 总可变成本

12. 某公司即将推出新产品。该产品第一年的计划销售额为100 000美元。销售佣金费的预算值是销售额的8%加上市场经理0.5%的奖金。产品手册的制定需要市场部时薪员工投入20小时的工时，平均时薪为100美元；同时还需要时薪为150美元的外部插画师投入10小时的工时。这款新产品的可变营销成本为（　　）美元。

A. 8 000　　　　　　　　　　B. 8 500

C. 10 000　　　　　　　　　　D. 10 500

13. 共同固定成本通常构成产品的大部分成本。以下哪一项不是共同成本分摊给各个成本对象的原因？（　　）

A. 降低产品的总成本

B. 衡量收入和资产，以便制定对外报表

C. 解释费用的合理性以申请报销

D. 提供经济决策所需的信息

14. 某公司发现，处理客户发票的成本在相关范围内是可变的。关于处理客户发票的成本，以下哪项陈述不正确？（　　）

A. 当客户发票的数量增加时，处理客户发票的总成本会增加

B. 当客户发票的数量增加时，处理客户发票的单位成本会降低

C. 处理第100份客户发票的成本，与处理第1份客户发票的成本相同

D. 处理客户发票的单位平均成本，等于处理客户发票的增量边际成本

15. 某公司发现，其总用电成本在相关范围内包含一部分固定成本和一部分可变成本。可变成本似乎是直接随着产量而变动。关于该公司的用电成本，以下哪项陈述不正确？（　　）

A. 总用电成本会随着产量的增加而增加

B. 单位产品的总用电成本会随着产量的增加而增加

C. 当产量增加时，单位产品的可变用电成本保持不变

D. 当产量增加时，单位产品的固定用电成本会减少

16. 在比较正常成本核算法和实际成本核算法时，以下哪项不是正常成本核算法的优势？（　　）

A. 更及时地核算工作和产品的成本

B. 均匀地将产品成本分摊到整个期间

C. 提高工作和产品成本核算的准确性

D. 以更简洁的方式将间接费用分配给某项工作或产品

17. 如果某制造公司使用可变成本法来核算存货成本，以下哪些成本可计入存货？（　　）

A. 仅有原材料成本、直接人工成本和可变制造间接费用成本

B. 仅有原材料成本、直接人工成本以及可变和固定制造间接费用成本

C. 仅有原材料成本、直接人工成本、可变制造间接费用成本以及可变销售成本和管理成本

D. 仅有原材料成本和直接人工成本

18. 某公司刚完成了第一个月某件新产品的生产，但仍未发货。该产品产生了 5 000 000 美元的可变制造成本、2 000 000 美元的固定制造成本、1 000 000 美元的可变营销成本，以及 3 000 000 美元的固定营销成本。如果该公司使用可变成本法来计算存货的价值，那么新产品的存货价值是（　　）美元。

A. 5 000 000 　　　　　　　B. 6 000 000

C. 8 000 000 　　　　　　　D. 1 000 000

19. 下面哪一项是使用可变成本法的最佳原因？（　　）

A. 固定工厂间接费用与产能的关系更密切，而非特定的生产件数

B. 从长期来看，所有成本都是可变的

C. 可变成本法是所得税申报可接受的

D. 相比于使用吸收成本法，可变成本法下的营业利润通常会更高

20. 某公司根据客户的具体需求，设计、制作并销售个性化的特色广告项目。最适合该公司使用的成本累计方法是（　　）。

A. 实际成本法 　　　　　　　B. 分批成本法

C. 生命周期成本法 　　　　　　D. 分步成本法

21. 某公司生产各类产品，且经营中包含大量的固定成本。该公司应使用哪种成本核算法？（　　）

A. 分批成本法 　　　　　　　B. 分步成本法

C. 过程价值分析法 　　　　　　D. 作业成本法

22. 在使用作业成本法时，以下哪项部门活动会使用机器工时作为分配间接成本的成本驱动因素？（　　）

A. 工厂食堂
B. 机器设置
C. 材料处理
D. 机器人喷涂

23. 某公司考虑实施作业成本法。下面哪一项陈述是正确的？
（　　）
A. 该公司应专注于生产活动，从而避免服务类职能
B. 该公司可能难以在市场上找到足够的软件选项来辅助相关的记账活动
C. 该公司通常会对成本的成因有更多的了解
D. 相比于使用更传统的会计方法，该公司使用的成本池可能会更少

24. 以下哪一项不能作为作业成本法中的成本分摊依据？（　　）
A. 制造产品所使用的不同材料的种类数
B. 制造产品所使用的材料的数量
C. 为产品制造提供原材料的供应商的数量
D. 制造产品的原料的成本

25. 在实践中，学校课桌椅生产中使用的木螺钉和胶水这类物品最有可能被划分为（　　）。
A. 直接人工成本
B. 工厂间接费用
C. 直接材料成本
D. 期间成本

26. 沉没成本与决策过程不相关，因为这项成本属于（　　）。
A. 固定成本
B. 历史成本
C. 间接成本
D. 期间成本

27. 在管理决策过程中，由于选择使用替代性资源而牺牲一定的利益，计量这种利益的成本最常被称为（　　）。
A. 相关成本
B. 沉没成本
C. 机会成本
D. 差异成本

28. 将一项资源从一种用途改作另一种用途时所损失的利润称为
（　　）。
A. 付现成本
B. 拼修成本
C. 更换成本
D. 机会成本

29. 某公司上个月生产了7 600件卫生洁具。生产一件的标准人工为45分钟，标准人工费率为每小时16美元。在此期间的实际直

接人工为 5 500 小时，总成本为 99 750 美元。直接人工效率差异是多少？（　　）

 A. 3 200 美元，有利差异　　B. 3 200 美元，不利差异

 C. 8 550 美元，有利差异　　D. 8 550 美元，不利差异

30. 某汽车制造公司的 CEO 希望采用一套公正的绩效评估系统，以便管理层获得公平的回报。在现行成本核算系统下，管理层可以通过操纵存货水平来提高短期营业利润。为了达到 CEO 的期望，该公司应从现行的（　　）。

 A. 吸收成本法改变为正常成本法

 B. 变动成本法改变为正常成本法

 C. 吸收成本法改变为变动成本法

 D. 变动成本法改变为吸收成本法

31. 某精品服装公司生产定制西装。该公司生产的定制西装数量每月波动很大。以下哪种成本核算系统最适合该公司？（　　）

 A. 分批成本法和实际成本法

 B. 分批成本法和正常成本法

 C. 分步成本法和实际成本法

 D. 分步成本法和正常成本法

32. 一家比萨餐厅每月出售 4 000 个比萨，每个价格为 10 美元。该餐厅每月有能力出售 6 000 个比萨。一个匹萨的材料成本如下所示（单位：美元）。

面团	0.66
西红柿	0.62
奶酪	0.72
配料	0.75
其他变动成本	2.50
总变动成本	5.25

这家餐厅每月还会产生 16 000 美元的费用，其中包括房租、工资、保险和折旧。管理层认为，将销售价格降低至 9 美元，可以使比萨的销量提高 15%。如果售价降低到 9 美元，每月的营业利润是（　　）美元。

 A. −1 000　　　　　　　　B. 1 250

 C. 6 500　　　　　　　　D. 9 875

33. 在相关范围内，单位固定成本会（　　）。

 A. 随着活动量的增加而增加

    B. 随着活动量的减少而减少

    C. 在活动量减少时保持不变

    D. 在活动量增加时降低

34. 某公司的总预算显示，该公司应生产 50 000 件成品，生产这些成品会使用 25 000 英尺材料，材料单价为每英尺 4 美元。该公司实际生产了 48 000 件成品，以每英尺 4.25 美元的单价购买了 27 000 英尺材料，生产中使用了 25 000 英尺材料。该公司的直接材料效率差异为（   ）。

    A. 0 美元   B. 4 000 美元的不利差异

    C. 6 000 美元的不利差异   D. 8 000 美元的不利差异

35. 在以下哪种情况下，使用吸收成本法和使用可变成本法计算的资产负债表上的期末存货完全相等？（   ）

    A. 当产量超过销量时

    B. 当没有固定制造间接费用成本时

    C. 当直接材料价格差异为零时

    D. 当没有可变制造间接费用成本时

36. 以下是某公司为生产 300 000 件产品而制定的年度直接材料预算。150 000 磅原料×0.75 美元每磅的单价 = 112 500 美元，在这一年中，该公司生产了 310 000 件制成品，每件产品使用 0.48 磅材料，每磅材料的成本为 0.76 美元。该公司的直接材料效率差异为（   ）。

    A. 588 美元的不利差异

    B. 900 美元的有利差异

    C. 1 488 美元的不利差异

    D. 4 650 美元的有利差异

37. 某比萨餐厅虽然一直保持稳定的销量，但最近的利润率有所下降。一项直接成本投入分析显示以下信息：

    ·有利的材料价格差异

    ·不利的材料数量差异

    ·有利的人工费率差异

    ·不利的人工效率差异

下列哪一项是最有可能导致利润率下降的原因？（   ）

    A. 奶酪供应商上调了价格

    B. 新员工仍在学习食谱

    C. 支付给员工的费率超过了预算的标准费率

    D. 员工的工作小时数低于预算的标准工时

38. 标准成本法适用（　　）。

A. 实际主要成本，并按照产生的实际成本动因数量来分配间接费用

B. 实际主要成本，并按照允许的标准成本动因数量来分配间接费用

C. 标准主要成本，并按照产生的实际成本动因数量来分配间接费用

D. 标准主要成本，并按照允许的标准成本动因数量来分配间接费用

39. 标准成本法通常不计量以下哪一项？（　　）

A. 可变间接费用支出

B. 可变间接费用效率

C. 固定间接费用支出

D. 固定间接费用效率

40. 某公司生产可烘焙馅饼皮。在决定是否通过添加馅料将此产品进一步加工成完整的可烘焙馅饼的过程中，要考虑的相关金额不包括（　　）。

A. 添加馅料的成本

B. 制作馅饼皮的成本

C. 完整馅饼的销售价格

D. 馅饼皮的销售价格

E 部分——职业道德

1. 在竞标过程完成后，某公司的采购总监将合同授予了报价最低的竞标人，同时这位总监在这家中标机构中存在个人利益。由于中标人的报价最低，这位总监并未披露与该实体的关系。实际上，这位总监曾频繁强调中标人在实施同类性质的合同方面经验最丰富。根据美国管理会计师协会职业道德守则公告，该采购总监违反了哪项原则或标准？（　　）

A. 未违反，因为已经实施了竞标过程

B. 公平，因为这位总监并未如实表明自己与这家供应商之间的关系

C. 正直，因为这位总监与竞标人之间的关系可能影响到了他的判断

D. 诚实，因为这位总监并未如实地评判竞标人的经验

2. 最近，F公司向管理层提交了明年预算。预算中包含有关一款新产品（即可充电风扇）的商业计划。这种新风扇不仅比竞争对手的产品寿命更长，而且更静音。虽然预算尚未获得批准，但鉴于业界尚不知晓F公司即将生产一款新风扇，因此预算要求进行强势的广告宣传以辅助实现销售目标。但是，一名管理会计员工私下与分销商分享了该预算。根据美国管理会计师协会职业道德守则公告，下面哪一项是对该情形中道德冲突的最佳描述？（　　）

　　A. 预算尚未通过，因此不能发表

　　B. 价格尚未确定，因此必须进行预期管理

　　C. 这名员工使公司面临潜在诉讼风险

　　D. 这名员工应避免泄露保密信息

3. 一名IMA会员发现了可能导致用户误解公司财务数据的问题，并通知了自己的上级主管。只有在上级主管符合以下哪项条件时，这名会员才应将此情况报告给审计委员会或董事会？（　　）

　　A. 上级主管是公司的首席执行官，了解此情况但拒绝纠正

　　B. 上级主管向首席执行官报告了该情况，但首席执行官拒绝纠正

　　C. 上级主管对该会员作出了将解决该问题的保证

　　D. 上级主管向更高一级的经理报告了该情况

4. Andrew Babbitt是矿石和矿物加工公司Ace Mining Corporation（AMC）的管理会计师。Babbitt了解到，AMC在附近的居民垃圾填埋场处置危险垃圾。Babbitt知道，这些垃圾可能对该地区的居民造成危险，而且在居民垃圾填埋场处置危险废物可能要承担法律责任。次日上午，当Babbitt与主管讨论此问题时，却被告知不要理会此事。由于问题重大，Babbitt决定与私人律师讨论该问题，然后通知有关当局。根据美国管理会计师协会职业道德守则公告，下面哪一选项是对Babbitt通知有关当局这一决定的正确评价？（　　）

　　A. Babbitt立即通知有关当局的行为是适当的

　　B. Babbitt的行为不适当，因为违反了保密标准

　　C. 仅当律师表明该行为明显违反法律时，Babbitt的行为才适当

　　D. Babbitt的行为不适当，因为涉嫌不服从命令

5. 某会计师向其主管询问了一个已经超期一年但仍被列报为流动资产的大额应收账款的分类。这位主管解释说，该项余额与某本地客户有关，该客户一直存在暂时的现金流问题。这位主管了解该客户，并对该客户最终支付余额很有信心。这位主管要求该会计师保持资产分类不变，以避免外部审计师提出问题。根据美国管理会计师协会职业道德守则公告，该主管违反了除以下哪一项以外的道

德标准？（　　）

A. 能力 　　　　　　　　　　B. 保密性

C. 正直性 　　　　　　　　　　D. 可信性

6. Smith 公司的一位会计师意外得知，该公司的采购副总裁是公司一家主要供应商的所有者。当该会计师向直接上级提到这种关系时，他被告知该供应商以市场价格提供高质量的产品，因此不存在利益冲突。根据美国管理会计师协会职业道德守则公告，该会计师（　　）。

A. 应遵循公司关于报告明显利益冲突的既定政策

B. 没有义务采取行动，因为采购副总裁无须遵循美国管理会计师协会惯例

C. 无须采取任何行动，因为该供应商以市场价格提供高质量的商品

D. 应首先咨询律师，以了解与此问题有关的任何法律义务和风险

7. 员工 X 发现员工 Y 为达到月末目标，不适当地修改了部门记录。这些记录仅供内部使用，不影响公司的财务记录。员工 X 向主管报告了此不当行为，但这位主管告诉员工 X，是该主管要求员工 Y 更改的记录，但在下个月会进行调整以进行纠正。根据美国管理会计师协会职业道德守则公告，员工 X 应（　　）。

A. 提醒主管这种行为是不道德的，且不再就此不当行为进行沟通

B. 按照组织既定的程序解决此类冲突

C. 什么也不做，因为主管对此行为进行了授权

D. 就此不道德行为通报给外部当局

8. 某公司的会计部门拥有强大的内部控制体系。这包括高度的职责分离、定期对账、严格审查和全面的内部审计。一名固定资产会计师因为认为自己未获得公正酬劳，一直在盘算挪用应收账款部门处理的现金收款，利用这些资金偿还赌债。根据舞弊三角模型，对于该公司舞弊风险的最佳评估是（　　）。

A. 低，因为不存在机会和合理化

B. 中，因为不存在机会

C. 中，因为不存在合理化

D. 高，因为压力、机会和合理化均存在

9. 管理会计师如何使用舞弊三角模型来识别和管理舞弊风险？（　　）

A. 舞弊三角模型可以解释影响人们实施舞弊的压力、合理化和机会

B. 舞弊三角模型可以检查公司的内部控制环境是否存在舞弊风险

C. 舞弊三角模型可以解释影响人们实施舞弊的动机、途径和机会

D. 舞弊三角模型可以解释劝说、胁迫和观念如何影响人们实施舞弊

10. 美国管理会计师协会职业道德守则公告中，哪一项标准指出财务管理专业人员不应参与任何可能败坏职业声誉的活动？（　　　）

A. 能力   B. 保密性

C. 可信性   D. 正直性

11. 以下哪一项是美国管理会计师协会职业道德守则公告中的职业道德原则的示例？（　　　）

A. 能力   B. 保密

C. 公平   D. 正直

FMAA 考试样题答案

A 部分——普通会计和财务管理

1. A	18. D	35. B	51. C
2. D	19. C	36. D	52. A
3. A	20. A	37. C	53. A
4. B	21. B	38. A	54. B
5. A	22. C	39. B	55. C
6. D	23. C	40. D	56. B
7. D	24. C	41. C	57. B
8. B	25. C	42. C	58. B
9. B	26. D	43. B	59. C
10. D	27. A	44. B	60. A
11. D	28. C	45. D	61. D
12. A	29. C	46. C	62. B
13. B	30. C	47. A	63. C
14. C	31. D	48. A	64. B
15. A	32. A	49. B	65. C
16. D	33. C	50. B	66. D
17. A	34. B		

B 部分——财务报表编制和分析

1. C	14. B	27. B	39. D
2. C	15. B	28. C	40. C
3. D	16. D	29. B	41. D
4. D	17. C	30. B	42. C
5. C	18. B	31. C	43. C
6. C	19. C	32. C	44. C
7. B	20. C	33. D	45. B
8. B	21. D	34. D	46. C
9. A	22. C	35. B	47. B
10. D	23. A	36. C	48. C
11. A	24. C	37. D	49. C
12. C	25. D	38. B	50. D
13. C	26. A		

C 部分——规划和预算

1. A	11. B	21. A	31. D
2. C	12. C	22. C	32. C
3. D	13. A	23. A	33. A
4. D	14. A	24. A	34. B
5. B	15. C	25. B	35. D
6. C	16. D	26. D	36. B
7. C	17. B	27. B	37. B
8. B	18. D	28. B	38. C
9. C	19. B	29. D	39. B
10. D	20. C	30. B	40. A

D 部分——成本管理和绩效指标

1. C	8. B	15. B	22. D
2. A	9. B	16. C	23. C
3. A	10. B	17. A	24. D
4. A	11. B	18. A	25. B
5. B	12. B	19. A	26. B
6. C	13. A	20. B	27. C
7. B	14. B	21. D	28. D

29. A	32. B	35. B	38. D
30. C	33. D	36. D	39. D
31. B	34. B	37. B	40. B

E 部分——职业道德

1. C	4. C	7. B	10. D
2. D	5. B	8. B	11. C
3. A	6. A	9. A	

FMAA 考生专业词汇

专业术语	定义或解释
已吸收间接费用 （absorbed overhead）	已经分配给特定产品或适销服务的那部分工厂间接成本（又称"已分配间接费用"）
吸收成本法/完全成本法 （absorption costing）	将所有各类制造成本，其中包括直接成本、间接成本、固定成本和变动成本，分配给存货的成本计算方法（又称"全部吸收成本法"）
加速折旧 （accelerated depreciation）	一种折旧方法，其早期计提的折旧金额大于后期计提的金额
访问控制 （access control）	一种安全技术，它可以限制谁能查看或访问计算机系统中的资源
会计 （accounting）	以货币为单位确认、分类、计量、记录和传递一个经济实体财务性质的交易和事项的过程
会计循环 （accounting cycle）	会计人员分析、记录业务交易，编制财务报表，为下一个会计期间做准备的步骤
会计期间 （accounting period）	一个确定的时间范围，在此期间，会计职能得以执行、汇总和分析
会计准则 （accounting standards）	由权威机构制定、会计人员应当遵循的各项原则和程序（又称"会计原则"）
会计系统 （accounting system）	在累计、分类、记录和报告业务事项和交易中遵循的方法、程序和准则
账户 （accounts）	总账中用于分类和存储交易的记录
应付账款 （accounts payable）	以赊账方式向卖方（供应商）购得商品或服务所应付的账款
应付账款周转率 （accounts payable Turnover）	用于衡量一个实体向其供应商付款的速度的财务比率
应收账款 （accounts receivable）	实体以赊账方式出售商品或提供服务应从客户收回的账款
应收账款周转率 （accounts receivable turnover）	用于衡量一个公司资产利用率和从客户赊销中收回现金的能力的财务比率

续表

专业术语	定义或解释
权责发生制 (accrual accounting)	凡是当期（a）已经赚取的收入和（b）已经发生的费用，不论何时收付现金，都作为当期的收入和费用予以确认和记录的做法
应计 (accruals)	在利润表中影响公司净利润的所获得的收入或所发生的支出，尽管与交易有关的现金尚未易手，或在会计期间，实体尚未收付的应得收入或已发生成本的累积
累计折旧 (accumulated depreciation)	自固定资产购置之日起累计被确定的折旧费用
酸性测试比率 (acid-test ratio)	用于衡量一个实体使用变现最快的流动资产（不包括存货）以偿付短期债务的能力的比率（又称"速动比率"）
购置成本 (acquisition cost)	为换取商品或服务而支付的现金或其他资源的价值。它包括为使资产达到预期用途所需的全部成本（又称"历史成本"或"原始成本"）
作业动因/成本动因 (activity driver/cost driver)	用于将一项作业的成本分配给成本对象的因素。它度量成本对象使用该项作业的频率和强度
作业成本法 (activity-based costing，ABC)	该成本计算方法：（a）确定成本的发生与各项作业之间的关系，（b）确定各项作业的根本"动因"，（c）建立与各"动因"相关的成本归集点，（d）制定各项作业的成本费率，以及（e）依据消耗的资源（动因）向产品分配成本
实际成本 (actual cost)	购置成本、历史成本或原始成本
资本公积 (additional paid-in capital)	公司从其股东那里收到的超过股票面值或设定价值的购股金额
管理费用 (administrative expense)	企业整体在一般营运中所发生的成本，区别于制造成本或销售成本等更为具体的成本（又称"一般管理费用"）
账龄表 (aging schedule)	根据应收账款存在的时间长度的列表
分摊/分配 (allocate)	确定成本的各项成本对象；把各项成本分摊或分配给各产品、工序、任务或部门
分摊基础/分配基数 (allocation base)	把间接成本分配给成本对象所依据的基数，诸如人工或机器工时等
备抵坏账 (allowance for uncollectible accounts)	应收账款的对销账户，建立该账户是为了记录预计的一定比例无法收回的应收款
摊销 (amortization)	将成本按其耗用期加以分摊的会计程序

续表

专业术语	定义或解释
年度报告 （annual report）	每个报告年度结束后由实体编制的报告，其中包括财务报表和披露事项、审计报告、管理层提供的信息以及与实体财务状况和营运绩效有关的其他信息
应用控制 （application controls）	用于保障特定数据处理作业（如工资单）的控制措施，如输入控制。目的是在合理范围内确保数据得到妥善处理、记录和报告
升值/增值 （appreciation）	因市场价格上升而引起的经济价值增长
资产 （asset）	1. 实体由于过去的交易而获得的有望在未来获得经济利益的资源。 2. 指拥有的任何有形物体，或对其拥有者具有经济价值的权利。为核算起见，以成本或其他价值（例如现行重置成本）表示
资产偿付率 （asset coverage）	量度公司偿还所有负债后有能力承担其债务义务的程度
资产挪用 （asset misappropriation）	第三方或组织中的员工滥用职权，通过舞弊活动窃取公司资产（又称"内幕欺诈"）
资产周转率 （asset turnover）	评估一个实体资产使用效率的财务比率；它将销售额与资产关联起来（又称"总资产周转率"）
主管决定的（自上而下）预算编制 ［authoritative（top-own）budgeting］	组织机构的所有预算（包括较低层面的营运预算在内）都由最高管理层编制的预算编制过程
职权 （authority）	经理为取得组织机构期望的结果而作出决定、发布命令以及分配资源的正式合法权利
可供出售证券	在公认会计原则（GAAP）下，可以持有或销售的投资
平均收款期 （average collection period）	催收应收款（赊销）所需的平均天数（又称"销售款未收回天数"或"应收款周转天数"）
存货周转天数 （average days in inventory）	持有存货的平均天数
平均固定成本 （average fixed cost）	总固定成本除以生产数量（单位固定成本）
单位平均成本 （average total cost）	制造总成本除以生产数量。有时称单位成本
平均变动成本 （average variable cost）	变动总成本除以生产数量
备份 （backup controls）	在信息技术环境中，为确保数据不遗失所采用的文件复制等控制措施
坏账 （bad debts）	经过合理努力催收无果后，管理层认定为无法收回的应收账款或票据

续表

专业术语	定义或解释
坏账费用 （bad debts expense）	记录无法收回的应收账款的损失
资产负债表 （balance sheet）	对公司某一特定时点的各项资产、负债和股东权益作一概括的财务报表
董事会 （board of directors）	由公司股东选举出来监管公司管理层的一群人。董事会成员定期开会，对企业活动承担法律责任
债券 （bond）	表明发行者承诺到期将支付票面金额的一种长期债务票据。通常需要定期支付利息
应付债券 （bonds payable）	用于记录未清偿债券金额的长期负债科目
账面价值 （book value）	扣除任何对销账户后，账本上结转的资产或负债金额（又称"账面净值"）
每股账面价值 （book value per share）	对普通股股东权益按每一股所作的量度
保本分析/盈亏平衡分析 （breakeven analysis）	一种分析成本和营业收入关系的方法。用于确定一个或一组产品在数量达到多少时，可以做到既无利润也无亏损（又称"成本/数量/利润分析"）
保本点 （breakeven point）	总营业收入和总成本相等时的销售量
预算 （budget）	计划或预期营业收入、费用、资产和负债的报表。预算为将来的营运和绩效评估提供指导（又称"利润计划"）
预算流程 （budget process）	组织机构用于编制未来计划、分配资源、确定营业收入和支出并编写有关报告的流程
预算松弛 （budgetary slack）	有意低估营业收入和/或高估费用
预算编制 （budgeting）	为未来某一特定时期或指定的项目，规划进出实体的和在实体内部流转的财务资源的过程
企业 （business）	工商企业
商业模式 （business model）	描述组织如何创造和提供价值
企业计划 （business plan）	由公司管理层编制的文件，详细说明公司的过去、现在和未来。它形成公司各部门编制预算的基础
业务流程 （business process）	一系列旨在向客户提供特定产出的具有逻辑相关性、时序性的工作活动
商业交易 （business transaction）	记录在一个组织的会计系统中，涉及各方之间的财务交易的经济事件

续表

专业术语	定义或解释
经营单位 （business unit）	一个组织机构的任何部分，或未分成各个部分的整个企业实体。有时视为一个利润中心
资本 （capital）	1. 由所有者投入实体的股本。总资产减去总负债。 2. 长期资产（如设备）。 3. 组织拥有或需要用于创造价值的资源或资产；在综合报告/整合思维中，资本通常分为六类：财务、制造、人力、社会与关系、智力，以及自然资本
资本预算 （capital budget）	有关购置长期资产所需支出的提议以及融资方法的计划
资本预算编制 （capital budgeting）	对长期投资项目进行评估和作出决策
资本支出 （capital expenditure）	在发生时记为长期资产而非费用的成本
资本损益 （capital gain or loss）	已实现的固定资产销售的净值超过（如果是资本损失，则是低于）购置成本加改良费用、减折旧和/或折耗费所得的金额
资本投资 （capital investment）	增加现有固定资产的容量、效率、使用期限或运行经济性的任何支出。从该投资中预期未来会获得超过一年的现金流入量（又称"资本支出"）
股本 （capital stock）	向股东发行的公司所有权股份。可由"普通股"和"优先股"组成
资本结构 （capital structure）	公司中短期债务、长期债务和所有者权益的相对比例
资本化 （capitalize）	将预期有益于未来时期的支出记为资产，而不是将支出作为发生期间的费用处理
储存成本，持有成本 （carrying cost）	储存和持有存货的成本，包括从购置或制造时直到销售或使用时发生的资本成本
账面价值 （carrying value）	实体财务报表上所列的资产、负债或所有者权益除去扣减或对销的净值
现金 （cash）	指硬币、支票和汇票等银行会接受即时存入的货币
现金制会计 （cash accounting）	一种会计方法，在收到付款和在实际支付费用的当期入账，即收入和费用分别在收到现金和支付现金时入账
现金预算 （cash budget）	对未来某个时期中不同时间点上现金收入和支出的金额及时间以及期末库存现金的估算
资金周转期 （cash cycle）	现金转换为各项存货，通过商品销售或催收应收款，各项存货又变回现金所需的时间（又称"现金转换周期"或"收益周期"）

续表

专业术语	定义或解释
现金折扣 （cash discount）	降低基价，通常用于鼓励尽早付款或促销
现金等价物 （cash equivalents）	流动性和安全性很高、能在临时通知时变现的短期金融票据
现金流量 （cash flow）	流入和流出一个实体或实体的某一部门的现金流
融资活动现金流 （cash from financing activities）	在公认会计原则（GAAP）下，由发行债务、接受所有者投资以及向所有者分发股利所产生的现金收支
投资活动现金流 （cash from investing activities）	在公认会计原则（GAAP）下，与长期资产和在其他公司的投资相关的交易所产生的现金收支
经营活动现金流 （cash from operating activities）	在公认会计原则（GAAP）下，与收入和费用相关的交易所产生的现金收支
现金管理 （cash management）	实体催收、支出和投入其现金的全过程
现金比率 （cash ratio）	衡量公司流动性的一个指标，将现金和有价证券与流动负债联系起来
会计科目汇总表 （chart of accounts）	汇总公司所有会计记录的科目的列表
分类 （classification）	通过监督式机器学习，人为将目标分组到一套预定义的类别中
行为守则 （code of conduct）	一个组织机构对其员工的道德行为所设定的一套规定
担保品，抵押品 （collateral）	在借款偿还以前作为抵押品抵押给出借人的资产。如果借款人拖欠贷款，出借人有权出售该担保资产
商业银行 （commercial bank）	接受存款、提供支票账户、发放贷款并提供其他各种相关服务的机构
商业票据 （commercial paper）	公司提供的短期无担保贷款，偿还期可达 270 天。通常（按面值）贴现发行
共同基年报表 （common base year statements）	列示实际发生数字与基年数对比的变化百分比的财务报表（又称"横向分析"）
共同成本 （common cost）	两个或更多的用户共享的设施运行所发生的成本
普通股 （common stock）	公司的所有权股份，拥有表决权和分红权
同比财务报表 （common-size financial statements）	用于进行公司之间对比的财务报告。同比利润表把所有金额表示为对营业收入的百分比。同比资产负债把所有数值表示为对资产总额的百分比

续表

专业术语	定义或解释
公司风险 （company risk）	某一企业在特定情况下的风险，与这种风险相对的是市场的总体风险（又称"非系统性风险"）
可比性 （comparability）	使用者能够识别两组经济现象之间异同点的信息特性
报酬 （compensation）	雇员或管理层的工资以及从劳动中赚取的其他财务福利
能力 （competence）	美国管理会计师协会职业道德守则公告中的一项道德标准，它要求会员保持适当水平的专业知识，并遵照相关法律、法规和技术标准履行职责
复利 （compound interest）	定期将单利加入本金，并将新的基数当作本金来计算下一期的利息，由此而得出的利息即为复利
综合收益 （comprehensive income）	一定期间内股本的所有变动的总和，但不包括所有者的投入和分红所产生的变动
机密性 （confidentiality）	美国管理会计师协会职业道德守则公告中所规定的一项道德标准，要求会员对雇主的信息保密，并且不利用保密的信息来谋求私利
一致性 （consistency）	各个时期均遵循一贯不变的政策和程序
谨慎性原则 （conservatism principle）	在不确定时，尽快确认费用和负债；而只有在确定时才确认收入和资产的原则
连续预算 （continuous budget）	对未来数周、数月、数季的财务营运所作的动态预测。在每期的期末，删除已经过期的那部分预测，加上对长度相似的时间段的新预测（又称"滚动预算"）
投入资本 （contributed capital）	由所有者投入的资本。也称"实缴资本"
边际贡献 （contribution margin）	销售收入高出变动成本的部分（又称"贡献边际"或"边际收益"）
控制风险，风险控制程度 （control risk）	一种审计量度，用于评估客户的内部控制制度可能无法预防或发现超出容许程度的虚报的可能性
可控成本 （controllable cost）	可由负责该部门的经理人员的行为所左右的成本
可控边际贡献 （controllable margin）	贡献边际超过可控固定成本的部分。它衡量经理在控制收入和成本方面的绩效
主计长 （controller）	实体内负责会计职能的个人
控制 （controls）	监督各项活动并确保其发挥设计的功能的各项措施

续表

专业术语	定义或解释
公司治理 （corporate governance）	一个组织机构据以指挥、运转和控制的一整套的规则、程序、政策和/或法律
公司 （corporation）	一个合法成立的实体，可以签订合同，拥有资产，承担债务，以及起诉和被起诉——所有这些都与该实体的所有者分开
成本（名词） （cost）	1. 在管理会计中，以货币单位来计量用于某种用途的资源数额。2. 在财务会计中，以获取商品或服务所支付或需要支付的价格
成本计算（动词） （cost）	确定某物的成本
成本分摊制度 （cost allocation system）	把成本分摊到各个成本对象所采用的方法（分批成本法、分步成本法、作业成本法和寿命周期成本法）
成本习性 （cost behavior）	随着企业活动水平的变动，相关的成本项目金额发生变动或缺乏变动的情况
成本动因 （cost driver）	一段时期内与成本有因果关系的变量
成本管理 （cost management）	在持续控制和降低成本的同时，经理为满足客户而采取的行动
成本对象 （cost objects）	需要成本数据并能为之累计和计算各道工序、各项产品、各个工作任务、各项投资项目等成本的一个职能部门、组织机构的一个分部、一项合同或其他工作单元
资本成本 （cost of capital）	使用资本的成本，通常为借入资本的利息成本和股本资本的隐性成本的加权平均值。它是新投资所必须赚取的、不会导致股权稀释的最低回报率
销货成本 （cost of goods sold）	在一个特定的时期中所售出商品的存货成本；在一个特定时期中可供销售的商品的成本与这一时期期末库存商品成本之间的差额。存货成本包括使产品可供销售所需要的一切成本
营业成本 （cost of sales）	所有销售所得计为营业收入的产品或服务的成本（又称"销货成本"）
成本归集点，成本库 （cost pools）	具有相同起因并可根据共同的分配依据分配给其他成本对象的各项成本要素的归集点
成本制度 （cost system）	实体用来聚集成本并将成本分配给中间及最终的成本对象的制度
本量利分析 （cost/volume/profit analysis，CVP）	分析成本和营业收入的关系，着重分析利润为零时的产量，以及当营运处于不同的水平下时，成本中的固定成分和可变成分对预期利润的影响（又称"保本点分析"）

续表

专业术语	定义或解释
成本计算法 （costing）	累计成本并将成本分配给成本对象的方法
票面利率 （coupon rate）	债务票据上列明的年利率
可信性 （credibility）	美国管理会计师协会职业道德守则公告中所规定的一项道德标准，要求会员公允、客观地报告信息，披露所有的相关信息，并披露信息的延误或缺陷情况
信贷 （credit）	一项合约协议，规定借款人现在获取某项有价值的东西，并同意在将来偿还给出借人
信用风险 （credit risk）	因借款人不履行协定（即不按约定付款）而引起的投资方的风险
流动资产 （current assets）	现金以及企业正常营业周期内预期被出售、消耗或转换成现金的其他资产
现时成本 （current cost）	现时获得同样的资产（同一资产）或具有同等生产能力的资产所需的现金量
流动负债 （current liability）	将在一年或者超过一年的一个营业周期内必需或要求用流动资产偿还（履行）的债务
流动比率 （current ratio）	用于衡量短期偿付能力的财务比率（又称"流动性比率"）
客户满意度 （customer satisfaction）	量度客户对供应厂商提供的产品和相关服务的满意程度的指标
网络攻击 （cyber-attacks）	未经授权的，企图篡改，破坏或者窃取组织资产的计算机技术
周期时间 （cycle time）	工作单位从物理过程的开始到结束总计所用的时间，由生产者和客户界定
应付账款付款天数 （days purchases in payables）	一个公司支付其账单和债务所需的平均天数
存货销售天数 （days sales in inventory）	一个公司出售其存货所需的平均天数
应收账款回收天数 （days sales in receivables）	一个公司收回销售款项所需的平均天数（又称"应收账款周转天数"或"平均收款期"）
债务融资 （debt financing）	通过向贷方或银行借钱来筹集资金，并在将来偿还的行为
负债比率 （debt ratio）	该财务比率用于衡量一个实体利用债务的程度（又称"负债对总资产比率"）
债务证券 （debt security）	偿还债务的书面承诺。如债券、汇票或票据

续表

专业术语	定义或解释
债务对总资产比率 （debt-to-total-assets ratio）	总负债除以总资产所得的比率。这一财务比率用于衡量该实体利用债务的程度（又称"负债率"）
负债权益比率 （debt-to-equity ratio）	债务总额除以权益所得的比率，是衡量财务杠杆的一种尺度
借记（借方） （debit）	增加资产或费用账户，或减少负债或权益账户的会计分录。它在会计分录中位于左侧
余额递减折旧法 （declining-balance method）	将资产的账面净值与固定折旧率相乘，导致资产寿命早期折旧费较高的一种加速折旧法
违约风险 （default risk）	债务人可能无法偿还贷款的风险
递延账项 （deferrals）	支付或收到的金额，但该金额不能在当期利润表中报告，因为它是未来会计期间的费用或收入
部门 （department）	组织机构的一个分部或单独分立的一个部分
部门间接费用 （departmental overhead）	一个部门所发生的间接成本总额
折耗 （depletion）	将递耗资产（自然资源）成本分摊到各受益期的费用的过程
折旧 （depreciation）	将有形资产的成本分摊到各受益期（通常是资产的预期寿命）营运作业的过程
差量成本 （differential cost）	两种可选方案下总成本的差额（又称"增量成本"）
直接成本 （direct cost）	具有特定单一成本对象的成本
直接成本法 （direct costing）	一种计算存货成本的方法。在这个方法下，把所有的直接制造成本和变动性的间接制造成本计作存货成本（固定性制造成本不包括在内）（又称"变动成本法"）
直接人工成本 （direct labor cost）	能够确定其成本对象的劳工报酬
直接材料成本 （direct materials cost）	能够确定其成本对象的材料购置成本
直接法 （direct method）	1. 分配辅助车间（部门）成本的方法。在这种方法下，一个辅助部门接受另一个辅助部门所提供的服务，都忽略不计；每一个辅助部门的成本都直接分摊给生产部门（又称"直接分摊法"） 2. 编制现金流量表的方法。在这种方法下，从各经营活动所得的净现金流量，在报表上分列作经营现金收入和现金支付（这个做法与间接法相反）
直接注销法 （direct write-off method）	坏账的会计记账方法，依照此方法，被认定无法收回的账款在该期记作费用

续表

专业术语	定义或解释
支付 （disbursement）	现金的支付
披露 （disclosure）	附于财务报表或报告的说明或表式
终止经营 （discontinued operations）	曾是公司经营的业务部门或资产，直到被剥离或终止
贴现，折扣 （discount）	1. 在债务证券中，指投资者支付的价格与面值之差。 2. 在产品销售中，指客户支付的价格与该商品的原价之差
折现系数、贴现系数 （discount factor）	预期于将来年份收到的一个单位货币的现值
债券折价 （discount on bonds payable）	债券售价低于账面价值时，账面价值与售价之间的差额
贴现率 （discount rate）	用于将未来现金流量转换为现值的利率
分销 （distribution）	向客户交付产品或服务的机制
股利 （dividend）	将公司的部分盈利分配给股东
股息公告日 （dividend declaration date）	董事会宣布股息的日期
股利分发，股利发放 （dividend payout）	一年中对每股股份支付的股利金额
股利支付率，股利发放率 （dividend payout ratio）	每股股份的年股利占每股盈利的比例
复式记账 （double-entry bookkeeping）	一种记录交易的方法，在这种方法中，每笔交易至少在两个账户中记录为借方或贷方
盈余 （earnings）	会计期间营业收入超过支出的部分。有时与净盈利、净利润或收益同义
税息折旧及摊销前利润 （earnings before interest, taxes, depreciation and amortization, EBITDA）	用来估计盈利率的指标；它把融资和会计决策的影响排除在外
盈余分布 （arnings distribution）	盈余结果的概率分布。可以据此对获得某一盈利水平的概率作出估计。用于风险管理
每股收益 （earnings per share, EPS）	普通股的股东可以获得的每股净利润
效率差异/用量差异 （efficiency/usage variances）	实际耗用的投入量与预算投入量之差，乘以预算价格

续表

专业术语	定义或解释
整个企业 （enterprise-wide）	此词用于描述整个组织机构所使用的各项系统和流程所包括的范围
实体、主体 （entity）	个人、合伙企业、公司或其他独立的可以识别的单位
权益，产权、净资产 （equity）	实体的资产扣除负债后的余额。股东在公司中拥有的金额
道德守则 （ethics code）	约束组织机构内个人行为的一组原则或准则
道德热线 （ethics help-line）	在道德问题上处于两难境地时，获得指导意见的地方。通常是个专用的电话号码，可与道德问题的咨询人员取得联系
编制例外报告 （exception reporting）	用来提醒管理层关注显著偏离计划绩效的情况报告
支出 （expenditure）	为所收到的商品或服务支付的款项，支出可在收到商品或服务的同时或以后
费用 （expense）	当期会计期间使用的商品和服务的成本
费用的确认 （expense recognition）	将一项成本记入会计系统
编制对外财务报告 （external financial reporting）	以外部信息使用者（放款人、投资者和一般公众）为重点而编制财务信息报告
非经常性损益 （extraordinary items）	在公认会计原则（GAAP）下，指不寻常，很少出现的事项
工厂间接费用 （factory overhead）	除直接材料和直接人工以外的所有制造成本
有利预算差异 （favorable budget variance）	实际或当期绩效超出预期绩效的差异部分
反馈 （feedback）	告知用户实际绩效与预期或期望的绩效水平相比如何的过程
财务会计 （financial accounting）	有关实体资产、权益、营业收入和费用的会计；主要涉及向报表的外部使用者定期提供实体财务状况和营运结果的历史报告
财务预算 （financial budget）	总预算的一部分，包括资本预算、现金预算、预计资产负债表和预计现金流量表
金融票据，金融工具 （financial instrument）	有货币价值的票据（如债券）
财务杠杆 （financial leverage）	用债务为一个实体的资产提供融资的程度

续表

专业术语	定义或解释
财务杠杆比率 （financial leverage ratio）	总资产占普通股权益总额的倍数，用这一比例衡量财务杠杆的程度
编制财务报告 （financial reporting）	报告财务信息，说明会计期间实体的财务状况、营运绩效和资金流量
财务报表 （financial statement）	某一组织财务信息的报告书，包括资产负债表（或"财务状况表"）、利润表和现金流量表
融资费用 （financing expenses）	实体为了发行债务或股票而发生的费用
成品存货 （finished goods inventories）	存货中的完工产品，可供立即销售或作其他处置
公司 （firm）	企业实体
先进先出法 （first-in-first-out，FIFO）	存货估价和成本流假设的一种方法，其中期末存货根据最近的采购成本计算，而销货成本根据最早的采购成本计算，包括期初存货
会计年度，财政年度 （fiscal year）	任何一个由连续 12 个日历月（或 52 周或 365 天）组成的会计期间，为实体在编制财务报告时所采用
固定资产 （fixed asset）	企业正常营运中运用的非流动性、非货币性的有形资产
固定资产周转率 （fixed asset turnover）	用来衡量企业从固定资产中产生销售的能力。它把企业的销售额和它的厂场设备净额联系起来
固定预算 （fixed budget）	营业收入和支出金额一经确定就固定不变的预算（又称"静态预算"）
固定费用保障比率 （fixed charge coverage ratio）	以扣除固定费用和税款之前的盈利数，除以固定费用所得的一项杠杆比率。固定费用包括利息、需要偿还的本金，以及租赁费用（又称"收益偿债能力比率"）
固定费用 （fixed charges）	利息支出和租赁（租金）支出等固定性财务成本
固定成本 （fixed cost）	短期内不随作业量而变化的成本（又称"不变成本"或"恒定成本"）
固定间接费用 （fixed overhead）	不随产量水平变动的间接成本
弹性预算 （flexible budget）	预算金额可按企业作业量水平加以调整的预算
目的地交货 （FOB free on board destination）	卖方支付运费。买方收到货物后，货物所有权转归买方
起运点交货 （FOB（free on board）shipping point）	买方支付运费。货物发运后，货物所有权转归买方

续表

专业术语	定义或解释
预测 （forecast）	根据未来的预期情况，对未来财务状况、营业结果和现金流量所作的推断
舞弊三角 （fraud triangle）	解释产生职业欺诈因素的模型。包括三个组成部分（机会、压力和合理化）
欺诈 （fraudulent）	为了诱使另一方放弃有价物品或放弃合法权利而故意歪曲颠倒事实
全部成本 （full cost）	企业全部各项功能的所有成本的总额
充分披露原则 （full-disclosure principle）	要求公司披露任何会对财务报表使用者有影响事项及情况的原则
职能 （function）	由行政管理、销售或研发等组织部门实现的一般目标或目的，也可以是服务于共同目标的一组相关活动
总账 （general ledger）	公司财务信息的主要记录，包括公司的所有账目
公认会计原则，通用会计准则 （generally accepted accounting principles，GAAP）	经由惯例或权威性文献形成的、为会计行业所认可的一系列会计规则、方法和程序，用于指导财务报表的编制
目标一致性 （goal congruence）	管理控制系统的一个特征，通过这样的结构，能使职工的目标与企业的目标取得一致
持续经营 （going concern）	一项会计假设，指在没有相反证据的情况下公司将无限期继续存在下去
商誉 （goodwill）	超出实体可识别净资产的那部分公允市值
边际毛利 （gross profit margin）	销售净额减销售成本（又称"毛利"）
毛利率 （gross profit margin percentage）	毛利除以销售额
营业收入总额 （gross revenue）	未经调整的营业收入总额（又称"销售总额"）
历史成本 （historical cost）	最初为资产支付的金额，对随后的价值变动不加调整（又称"购置成本"或"原始成本"）
美国管理会计师协会 职业道德守则公告 （IMA Statement of Ethical Professional Practice）	美国管理会计师协会的会员在职业道德行为方面所作的承诺，其内容包括引导会员的各项行为标准，包括胜任能力、保密、正直和诚信。该准则也提供解决道德冲突的指导
利润表 （income statement）	报告一个时期经营成果的财务报表。表上列示各项收入、费用、利得、损失和净利润，借以衡量该公司某一时期所取得的成就（又称"损益表"）

续表

专业术语	定义或解释
所得税 （income tax）	政府对实体财务收益征收的年度赋税
法定公司 ［incorporated（Inc.）］	组成为合法法人的公司
增量 （incremental）	在金额和时间两方面，在两种可选行动路线下所获现金流量之差
间接成本 （indirect cost）	凡是没有直接确定单一的最终成本对象，而是确定了两个或多个最终成本对象或至少一个中间成本对象的成本。除直接材料和直接人工之外的所有成本（又称"间接费用"或"负担"）
间接法 （indirect method）	编制现金流量表的一种方法。采用此法时，从营业活动所得的净现金流量，是把对现金没有影响的项目加回到净利润中或从净利润中扣减
输入控制 （input controls）	确保由授权用户完整准确地记录已获准的交易，并查明不合格和重复项目的控制措施
保险 （insurance）	风险管理的一种方式，以应对可能发生的、不确定的损失的措施；把损失的风险，通过付出费用，从一个实体转移给另外一个实体
无形资产 （intangible）	一种没有有形物质的非流动性资产，其价值源于赋予拥有者的权利或益处。实例有专利、版权、商标、品牌名称、许可证和商誉
正直 （integrity）	美国管理会计师协会职业道德守则公告中的一项道德标准，要求会员避免利益冲突，并且不从事任何有损职业声誉的活动
利息 （interest）	使用借贷资本所发生的费用或赚取的金额
有息债券 （interest-bearing）	包含付息规定的债务证券
内部控制 （internal control）	由管理层建立的控制措施，目的是确保遵守各项管理政策、保护资产并确保记录的完整准确
内控风险 （internal control risk）	由于制定或设计的各项内部控制方法不妥或执行不严而引起的风险
内部因素 （internal factors）	在战略性规划中，对实体内部优势和弱势所作的分析
存货（名词）/盘存（动词） （inventory）	用作名词时，指实有的原材料、消耗品、库存商品、在制品、在途商品、在库商品或寄售商品。用作动词时，指存货的核算、造册和定价行为
存货周转率 （inventory turnover）	指一年内公司平均存货被出售的次数

续表

专业术语	定义或解释
存货计价 （inventory valuation）	将成本分配给各项存货的计量结果
投入资本 （invested capital）	股权投资者以直接方式或通过收益留存，投入于该企业的资本金额
投资 （investment）	为了产生收益而购置财产或其他资产所花费的支出，也指为此购置的资产
分批成本法 （job order costing）	按各项任务或批次累积成本的成本核算方法
联产品成本法 （joint product costing）	由于工艺的性质而必须同时生产或以其他方式同时获取两种或更多种产品（联产品）时，所用的成本核算方法（又称"共同成本"）
合资企业 （joint venture）	两家或更多公司共同分担（分享）投资、风险和利润而组成的工商企业
日记账 （journal）	按时间顺序记载交易的原始分录的记录
适时生产 （just-in-time manufacturing，JIT）	在需要时而非在可能时生产或采购产品的制造过程
后进先出 （last-in-first-out，LIFO）	存货估价和成本流假设的一种方法，其将最近发生的成本分配给销货成本，并将最早的成本分配给期末存货
分类账 （ledger）	一种账簿；把分录最终记入的任何账簿
信用证 （letter of credit）	由银行开具的有约束力的文件，保证及时足额收到买方的付款。通常在国际贸易中用于消除可以察觉的风险
杠杆 （leverage）	企业通过债务筹集资金的程度
负债 （liability）	负债是指由于以往事项而发生的企业现有义务，这种义务将使该企业在未来向其他实体转移资产或提供服务，会导致将来经济利益的损失
行业 （line of business）	为客户生产和销售某类特定商品或服务的各项经营的总称
信用额度 （line of credit）	银行在客户需要贷款时约定的贷款上限
流动性 （liquidity）	资产迅速转换为现金的能力
长期 （long run）	让决策者对市场变动做出完全反应的足够期限；全部成本均为变动成本的期限
长期负债与权益比 （long-term debt to equity ratio）	衡量一家企业财务杠杆的尺度

续表

专业术语	定义或解释
长期负债 （long-term liabilities）	还款期限超过一年或正常营业周期的债务
维护 （maintenance）	达到固定资产原预期使用寿命所需的支出
管理 （management）	通过资源的部署和组织，领导和指挥一个组织（通常是企业）的全部或一部分
管理会计 （management accounting）	内部决策者对财务信息的确定、计量、累计、分析、编制、解释和传递过程，以便规划、评估和控制一个实体，并保证以妥善而负责的方式使用其资源
管理控制 （management control）	管理层试图借有组织的、互相协调的步骤和结构，有效率地达成企业的目标
按例外原则管理 （management-by-exception）	把重点放在需要注意的方面，而对看来运行流畅的方面予以搁置的一种管理方式
制造 （manufacturing）	将原材料转变为制成品的过程
制造成本 （manufacturing cost）	把各项材料通过劳动力和工厂设施转变为其他商品的过程中所发生的各项成本
安全幅度，安全边际 （margin of safety）	预算销售量超出保本点数量的差额
边际成本 （marginal cost）	产量增加一个单位所发生的成本
市场价格，市价 （market price）	在市场上供应一项商品或服务的现行价格
市值 （market value）	在公开市场上由所有的买方和卖方确定的商品、服务或证券的价值
全面预算 （master budget）	将一个预算期间的所有各项预算合并为一个总体计划和控制文件的预算（又称"综合预算"）
配比 （matching）	营业收入应与相关的支出于同一会计期间进行确认的做法
重要性 （materiality）	一项会计概念，指会计师应逐个确认那些对理解该实体的报表相对重要的事项
到期日 （maturity date）	应该偿还债务的日期
资产负债的到期匹配 （maturity matching）	负债与资产期限相匹配；即用长期来源为长期资产提供融资，短期来源为短期需要提供融资
混合成本 （mixed cost）	由多项固定成本和变动成本混合组成的成本
货币性项目 （monetary items）	其金额固定不变或无须考虑特定商品和服务未来价格即可确定收到（或支付）钱款的权利（义务）

续表

专业术语	定义或解释
抵押贷款 （mortgage）	借款人把自己的财产押给放款人，作为还款保证
净利润 （net income）	一段时期所有来源的收入减去支出后的利润（又称"净盈利"）
净损失 （net loss）	开支大于收入时导致的负值
净利润率 （net profit margin）	把净利润除以销售总额所得的一项财务比率（又称"净利润率百分比"）
净营运资本 （net working capital）	流动资产总额减去流动负债总额
净营运资本比率 （net working capital ratio）	一项衡量流动性的财务比率，它计算净营运资本对资产总额的百分比
非营利组织 （nonprofit）	因促进社会事业并提供公共利益而被美国国税局（IRS）授予免税地位的企业
非经常性项目 （nonrecurring items）	实体一次性发生的非常规收入或支出
无面值股份 （no-par stock）	不带名义价值或面值的公司股份
应付票据 （notes payable）	发行人承诺在指定日期的当天或之前偿还债务的短期债务票据
客观性 （objectivity）	财务报告的一个特性，强调事项或交易的可证实性、真实性，并在计量过程中尽量减少个人判断因素
过时，陈旧 （obsolescence）	因技术或市场变化造成资产有用性的丧失
经营预算 （operating budget）	根据一个特定时期（通常为 1 年）的销售收入预测额，对营业收入、各项费用和收益所作的详细预测（又称"业务预算"）
营业周期 （operating cycle）	从购置材料或服务到最终产品销售变现所需的平均时间
营业费用 （operating expenses）	在实体开展常规活动过程中发生的费用
营业利润 （operating income）	扣除利息和税金前的收益
经营性租赁 （operating lease）	不符合资本化租赁标准的租赁；记为支付租金
营运杠杆 （operating leverage）	固定成本在公司成本构成中的百分比

续表

专业术语	定义或解释
营业利润 （operating profit）	从企业持续经营的核心业务所得的利润
营业利润率 （operating profit margin）	以营业利润除以销售额所得的一项财务比率（又称"营业利润率百分比"）
营业预算，业务预算 （operational budget）	对给定时期与营业收入和支出相关的营运活动的计划（又称"当期预算"）
营运风险 （operational risk）	因企业内部的程序、人员和系统故障而引起的各项风险
运营 （operations）	实体从事商品或服务的生产、交付和销售等各项活动
机会成本 （opportunity costs）	被放弃选项的价值
订货成本 （ordering cost）	准备采购订单的成本以及与处理订单的数量相关的专门处理和接收成本
组织结构 （organizational structure）	企业整合其内部职能部门的方式，包括各部门间横向和纵向的汇报关系
产出控制 （output controls）	产出控制用以确保已将处理结果的完整准确的审计跟踪报告给适当的人员，供其审查
发行在外股份/流通股份 （outstanding shares）	股东拥有而不是公司拥有的股份
间接费用 （overhead）	间接成本
间接费用分摊 （overhead allocations）	将间接成本分配给各项产品、作业或流程所用的方法
间接费用预算 （overhead budget）	实体对间接成本（与产品或服务直接相关的成本以外的成本）的估算或计划的开支
间接费用分摊率 （overhead rate）	特定期间的间接成本与同一期间这项成本的可衡量起因之间的比率（又称"负担率"）
所有者权益 （owners' equity）	公司所有者对公司资产的索赔权
实缴资本 （paid-in capital）	投资者为换取股权所支付的金额（又称"投入资本"）
面值 （par value）	1. 印在一些股票上的货币金额 2. 债券的面值
参与性预算法 （participative budgeting）	允许经理参与预算制定的一种预算编制法（又称"自下而上预算法"）
合伙企业 （partnership）	两个或两个以上人之间进行贸易或者商业的关系。每个人贡献金钱、财物、劳动力或者技能，并分享企业的利润和损失

专业术语	定义或解释
工资成本 （payroll cost）	1. 向员工支付的劳动服务费用 2. 雇主依法根据雇佣关系缴纳的赋税和类似赋税的款项，如向州政府和联邦政府缴纳的失业保险
业绩/绩效 （performance）	这一术语通常用于评估实体在一段时期中所开展的部分或全部行为或各项作业活动的情况，通常会参照某一标准
业绩评价 （performance evaluation）	考察一段时期雇员业绩的管理方法，将各项业绩与期望或标准相对照，并将结果告知雇员
业绩考核 （performance measurement）	量化某一责任中心完成各项目标的效果和效率
期间成本 （period cost）	计入当期的费用或亏损，而不计入当期产品的制造成本
定期盘存制 （periodic inventory system）	在期末更新存货会计记录的一种记账法
永续盘存制 （perpetual inventory system）	在每次采购、销售和返还后更新存货会计记录的记账法
实地盘存，实物盘存 （physical inventory）	实际清点所有各项存货
工厂 （plant）	用于生产产品的土地、建筑物、机器、设备、家具和其他固定资产
全厂间接费用分摊率 （plant-wide overhead rate）	一项单一的分摊比率，用于将整个工厂产生的间接成本分配给该工厂生产的产品
优先股 （preferred stock）	在普通股东获得任何股利前，优先获得固定股利的股本。发生清算时，优先股较普通股拥有优先权。
溢价 （premium）	为证券支付的超出其内在价值或面值的额外金额
债券溢价 （premium on bonds payable）	债券的售价大于其面值的差额部分
预付费用 （prepaid expenses）	为付款日之后才接受的服务所提前支付的款项
价格差异 （price variance）	实际价格和预算价格之差乘以实际投入量（又称"费率差异"或"售价差异"）
市盈率 （price/earnings ratio，P/E）	每股当前市价除以每股收益
市价对账面比率 （price-to-book ratio）	每股现行市价除以每股账面净值（又称"市净率"）
私营企业 （private company）	一个公司的股票既不在公开交易所交易，也没有通过首次公开募股（IPO）发行

续表

专业术语	定义或解释
预计报表 （pro forma statements）	1. 数据中嵌入了一项或多项假设或假定条件的财务报表 2. 预算资产负债表和预算利润表有时称为预计报表
分步成本法 （process costing）	把制造成本分摊给大规模生产的相同或类似产品，从而确定单位平均成本的方法。每个单位的制造投入与各个其他单位相同。采用分步成本法的实例有精炼厂、造纸厂和食品加工公司
信息处理控制 （processing controls）	对信息系统处理阶段的控制，包括批次控制、操作员干涉控制和审计跟踪控制
产品成本 （product cost）	产品的直接材料、直接人工和间接生产成本
产品生命周期 （product life cycle）	产品通常会在市场上经历的各个阶段，从最初引入期，经过成长期、成熟期，再到衰退期
产品线 （product line）	类似产品的一个编组
生产预算 （production budget）	给定期间生产产品的计划成本
生产成本 （production costs）	生产产品和提供服务的材料、人工和间接成本。不包括配送和销售成本（又称"制造成本"）
生产力 （productivity）	产出与投入之间的关系；即用特定的投入（如劳动力）生产一定产出的效率
利润 （profit）	当业务活动产生的收入超过维持相关活动所涉及的成本时而实现的财务利益
利润率 （profit margin）	销售利润率；净利润占销售收入的百分比
利润计划 （profit plan）	计划或预计的各项收入、费用、资产和负债的明细表。利润计划对未来的经营和业绩的评估起指导作用（又称"预算"）
获利能力分析 （profitability analysis）	为判定某一特定产品、一组产品或整个企业是否获利而进行的分析
不动产、厂房及设备 （property，plant and equipment，PP&E）	资产负债表中对企业营运中所用固定资产的类别之一。不动产、厂房及设备项目通常按购置成本进行分类和报告，其累计折旧或损耗单独列示（又称"不动产"、"营运资产"或"固定资产"）
上市公司 （public company）	通过募股发行证券且目前在公开市场上交易的公司（又称"公众持有的公司或公开交易的公司"）
采购退回和折让 （purchase returns and allowances）	由于退回或破损商品导致存货价值降低的金额

续表

专业术语	定义或解释
定性因素 (qualitative factors)	与决策相关但无法用数字表示的因素
质量 (quality)	产品或服务符合规格或能向客户提供其允诺的特征的程度
速动比率 (quick ratio)	一种用以衡量一个企业以其流动性最强的资产(不包括存货)偿付其短期债务能力的比率(又称"酸性测试比率")
配额 (quotas)	对某一产品的生产量、本国进口数量、出口量或销售量设定的限额
报酬率 (rate of return)	投资产生的现金流量与投资额的比率
比率分析 (ratio analysis)	计算重要的财务比率和其他比率,并把这些比率与以前年度的比率、业内平均值或标准加以对比
变现 (realize)	把非现金资源和权利变换为货币,用于会计和财务报告中,指出售资产换取现金或索取现金的权利的行为
应收款 (receivable)	某实体应得的款项,与是否当期到期无关
确认 (recognition)	把一个项目正式记入一个实体的财务报表的过程
核对,调节 (reconciliation)	显示一个金额如何来自另一个金额的附表或计算
记账 (recordkeeping)	通过在日记账或分类账中输入数据或将文件存入文件夹等活动来维护某项活动(如财务交易)的历史记录
追索权 (recourse)	债权人在借款人没有如约还款时所拥有追索欠款的权利
相关性 (relevance)	信息的一种属性,能帮助用户对过去、目前和未来事项的结果形成预测,或确认或纠正先前预期,从而在决策中产生影响的能力
相关成本 (relevant cost)	作出抉择时应该考虑的成本。只有那些尚未发生的(未来成本)且在不同抉择中有差异的成本(差别成本)才具有决策相关性
相关范围 (relevant range)	指经济活动的范围,在该范围内各项估算和预测才是有效的
可靠性 (reliability)	信息的质量,指能确保信息在合理范围内没有差错和偏见,且如实反映了其意欲反映的情况
再订货点 (reorder point)	某一存货项目需要补货时的数量水平

续表

专业术语	定义或解释
修理 （repair）	在不延长先前预测的资产使用寿命的前提下，使资产恢复到正常或预期运行状态的活动
重置成本 （replacement cost）	重置当前资产的费用
研究与开发成本 （research and development cost）	在试图发现新知识（研究），或利用研究成果来发展新产品和服务，或对现有产品和服务作出改进（发展）中所投入的经费
剩余收益 （residual income，RI）	计量投资中心业绩的尺度，强调投资中心经理的利润责任和财务管理效率。剩余收益的一般计算方法是：投资中心利润与投入该单位的资本成本之差
留存收益 （retained earnings）	公司存续期间的净利润减去股利
回报/报酬 （return）	估价期间投资价值的变动，包括该期间收到的、与该投资有关的任何现金流量
投资回报率 （return on investment，ROI）	在投资上赚取的收益与赚取该收益所付出的投资之比
收入 （revenue）	在一段时间内，实体通过交付或生产商品、提供服务或从事其他活动（这些活动构成实体持续的主要业务或中心业务），而带来的资产流入或其他增益或负债的结清（或两者兼而有之）
收入中心 （revenue center）	以营业收入为管理控制重点的责任中心
收入确认 （revenue recognition）	在公认会计原则（GAAP）下的一项会计原则，它规定了收入计入财务报表的具体条件
收入确认原则 （revenue-recognition principle）	当营业收入被获得并且收入的收集有合理保证时，营业收入才能入账的原则
股票购买权 （rights）	公司向其股东提供的一种权利，能使股东以低于市场价的折扣价购买公司的新增股份
风险 （risk）	衡量投资回报可变性的一种指标
滚动预算 （rolling budget）	对当前几个星期、几个月或几个季度的时期内的财务营运所作的一系列移动性的预测。在每一个时间阶段结束时，把已经过去了的那个阶段的预测删去，把对新的、类似长度的一个时间阶段所做的预测添加到系列之中（又称"延续预算"）
最低存量，安全库存量 （safety stock）	为了满足在下达订单后，订货收到入库前这段时间里的意外需求或防止意外的补货延误而持有的存货量
销售预算 （sales budget）	对一个给定的时间阶段的销售额所做的预测

续表

专业术语	定义或解释
销售折扣 （sales discount）	产品售价的降低额度
销售数量差异 （sales-volume variance）	弹性预算的单位数与静态预算的单位数之间的差额，乘以预算的单位边际贡献
残值 （salvage value）	一项资产在使用寿命终结时的预期价值
部门 （segment）	直接向总部汇报的实体中两个或多个分部、产品部门、工厂或其他分支之一，通常以利润和/或生产产品或服务的责任加以识别
职责分离 （segregation of duties）	一项基本的重要内部控制措施，用于确保雇员在正常的业务过程中及时预防或发现错误、误差。它规定，一个人不应控制一项交易或营运任务的两个或更多步骤
销售成本 （selling costs）	指销售或营销中发生的任何费用
股东 （shareholder）	公司股份的所有者
股东权益 （shareholders' equity）	所有者在公司中的权益（又称"持股人权益"）
短期 （short run）	不足以使决策者对市场条件变动做出完全调整的时间期限。在短期内，生产者也许能通过利用更多劳动力或原材料来增加产出，但没有时间扩大工厂规模
短期信贷 （short-term credit）	由金融机构（银行贷款）、投资者（商业票据）或供应商（商业信用）向实体提供的信贷
模拟 （simulation）	研究营运问题的一种方法，采用这种方法时，系统或流程的模型须对可能的结果进行一系列重复计算，以反映各项不同假设的结果
松弛 （slack）	在预算中，责任中心在营运中实际需要的成本或费用，与预算中提出或批准的成本或费用之差
个体经营 （sole proprietorship）	一个非法人经营实体且只有一个业主，该业主需要为从业务中获得的利润缴纳个人所得税
偿付能力 （solvency）	债务到期时支付所有债务的能力
支出差异 （spending variance）	实际产生的间接费用减去根据实际投入制定的弹性预算得出的费用之间的差额
电子数据表 （spreadsheet）	按行和列的矩阵形式组织的工作表
标准成本 （standard cost）	预期的单位生产成本，或有待分派给已生产产品的预定成本。标准成本意味着一种规范，或成本应该是多少

续表

专业术语	定义或解释
现金流量表 （statement of cash flow）	根据现金收付是否源于营运、投资或融资活动来分类的报表
股东权益变化表 （statement of changes in shareholders' equity）	列示不同时间点上股东权益的组成部分以及各部分所发生变动的会计报表
收益表/利润表 （statement of earnings/income statement	报告会计期间营业收入、费用、增益和损失的财务报表，通常与一个或多个较早期间的金额加以对比
财务状况表/资产负债表 （statement of financial position/balance sheet	披露实体在特定日期的资产、负债和权益账户的财务状况表。可包括一个或多个较早期间的可比信息
静态预算 （static budget）	不因产量变动而变动的预算
股票股利 （stock dividends）	以股票而非现金的形式向股东支付股利
认购权，股票期权 （stock option）	在指定时间按指定价格买卖一定数量公司股份的权利
股份分割 （stock split）	在不要求股东付款的前提下，通过发行额外的股份给现有的股东，以增加已公开发行的普通股股数。
存储控制 （storage controls）	对计算机数据和商业信息的内部控制；例如异地储存、房间上锁、密码、备份等
直线法 （straight-line method）	在资产的预期经济寿命内，每年提取相等折旧额的资产折旧法
沉没成本 （sunk cost）	指过去已经发生，现在无法更改，因而也不应纳入增减目前利润水平的决策的成本
供给 （supply）	可供购买的商品或服务总量。与需求一起，是决定价格的两个关键因素之一
课税，赋税 （taxation）	政府向个人或公司征税的行为
利息保障倍数 （times interest earned）	扣除利息、所得税、折旧和非经常性损益前的收益（EBIT）与年利息费用之间的比率。此为实体支付到期利息能力的衡量标准；即收益涵盖利息的倍数（又称"利息偿付率"）
商业信用 （trade credit）	赊账购入商品和服务；一种短期融资的方式
货币交易损益 （transaction gains or losses）	由功能性货币和外币交易的计价币种之间的汇率变动所造成的损益
短期国库券 （treasury bills，T-bills）	由美国财政部发行的短期证券，最小面值是10 000美元，3个月、6个月和1年到期。按面值折价发行

续表

专业术语	定义或解释
长期国债 （treasury bonds）	由美国财政部发行的长期证券，最小面值是1 000美元，10年或更长时间到期
中期国库券 （treasury notes）	由美国财政部发行的中期证券，最小面值是1 000美元，2~10年到期
库存股票 （treasury stock）	由发行公司通过受赠、购买或其他方式重新获得、可供再售或取消的全额付讫的股票
试算表 （trial balance）	罗列总账表中所有账户及其相应的给定时间点的借方余额和贷方余额
坏账 （uncollectible accounts receivable）	经审核，到期无法收回的应收账款
未实现收入 （unearned revenue）	代表公司对其客户所欠商品或服务的负债。现金已收到但不能记作收入
不利差异 （unfavorable variance）	实际成本超过标准成本或预算成本的金额，或实际营业收入低于标准营业收入或预算营业收入的金额
单位成本 （unit cost）	单位产品的总成本，或产品某成本要素的单位成本。一般的计算方法是总成本除以总数量
未实现损益 （unrealized gain or loss）	公司还未出售的证券投资的市场价格的增加或减少
效用 （utility）	商品或服务所引起的相对满意度或需要得到满足的程度
计价，估值 （valuation）	判定一项资产、证券或整个实体的价值的过程
价值 （value）	赋予某项特定资产、提供的服务、一组资产或整个经营单位以货币表示的价值，例如，一个工厂或工商企业的价值
变动成本 （variable cost）	随销量、产量、设施利用率或作业的一些其他量度标准而直接按比例变化的业务费用
变动成本法 （variable costing）	计算存货成本的方法。存货成本中只包括各项直接的制造成本和变动间接制造成本（固定间接制造成本除外）（又称"直接成本法"）
差异 （variance）	实际成果和标准预算成果之差
加权平均资本成本 （weighted average cost of capital, WACC）	指公司所有各项证券的所需回报率的平均数。对每一种资本来源，如股票、债券和其他债务，依据其在公司资本结构中的比例加权计算
营运资本 （working capital）	流动资产减去流动负债（又称"净营运资本"）

续表

专业术语	定义或解释
注销 （write-off）	将一项资产的成本记入费用或损失账户
收益率 （yield）	收益占价格的百分比
零基预算 （zero-based budgeting）	从头开始编制预算，就像第一次编制预算一样。对执行各项活动的备选方式和备选预算金额，要作出评估

各章节财务指标计算公式

第一部分　普通会计和财务管理

管理公司的日常财务

净营运资本 = 流动资产 – 流动负债

第二部分　财务报表的编制和分析

基本财务报表分析

同比财务报表 = 利润表和现金流量表上的各项以销售额的百分比列报；资产负债表上的各项以总资产的百分比列报

共同基年报表 = （新的项目金额 ÷ 基准年的该项目金额）× 100%

项目年增长率 = （新的项目金额 – 旧的项目金额）÷ 旧的项目金额 × 100%

财务报表比率分析

除非另外说明，资产负债表项目使用年末数据；利润表和现金流量表项目使用全年数据。

· Liquidity 流动性

流动比率 = 流动资产 ÷ 流动负债

速动比率或酸性测试比率 = （现金 + 有价证券 + 应收账款）÷ 流动负债

现金比率 = （现金 + 有价证券）÷ 流动负债

现金流量比率 = 经营性现金流量 ÷ 流动负债

净营运资本比率 = 净营运资本 ÷ 总资产

· Leverage 杠杆

负债权益比率 = 总负债 ÷ 权益

长期负债与权益比率 = （总负债 – 流动负债）÷ 权益

负债对总资产比率＝总负债÷总资产

利息保障倍数＝息税前利润÷利息费用

・**Activity 活动性**

应收账款周转率＝年赊销额÷应收账款平均余额

存货周转率＝销货成本÷平均存货余额

应付账款周转率＝赊销采购金额÷应付账款平均余额

应收账款周转天数＝平均应收账款额÷（赊销额÷365 天），或者 365 天÷应收账款周转率

存货销售天数＝平均存货额÷（销货成本÷365 天），或者 365 天÷存货周转率

应付账款周转天数＝平均应付款额÷（赊销额÷365 天），或者 365 天÷应付账款周转率

总资产周转率＝销售金额÷平均总资产

固定资产周转率＝销售金额÷平均固定资产净额

・**Profitability 获利能力**

毛利率＝毛利÷销售额

营业利润率＝营业利润÷销售额

净利率＝净利润÷销售额

资产回报率＝净利润÷平均总资产

权益回报率＝净利润÷平均权益

第四部分　成本管理和绩效指标

绩效考核

投资回报率＝业务单元的利润÷业务单元的资产

剩余收益（RI）＝业务单元的利润 –（业务单元的资产×要求报酬率）

注释：除非另外说明，利润是指营业利润。

用于决策的成本信息

销售量保本点＝固定费用÷单位边际贡献

参考文献

【会计概念、要素、报告】

［1］付磊，基础会计，国家开放大学出版社，2020 年 5 月.

［2］任延冬、马祥山、新世纪高职高专教材编审委员，基础会计，大连理工大学出版社，2017 年 7 月.

［3］陈汉文，管理会计，中央广播电视大学出版社，2010 年 7 月.

［4］曹中，管理会计学，立信会计出版社，2017 年 7 月.

［5］王社民，企业管理基础知识与实训，中国财政经济出版社，2023 年 2 月.

【内部控制】

［1］王国生，企业内部控制实务（新编 21 世纪高等职业教育精品教材·财务会计类）中国人民大学出版社，2022 年 6 月.

［2］Robert R. Moeller（罗伯特·穆勒），新版 COSO 内部控制实施指南，电子工业出版社，2019 年 6 月.

［3］企业内部控制编审委员会，企业内部控制基本规范及配套指引，立信会计出版社，2023 年 2 月.

【公司日常管理】

［1］王斌，财务管理，中央广播电视大学出版社，2016 年 9 月.

［2］刘顺喜，财务管理，华东师范大学出版社，2022 年 8 月.

［3］陈汉文，管理会计，中央广播电视大学出版社，2010 年 7 月.

［4］曹中，管理会计学，立信会计出版社，2017 年 7 月.

【会计确认与计量】

［1］杨有红，中级财务会计，国家开放大学出版社，2020 年 5 月.

［2］程运木，企业财务会计（第十版）实训与练习，中国财政经济出版社，2019 年 8 月.

［3］潘爱香，财务报表分析，国家开放大学出版社，2020 年 5 月.

［4］张新民、钱爱民，财务报表分析，中国人民大学出版社，2023 年 1 月.

【计划与预算】

［1］陈汉文，管理会计，中央广播电视大学出版社，2010 年 7 月.

［2］曹中，管理会计学，立信会计出版社，2017 年 7 月.

［3］唐政，企业年度经营计划与全面预算管理，人民邮电出版社，2022 年 10 月.

【成本管理和绩效管理】

［1］陈汉文，管理会计，中央广播电视大学出版社，2010 年 7 月.

［2］曹中，管理会计学，立信会计出版社，2017 年 7 月.

［3］宋常、王秀萍，成本会计，国家开放大学出版社，2021 年 5 月.

［4］笪建军，成本会计，中国人民大学出版社，2019 年 5 月.

［5］杨有红，中级财务会计，国家开放大学出版社，2020 年 5 月.

［6］潘爱香，财务报表分析，国家开放大学出版社，2020 年 5 月.

【职业道德】

［1］IMA 相关教材中关于职业道德的内容.

［2］陈汉文、韩洪灵，商业伦理与会计职业道德，中国人民大学出版社，2020 年 7 月.